W0257028

Die Reihe **Xpert.press** vermittelt Professionals
in den Bereichen Softwareentwicklung,
Internettechnologie und IT-Management aktuell
und kompetent relevantes Fachwissen über
Technologien und Produkte zur Entwicklung
und Anwendung moderner Informationstechnologien.

Helmut Leopold · Thomas Bleier ·
Florian Skopik
Herausgeber

Cyber Attack Information System

Erfahrungen und Erkenntnisse aus der
IKT-Sicherheitsforschung

Herausgeber

Helmut Leopold, Thomas Bleier und Florian Skopik
AIT Austrian Institute of Technology GmbH
Wien, Österreich

Das Forschungsprojekt "CAIS Cyber Attack Information System" wurde im Österreichischen Sicherheits-forschungs-Förderprogramm KIRAS – eine Initiative des Bundesministeriums für Verkehr, Innovation und Technologie (bmvit) - gefördert.

ISSN 1439-5428
ISBN 978-3-662-44305-7   ISBN 978-3-662-44306-4 (eBook)
DOI 10.1007/978-3-662-44306-4

Die Deutsche Nationalbibliothek verzeichnet diese Publikation in der Deutschen Nationalbibliografie; detaillierte bibliografische Daten sind im Internet über http://dnb.d-nb.de abrufbar.

Springer Vieweg

Springer Vieweg ist Teil der Fachverlagsgruppe Springer Science+Business Media (www.springer.com)

Vorwort der Herausgeber

In unserer jüngsten Geschichte haben sich die Informations- und Kommunikationstechnologien (IKT) zur zentralen Lebensader für sämtliche Wirtschaftsbranchen und alle Lebensbereiche entwickelt. Als allgegenwärtige Querschnittstechnologie ermöglichen sie viele, heute irreversibel im Gang befindliche Entwicklungen als Antwort auf viele unserer wichtigen Zukunftsfragen. Sie sind der Motor unserer umfassend kollaborativ arbeitenden und vernetzten Erkenntnisgesellschaft mit einer darauf aufbauenden Innovationsökonomie. Damit garantieren wir unsere internationale Wettbewerbsfähigkeit, unseren Wohlstand und unseren gesellschaftlichen Fortschritt.

Die IKT Infrastrukturen haben jedoch heute eine enorme Funktionsvielfalt und ein hohes Maß an Komplexität erreicht, so dass Verfügbarkeit und vor allem auch Sicherheitsaspekte nicht mehr im vollen Umfang von einzelnen Unternehmen oder auch von einzelnen staatlichen Organisationen alleine beherrscht werden können. Und die IKT haben gleichzeitig in vielfacher Verschränkung mit anderen Schlüsseltechnologien ein hohes Niveau an multipler gesellschaftlicher Abhängigkeit erreicht, für deren Bewältigung wir erst neue Antworten finden müssen. Mit anderen Worten: Die IKT sind neben dem Energienetz unsere kritischste Infrastruktur. Als Enabler für moderne Stromnetze, telemedizinische Einrichtungen, vernetzte Verkehrsleitsysteme, eGovernment-Dienstleistungen, neue Produktionsprozesse oder auch für den einfachen Zugang zu unseren Informationsdatenbanken, sind sie in vielfacher Hinsicht zu einem Sicherheitsrisiko für das Funktionieren des Staates als Ganzes geworden.

Dies ist umso mehr eine Herausforderung, als sich auch die Gefahrenlage im Cyber-Space über die letzten Jahre mit der gleichen rasanten Geschwindigkeit potenzierte, wie neue Services und Tools unser Internet bereicherten und nachhaltig veränderten. Vor dem Hintergrund immer raffinierterer und technologisch ausgereifterer Angriffsarsenale für Cyber-Kriminalität, Cyber-Krieg und Cyber-Spionage ist jedes fortschrittliche Land angehalten, in einer Art Wettrüsten und im permanenten Wettlauf mit potentiellen Angreifern geeignete Gegenstrategien zur Sicherung und Erhaltung seiner kritischen Infrastrukturen zu entwickeln und umzusetzen.

Sicherheit ist dabei ein sehr vielschichtiges Phänomen, dem vielschichtige Bedrohungen gegenüber stehen. Die modernen Staaten in Europa haben mit ihren Systemen der Gewaltenteilung und der Etablierung von Zuständigkeiten für gesellschaftliche Teilbereiche über Jahrzehnte jeweils eigene, auf ihre spezifischen Bedürfnisse zugeschnittene, Sicherheitskonzepte entwickelt. Die Regierung als auch die unterschiedlichen Sicherheitsorganisationen und Organe, vom Militär über die Polizei bis hin zu zivilen Schutzeinrichtungen, entwickeln ihre Einsatzstrategien auf Basis spezifischer gesetzlicher Ermächtigungen und benötigen daher für ihre Domänen unterschiedliche Lagebilder als oberste Entscheidungsgrundlage für die politische Führung des Landes, für militärische Generalstäbe oder für die Führungskader der öffentlichen Sicherheit.

Die IKT als kritische Infrastruktur und die heutigen Cyber-Bedrohungen bringen jedoch eine neue Dimension ins Spiel. Eine wirksame Verteidigung und effiziente Gegenmaßnahmen gegen Angriffe können wegen der Komplexität der IKT nur durch das Zusammenwirken aller Kräfte entwickelt werden. Es braucht ein gemeinsames Werkzeug, damit für alle Sicherheitsaufgaben die entsprechend notwendigen Informationen für effektive Lagebilder bereitgestellt werden können.

Im Zuge einer prinzipiellen Innovationsstrategie organisiert Österreich durch das Bundesministerium für Verkehr, Innovation und Technologie (bmvit) ein explizites Sicherheitsforschungsförderprogramm – KIRAS, welches wissenschaftliche Kompetenzen mit industriellen Fähigkeiten und den Anforderungen der Sicherheitsorganisationen als Bedarfsträger in Projekten vereint, damit neueste Technologien als Problemlösung für unterschiedliche Fragestellungen zur Verfügung stehen und gesellschaftliche, soziale und kulturelle Aspekte (GSK Aspekte)[1] als inhärenter Bestandteil jeder Entwicklung mitberücksichtigt werden.

Diese Rahmenbedingung und die besondere Cyber-Sicherheitsproblematik markierten den Ausgangspunkt für die Konzeption eines eigenen Projektes zur Entwicklung eines „Cyber Attack Information Systems (CAIS)". Mit diesem nationalen Projekt sollen die im Lande vorhandenen Expertisen gebündelt werden, um effektive Gegenmaßnahmen für zukünftige Bedrohungen im Cyber-Sicherheitsbereich zu entwickeln aber auch der Grundstein gelegt werden, um Österreich international in diesem Technologiebereich führend zu positionieren.

Durch das gemeinsame Verständnis, dass Bedrohungen am effektivsten mit umfangreichen Lageinformationen begegnet werden kann, die auf einem gemeinsamen, domänenübergreifenden Informationssystem beruhen, konnten alle relevanten Stakeholder der nationalen Sicherheit in das Projekt eingebunden werden. Dies erlaubte die Zusammenstellung eines schlagkräftigen Konsortiums mit wichtigen für die Sicherheit zuständigen österreichischen Regierungsstellen – Bundeskanzleramt (BKA), Bundesministerium für Landesverteidigung und Sport (BMLVS) und Bundesministerium für Inneres (BM.I) –, starken Industriepartnern und mit innovativen Forschungseinrichtungen, mit dem die Entwicklung eines „Cyber-Attack Information Systems (CAIS)" in Angriff genommen werden konnte.

Im Grunde geht es bei CAIS um die Antizipation zukünftiger Cyber-Risiken und von aufkommenden Bedrohungen und um die Entwicklung neuer Tools und Werkzeuge für die

---

[1] GSK Aspekte ... geistes-, sozial und kulturwissenschaftliche Aspekte.

frühzeitige Entdeckung von Angriffen durch das Erkennen von Anomalien in technischen Systemen sowie um die Abschätzung von deren Auswirkungen, also zusammengefasst, um eine verbesserte Situationswahrnehmung der nationalen IKT Sicherheit in Echtzeit.

Darauf aufbauend geht es im Projekt um die Erarbeitung einer Plattform für den vertrauensvollen und strukturierten Austausch von sicherheitsrelevanten Informationen und Frühwarnungen von Bedrohungen zwischen allen Sicherheitsstellen und damit um die Optimierung präventiver Möglichkeiten und rascherer reaktiver Maßnahmen im Falle von Cyber-Attacken. Die zwischen 2011 und 2013 im KIRAS-Projekt CAIS erarbeiteten technischen Lösungen stellen damit eine Umsetzung von Elementen der österreichischen Cyber-Strategie (ÖSCS) dar und bildeten die Grundlage für einen europäisch relevanten Forschungsschwerpunkt, der wesentlich von Österreich mitgestaltet wird.

Im Projekt CAIS wurden die grundsätzlichen Strukturen für Lagebildprozesse, für ein Cyber-Abwehrzentrum, für Angriffserkennung und Auswirkungssimulation untersucht. Wesentliche Erkenntnisse des Projektes sind nun auch die Grundlage für eine neu gestartete Projektinitiative, welche sich auf die „Trusted Information Sharing" Thematik fokussiert. Im ebenfalls vom nationalen Sicherheitsforschungsprogramm KIRAS geförderten neuen Projekt „Cyber Incident Information Sharing (CIIS)", 2013–2015, wird die in CAIS begonnene Arbeit weitergeführt und vertieft. In gleichem Maße diente das nationale CAIS Projekt als gute Ausgangslage um sich in weiterführenden europäischen Forschungsinitiativen in diesem Bereich erfolgreich zu positionieren.

Das vorliegende Buch berichtet über die im Projekt erzielten Ergebnisse zur Stärkung der Widerstandfähigkeit kritischer Infrastrukturen gegenüber zukünftigen Cyber-Angriffen und gibt Empfehlungen für den Aufbau eines Cyber-Lagezentrums in Österreich. Die folgenden Seiten geben Interessierten nicht nur Einblick in diese hoch komplexe und brandaktuelle Materie, von der wir alle betroffen sind, sondern zeigt auch vorbildlich, welche Erfolge bei einem harmonisierten Vorgehen und durch Bündelung mehrerer Expertisen und Kernkompetenzen in Österreich möglich sind.

Helmut Leopold
Thomas Bleier
Florian Skopik

Inhaltsverzeichnis

1   Einleitung zum Cyber Attack Information System 1
Helmut Leopold, Florian Skopik, Thomas Bleier, Josef Schröfl, Mike Fandler,
Roland Ledinger und Timo Mischitz
   1.1   Kommunikationsnetze als grundlegende Lebensadern unserer modernen
         Gesellschaft 1
   1.2   IKT als kritische Infrastruktur 4
   1.3   Das Bedrohungspotential verändert sich 5
         1.3.1   Technologietrends 5
         1.3.2   Neue Angriffsszenarien 6
   1.4   Neue Gegenmaßnahmen werden notwendig 7
         1.4.1   Nationale Cyber-Strategien in Österreich 8
         1.4.2   Zusammenarbeit der Stakeholder 9
   1.5   Ansatz: CAIS – Cyber Attack Information System 9
         1.5.1   Das Projektkonsortium 10
         1.5.2   Projektergebnisse 11

2   Cyber-Angriffsszenarien und wirtschaftliche Auswirkungen 13
Alexander Klimburg und Philipp Mirtl
   2.1   Einleitung 13
   2.2   Wirtschaftliche Modellierung eines großräumigen Cyber-Ausfalls 16
         2.2.1   Der Internetbeitrag zum Bruttoinlandsprodukt (BIP) 16
         2.2.2   Der Internetbeitrag zum BIP in Vergleichsländern 17
         2.2.3   Der Internetbeitrag zum BIP in den USA und Österreich 20
         2.2.4   Volkswirtschaftliche Bedeutung eines Internetausfalls 28
   2.3   Erstellung der Bedrohungsanalysen 32
         2.3.1   Matrix-Zeilen: Ebenen der Cyber-Kriegsführung 34
         2.3.2   Matrix-Spalten: Formen von Cyber-Angriffen 35
         2.3.3   Miniszenarien 36
         2.3.4   Bewertung aus unterschiedlichen Perspektiven 37
         2.3.5   Auswahl der Interviewpartner 39

2.4 Erarbeitung der Cyber-Angriffsszenarien 40
    2.4.1 Miniszenarien („Vignetten" im Detail) 40
    2.4.2 Auswertung der Umfrage: „Aus Sicht der eigenen Organisation" 48
    2.4.3 Auswertung der Umfrage: „Aus Sicht eines Cyber-Lagezentrum" 51

3 Cyber Attack Information System: Gesamtansatz 53
Florian Skopik, Thomas Bleier und Roman Fiedler
3.1 Einleitung 53
3.2 Situationsbewusstsein für Incident-Response 54
3.3 CAIS Stakeholder-Verantwortlichkeiten 56
    3.3.1 Zuständigkeiten von Einzel-Organisationen 57
    3.3.2 Zuständigkeiten des Nationalen Lagezentrums 57
3.4 Eine Architektur für ein Cyber Attack Information System 59
    3.4.1 CAIS Architektur – Organisationsebene 60
    3.4.2 CAIS Architektur – Nationale Ebene 60
    3.4.3 Rollen, Interaktionen und Informationsaustausch 61
3.5 Anwendung des CAIS-Ansatzes 64
    3.5.1 Schutzmechanismen gegen Cyber-Angriffe 64
    3.5.2 Agile und Gemeinschaftliche Anomalieerkennung 65

4 Modellierung und Simulation kritischer IKT-Infrastrukturen und deren Abhängigkeiten 71
Simon Tjoa und Marlies Rybnicek
4.1 Einleitung 71
4.2 Anforderungen 73
4.3 Ansatz zur Modellierung und Simulation von Cyber-Abhängigkeiten kritischer Infrastrukturen 76
    4.3.1 Beispielszenario „Distributed Denial of Service (DDoS)" 84
    4.3.2 Prototypische Implementierung 86
4.4 Ergebnisse, Schlussfolgerungen und Ausblick 87

5 Erkennen von Anomalien und Angriffsmustern 89
Roman Fiedler, Florian Skopik, Thomas Mandl und Kurt Einzinger
5.1 Einleitung 89
5.2 CAIS-Ansatz zur Erkennung von Cyber-Angriffen 91
    5.2.1 Fundamentaler Ansatz 92
    5.2.2 Anomalieerkennung – Ansätze aus der Bioinformatik 92
5.3 Beschreibung des Anomalieerkennungsalgorithmus 94
    5.3.1 Basismodell und grundlegende Definitionen 94
    5.3.2 Festlegen von Suchmustern zur Log-Zeilen Vektorisierung 96
    5.3.3 Ereignisklassifizierung 96
    5.3.4 Evaluierung von Hypothesen und System-Modell Aktualisierung 97

5.4 Architektur der Analysesoftware 98
    5.4.1 Log File Management 99
    5.4.2 Anomalieerkennung 100
    5.4.3 Berichtswesen und Konfiguration 102
5.5 Anomalieerkennung: Detailszenario 102
    5.5.1 Ein realistischer Anwendungsfall 102
    5.5.2 Diskussion des Szenarios 106
5.6 Bewertung des Konzepts bzgl. Datenschutzaspekten 111
    5.6.1 Datenquellen 111
    5.6.2 Datenarten 112
    5.6.3 Auftraggeber oder Dienstleister 114
    5.6.4 Ziel der Verwendung der Daten 115
    5.6.5 Datenschutzrechtlichen Verpflichtungen für CAIS 115
    5.6.6 Datensicherungsmaßnahmen 116

6 Evaluierung von CAIS im praktischen Einsatz 119
Herwig Köck, Martin Krumböck, Walter Ebner, Thomas Mandl, Roman Fiedler, Florian Skopik und Otmar Lendl
6.1 Einleitung 119
6.2 Struktur realer Abläufe und Systeme 120
    6.2.1 Netzwerkaufbau 120
    6.2.2 Logmanagement 121
    6.2.3 Konfigurations-Management 124
    6.2.4 Disaster Recovery 127
6.3 Integration der CAIS Werkzeuge in reale Infrastrukturen 128
    6.3.1 Anomalieerkennung 128
    6.3.2 Modellierungs- und Simulationstool 129
6.4 Schnittstellen zu kommerziellen Werkzeugen 132
    6.4.1 APT Malware und automatische Analysesysteme 132
    6.4.2 Nutzen von automatischen Analysesystemen für CAIS 133
    6.4.3 Mögliche Integration in CAIS 135
6.5 Pilotstudie: CAIS Anwendung in der Praxis 137
    6.5.1 Organisationseinbindung in CAIS 138
    6.5.2 Ablauf im Falle eines Angriffs 142
    6.5.3 Lagebildverteilung und Unterstützung 145

7 Datenschutzleitlinie für Forschungsprojekte 149
Kurt Einzinger
7.1 Einleitung 149
7.2 Ziel der Datenschutzleitlinien 150
7.3 Geltungsbereich der Datenschutzleitlinien 151
    7.3.1 Geltungsbereich 151

7.3.2   Was sind personenbezogene Daten? 151
7.3.3   Über die rechtliche Natur von IP-Adressen 152
7.3.4   NAT – Network Address Translation 153
7.3.5   Die Behandlung nur indirekt personenbezogener Daten 155
7.3.6   Vorratsdaten nach dem Telekommunikationsgesetz (TKG) 157
7.3.7   Nationale Datenschutzbehörden 160
7.4   Privacy By Design (eingebauter Datenschutz) 162
7.4.1   Einbau des Datenschutzes bei der Konzeption eines Systems . . . 162
7.4.2   Frühzeitige Klärung datenschutzrechtlicher Fragen 163
7.4.3   Folgenabschätzung 164
7.4.4   Einsatz einer „privatsphärenfreundlichen" Technologie 165
7.4.5   Zweckbestimmung des Systems 165
7.5   Datenverwendungen in der Forschung 166
7.5.1   Zulässigkeit der Verwendung von Daten 166
7.5.2   Entscheidung über Verwendung personenbezogener Daten 167
7.5.3   Wissenschaftliche Forschung und Statistik im DSG 2000 168
7.5.4   Genehmigung durch die Datenschutzbehörde (DSB) 169
7.5.5   Meldepflicht nach § 17 DSG 2000 (DVR) 169
7.6   Datensicherheit, Datensicherheitsmaßnahmen 170
7.6.1   Gesetzlich vorgeschriebene Datensicherheitsmaßnahmen 170
7.6.2   Meldungspflichten bei Sicherheitsvorkommnissen 172
7.6.3   Wie lange sind die Daten aufzubewahren? 174
7.6.4   Wem sollte Zugriff auf die personenbezogenen Daten gewährt
         werden? 174
7.6.5   Schulungen in datenschutzrechtlichen Fragen 175
7.6.6   Vertraulichkeit 175
7.7   Übermittlung und Weitergabe von Daten 176
7.7.1   Allgemeiner Rahmen 176
7.7.2   Register der Übermittlung und Weitergabe von Daten 176
7.7.3   Ausgliederung der Verarbeitung 177
7.8   Gewährleistung und Nachweis guter Verwaltungspraxis 178
7.8.1   Datenverwendungsstrategie 178
7.8.2   Datenschutzaudit 179

8   Empfehlung an die Politik und Ausblick 181
     Alexander Klimburg, Philipp Mirtl und Kurt Einzinger
8.1   Der sicherheitspolitische Rahmen des Nationalen Cyber-Lagezentrums . 181
8.1.1   Aufgaben und Kategorien von „National Cybersecurity Centers"
         (NCC) 184
8.1.2   Lagebilderstellung, Berichte und Sensoren 185
8.1.3   Anforderungen der Europäischen Union 193
8.1.4   Vorschlag zu einem möglichen „Austrian Cyber Center" 194

8.1.5 Entwicklung eines Anomaly Detection-gestützten Netzwerks . . 198
8.2 Datenschutzrechtliche Aspekte 201
8.2.1 Allgemeines 201
8.2.2 Änderungen im österreichischen Datenschutzregime 203
8.2.3 Änderungen in der EU-Datenschutzgrundverordnung 204
8.2.4 Network and Information Security (NIS) Directive 206

Einleitung zum Cyber Attack Information System

Helmut Leopold, Florian Skopik, Thomas Bleier, Josef Schröfl,
Mike Fandler, Roland Ledinger und Timo Mischitz

1.1 Kommunikationsnetze als grundlegende Lebensadern unserer modernen Gesellschaft

Die globalen Veränderungen im neuen Jahrtausend bringen ganz neue Anforderungen für unsere Gesellschaft mit sich. Die Lösung großer gesellschaftlicher Fragestellungen wie Energie, Sicherheit, Gesundheitsversorgung im Kontext der demographischen Veränderung der Gesellschaft oder Verkehrsmanagement in Großstädten ist wesentlich von IT Innovationen bestimmt. eGovernment, eHealth, eMobility, eEnergy, eEnvironment oder auch smart city, smart building, car2car oder car2infrastructure communication sind oft verwendete Schlagwörter um diese zukünftigen intelligenten oder smarten Systeme zu beschreiben. Solche smarten Anwendungsbereiche die durch einen weitreichenden Einsatz von Informations- und Kommunikationstechnologien (IKT) entstehen sind vielfältig:[1]

- Die Vernetzung unserer Fahrzeuge und Einsatz von intelligenter Sensorik für moderne Verkehrssysteme.[2] Einerseits fährt das Fahrzeug immer mehr autonom, erhöht die

Helmut Leopold ✉ · Florian Skopik · Thomas Bleier
AIT Austrian Institute of Technology GmbH,, Wien, Österreich
e-mail: florian.skopik@ait.ac.at

Josef Schröfl
Österreichisches Bundesministerium für Landesverteidigung und Sport, Wien, Österreich

Mike Fandler
Österreichisches Bundesministerium für Inneres, Wien, Österreich

Roland Ledinger · Timo Mischitz
Österreichisches Bundeskanzleramt, Wien, Österreich

[1] Viktor Mayer-Schönberger and Kenneth Cukier, Big Data: A Revolution That Will Transform How We Live, Work, and Think, John Murray Publishers, 2013.

[2] Thomas R. Köhler, Dirk Wollschläger, Die digitale Transformation des Automobils – 5 Megatrends verändern die Branche, Media Manufaktur, 2014 (ISBN: 978-3-9814661-9-5).

© Springer-Verlag Berlin Heidelberg 2015
H. Leopold et al. (Hrsg.), *Cyber Attack Information System*, Xpert.press,
DOI 10.1007/978-3-662-44306-4_1

Sicherheit, informiert und unterhält und andererseits werden neue Verkehrsmanagementmethoden möglich. Durch eine intelligente Vernetzung der Automobile wird z. B. eine erhebliche Reduktion des CO_2-Ausstoßes erwartet.[3]

- Durch eine intelligent gesteuerte Energieproduktion (erneuerbare Energien) und Energieverteilung (smart grid) bis hin zu einem Energiemanagement zu Hause (smart home) entstehen neue Systemarchitekturen, welche die Umstellung von fossilen auf erneuerbare Energieträger ermöglichen und den Energieendverbrauch senken.[4]

- Durch eine neue Vernetzung zwischen Patient, Arzt und Betreuer werden neue Formen der medizinischen Versorgung als auch der Vorbeugung und des Lifestylemanagements ermöglicht. „Closed loop healthcare" Telemedizinsysteme erlauben neue Behandlungs- und Betreuungsansätze für Volkskrankheiten wie Diabetes[5], Herzschwäche und Übergewicht aber auch für neue Formen der Betreuung von pflegebedürftigen Menschen, welche für alle Stakeholder Vorteile generieren (Patient, Arzt, Gesundheitssystem). Ambient Assisted Living (AAL)[6] oder Enhanced Living Environments (ELE) sind neue Konzepte die diesen Trend beschreiben.[7]

- Eine Vernetzung von Produktionssystemen führt zu „Industrie 4.0" Konzepten: Produktionssysteme werden miteinander vernetzt um Produktionsprozesse zeitlich und räumlich verteilt auch über Firmengrenzen hinweg effizienter zu gestalten. Sensoren werden zur Qualitätskontrolle in Echtzeit eingesetzt, oder auch direkt mit Endverbrauchern vernetzt um den Produktionsprozess zu optimieren. Schlussendlich geht es um eine direkte Vernetzung der Endverbraucher mit den Produktionsprozessen um eine neue Flexibilität zu schaffen, die die Variantenvielfalt und die Qualität der Produkte wesentlich erhöht.[8]

- Immer mehr Bürgerdienste und Interaktionen zwischen öffentlicher Hand und Bürgern werden über elektronische Wege realisiert. eGovernment Dienste sind zu einem bestimmenden Element der Produktivitätssteigerung eines Wirtschaftsstandortes geworden.

---

[3] eCoMove Initiative, http://www.ecomove-project.eu/, letzter Zugriff: 1. November 2014.

[4] Farhangi, Hassan. „The path of the smart grid." Power and Energy Magazine, IEEE 8.1 (2010): 18–28.

[5] G. Schreier, H. Eckmann, D. Hayn, K. Kreiner, P. Kastner, N. Lovell: „Web versus App – compliance of patients in a telehealth diabetes management programme using two different technologies"; Journal of Telemedicine and Telecare, 18 (2012), S. 476–480.

[6] Mario Drobics, Angelika Dohr, Helmut Leopold, Harald Orlamünder, Standardized Communication in ICT for AAL and eHealth, 5. Deutscher AAL-Kongress 24.–25.01.2012, Berlin (Tagungsband), VDE Verlag GmbH, Berlin.

[7] ICT COST Action IC1303 AAPELE – Algorithms, Architectures and Platforms for Enhanced Living Environments, http://www.cost.eu/COST_Actions/ict/Actions/IC1303, letzter Zugriff: 1. November 2014.

[8] Siehe z. B. die Initiative der deutschen Bundesregierung: http://www.bmbf.de/de/9072.php bzw. http://www.produktion.de/automatisierung/industrie-4-0-smarte-produkte-und-fabriken-revolutionieren-die-industrie/ oder auch die 2014 gestartete Österreichische Initiative http://www.alpbach.org/de/vortrag/industrie-4-0-die-naechste-industrielle-revolution/, letzter Zugriff: 1. November 2014.

Österreich hat in diesem Bereich z. B. seit Jahren eine besondere Vorreiterrolle übernommen[9] und nimmt seit 2006 den ersten Platz des eGovernment Rankings der Europäischen Kommission ein (Capgemini Benchmark) ein und seit 2011 hat Österreich bei den eGovernment-Diensten die höchsten Benutzerzahlen als auch die höchsten Akzeptanzwerte (eGovernment Monitor der Initiative D21[10]).[11]

Diese Vernetzung von physischen Systemen durch IKT wird oft auch als Machine-2-Machine (M2M) Kommunikation bezeichnet. Um die enge Vernetzung IKT-basierter, bis dato auch autonom agierender elektronischer Systeme mit der physikalischen Welt zu beschreiben, werden solche Systeme auch als Cyber Physical Systems (CPS) bezeichnet.[12]

Dieser Trend bringt eine neue Dynamik der Systementwicklung und weitreichende Konsequenzen für Systemdesign und Anwendungsbereiche mit sich. Aber unabhängig von diesen Entwicklungstrends sind bereits heute grundlegende Geschäftsprozesse unserer Unternehmen aber auch jegliche Form von Privatkommunikation schon lange von der verfügbaren globalen Vernetzung durch Breitbandkommunikationsnetze und IT Plattformen abhängig. Egal ob im persönlichen Umfeld, in kleinen Firmen, internationalen Unternehmen oder im Behördenbereich, die Einbindung von elektronischen Technologien in Kommunikations-, Produktions- und Entscheidungsprozesse aber auch die die private Alltagskommunikation ist in den letzten Jahren massiv erfolgt. Unsere Jugend, auch als

---

[9] Z.B. war Österreich das erste Land das in den 80er Jahren ein digitales Grundbuchregister (eGrundbuch) und ein eFirmenbuch realisierte; es war in der EU das erste Land das 1997 mit help.gv.at und FinanzOnline zwei elektronische Bürgerservice Portale für Services der öffentlichen Hand auf den Markt brachte. Beide Dienste wurden u. a. mit dem eEurope Award und Speyer Award ausgezeichnet; ebenfalls bereits 1997 wurde ein elektronisches Rechtsinformationssystem (RIS) realisiert; seit 1997 werden alle Gesetze als auch der Gesetzeswerdungsprozess offiziell und authentisch elektronisch im Internet publiziert; diese Pionierarbeit wurde mit dem UN Public Service Award ausgezeichnet; 2003 wurde das erste behördenübergreifendes Dokumentenmanagement (ELAK) und zentrales Melderegister implementiert; weiters war Österreich das erste EU Land, das bereits 2004 ein eGovernment Gesetz (2004) veröffentlichte, und es war das erste Land, das eine Bundesweite elektronische Infrastruktur für eHealth-Dienste implementierte (ELGA). Darüber hinaus hat Österreich beim Einsatz von modernsten Telemedizinanwendungen für die mobile Versorgung von chronisch kranken Menschen wie Diabetes und Herzschwäche durch international beispielgebende Initiativen wie der Gesundheitsdialog Diabetes von der Versicherung für Eisenbahn und Bergbau (VAEB) (siehe http://www.ait.ac.at/et-award2011, letzter Zugriff: 1. November 2014), als auch die geplante Einführung einer Telemedizinregelversorgung für Patienten mit Herzschwäche im Land Tirol (siehe Pressemeldung 12.2014, http://www.tirol.gv.at/meldungen/meldung/artikel/herzmobil-tirol/; letzter Zugriff: 1. November 2014). 2011 wurde das OpenGovernmentDataPortal veröffentlicht, welches mit dem UN Public Service Award ausgezeichnet wurde und dann von anderen Ländern übernommen wurde (D, CH, EU). 2012 wurde die Volkszählung als reine Registerzählung durchgeführt.

[10] http://www.egovernment-monitor.de/die-studie/2014.html, Initiative D21, letzter Zugriff: 1. November 2014.

[11] eGovernment ABC, 2014, www.digitales.oesterreich.gv.at, letzter Zugriff: 1. November 2014.

[12] „Towards a thriving data-driven economy", Special theme: Cyber-Physical Systems, ECRIM News, Number 97, April 2014.

„digital natives" bezeichnet, weil sie mit diesen neuen Gewohnheiten aufgewachsen ist, hat ihr Verhalten bereits auf den Cyber-Space abgestimmt und ihr kollektives Kommunikationsverhalten verändert.[13]

Wirtschaft, Verwaltung aber auch die Gesellschaft als solches sind in engster Weise mit dieser Technologie verbunden. Wir alle verlassen uns somit in zunehmendem Maße auf moderne Informations- und Kommunikationstechnologien und sind schlussendlich mit einer beträchtlichen Abhängigkeit von diesen Technologien konfrontiert. Die potentiellen Auswirkungen dieser Abhängigkeiten sind mittlerweile enorm. Der Ausfall von Energienetzen, des Bankensystems, der Versorgung der Bevölkerung mit lebenswichtigen Produkten oder der Staatsverwaltung, kann enorme wirtschaftliche Schäden bewirken bzw. ganze Staaten massiv beeinträchtigen.[14]

1.2 IKT als kritische Infrastruktur

Das Funktionieren unserer modernen Gesellschaft ist somit sehr stark von der ständigen Verfügbarkeit unserer IKT Infrastrukturen abhängig. IKT Infrastrukturen sind eine unverzichtbare Basis für die Modernisierung fast aller unserer Lebensbereiche geworden und müssen daher neben dem Stromnetz als die wesentliche kritische Infrastruktur unserer Gesellschaft eingestuft werden.

Kritische Infrastrukturen sind Systeme die eine überragende Bedeutung für die Aufrechterhaltung zentraler gesellschaftlicher Funktionen haben. Dazu gehören Energienetze, Wasserversorgung, Lebensmittel, Gesundheitseinrichtungen, der Finanz- und Transportsektor, Forschungs- und Ausbildungseinrichtungen, Medien und Kultur (z. B. Rundfunk und Fernsehen) aber auch die Schwerindustrie, die chemische, die Raumfahrt- und die Nuklearindustrie, sowie alle politischen Institutionen, welche die Regierbarkeit eines Landes in seiner Gesamtheit sicherstellen wie Justiz, Exekutive und Militär und die dafür verantwortlichen Stellen (Gerichte, Ministerien, Landesregierungen, Städte etc.) und schlussendlich auch klassische Kommunikationsinfrastrukturen wie Telefonnetze.[15] Diesen Infrastrukturen ist gemeinsam, dass ihre Störung oder Zerstörung schwerwiegende Auswirkungen auf die Sicherheit und die Wirtschaft eines Landes, die Gesundheit und das soziale Wohl der Bevölkerung und das Funktionieren des Gemeinwesens Staat als Ganzes haben.

---

[13] Allison Cerra, Christina James, Identity Shift: Where Identity Meets Technology in the Networked-Community Age, Wiley, November 2011, ISBN: 978-1-118-18113-3.

[14] Blackouts in Österreich Teil I – Analyse der Schadenskosten, Betroffenenstruktur und Wahrscheinlichkeiten großflächiger Stromausfälle: http://energyefficiency.at/web/projekte/blacko.html, KIRAS Sicherheitsforschung, letzter Zugriff: 1. November 2014.

[15] Vgl. Green Paper on a European programme for critical infrastructure protection, European Commission, COM/2005/0576, November 2005, http://eur-lex.europa.eu/legal-content/EN/TXT/?uri=CELEX:52005DC0576, letzter Zugriff: 1. November 2014.

Nachdem all diese Infrastrukturen bereits wesentlich auf IT Anwendungen aufbauen und zunehmend durch IKT umfassend vernetzt werden, erfahren diese Anwendungsgebiete auch eine neue Abhängigkeit von IT-Plattformen und IKT Infrastrukturen, was dazu führt, dass digitale IKT-Netze aber auch herkömmliche Internetzugänge als grundlegende kritische Infrastrukturen betrachtet werden müssen.[16]

In letzter Zeit hat dieser Aspekt an Aufmerksamkeit gewonnen, nicht zuletzt durch öffentlich gewordene Vorfälle, wie etwa die Cyber-Angriffe auf Estland 2007[17], oder den Stuxnet-Virus-Angriff 2010 auf die Iranischen Atomkraftwerke[18] oder auch eine Reihe von weiteren Angriffen[19, 20] gegen kritische Infrastrukturen wie Red October, Miniduke, TeamSpy, APT1. All diese Attacken, als auch jüngste Cyber-Angriffe auf Sony Pictures und Banken in Europa und USA, demonstrieren die besonderen Gefahren für unsere Cyber Physical Systems eindrucksvoll.

1.3 Das Bedrohungspotential verändert sich

Zwei sich wechselseitig beeinflussende globale Trends führen nun zu neuen Bedrohungspotentialen die auch besondere Gegenmaßnahmen verlangen:

1.3.1 Technologietrends

Ökonomische Zwänge der Systembetreiber bringen eine zunehmende Vernetzung der Systeme mit sich. Technische Systeme, die früher isoliert funktioniert haben, werden miteinander vernetzt um Überwachungsaufgaben und Fernwartungsprozesse zu vereinfachen. Über solche wirtschaftliche Gesichtspunkte hinaus kommt es durch die Logik einer raschen wirtschaftlichen Innovationsentwicklung zu einem Trend der Verwendung von offenen Systemarchitekturen, zum Einsatz von Commercial Off The Shelf (COTS) Technologien und standardisierten Schnittstellen. Durch diese technischen Trends werden implizit neue Schwachstellen in den Systemen generiert und gleichzeitig ist es wesentlich einfacher durch breit vorhandene Technologiekenntnisse neue Angriffsmethoden zu entwickeln.

---

[16] Vgl. Bleier, Thomas: An Analysis of ICT Influence Factors on Critical Infrastructure Security, Master Thesis, 2011 und Lewis, Ted G.: Critical Infrastructure Protection in Homeland Security: Defending a Networked Nation, John Wiley & Sons, 2006.

[17] Gaycken, Sandro: Cyberwar – Das Internet als Kriegsschauplatz. Open Source Press, 2011.

[18] Langner, R. (2011). Stuxnet: Dissecting a cyberwarfare weapon. Security & Privacy, IEEE, 9(3), 49–51.

[19] http://www.russia-direct.org/content/most-dangerous-cyberweapons-2013, and http://resources. infosecinstitute.com/teamspy-miniduke-red-october-and-flame-analyzing-principal-cyber-espionage-campaigns/, letzter Zugriff: 1. November 2014.

[20] http://www.symantec.com/connect/blogs/dragonfly-western-energy-companies-under-sabotage-threat, letzter Zugriff: 1. November 2014.

Die entstehenden Cyber Physical Systems werden zunehmend komplexer. Einerseits werden die Funktionen der einzelnen Systeme immer ausgereifter und zudem kommt durch die Vernetzung eine neue Dimension dazu, welche ein Gesamtsystemverständnis immer schwieriger macht. Man spricht auch von komplexen „System of Systems".

Durch diese Entwicklungen werden nun auch die Abhängigkeiten zwischen den einzelnen Komponenten aber auch Systemen verstärkt, welche bei Fehlfunktionen und Störungen viel leichter zu Kettenreaktionen führen können und somit wesentlich rascher größere Konsequenzen nach sich ziehen.[21]

1.3.2 Neue Angriffsszenarien

Das Ausmaß und die Professionalität der Bedrohungen haben sich in den letzten Jahren wesentlich verändert. Während zu Beginn das Interesse an der Technik im Vordergrund stand und die ersten Viren ohne kommerzielle Interessen entwickelt wurden, hat in den letzten Jahren wirtschaftliches Interesse als Motivation eine führende Rolle eingenommen. Die Bedrohung geht nicht mehr von einzelnen, isoliert arbeitenden Hackern aus, sondern von organisierten Strukturen mit beträchtlichen Investitionen in entsprechende Angriffe.[22, 23]

Zudem gilt es zu beachten, dass diese Bedrohungen in ihrem Ausmaß ein junges Phänomen sind. Ein Virenschutzprogramm muss heute an die 240 Mio. verschiedene Malware-Signaturen erkennen.[24] Jeden Tag kommen ca. 160.000 neue Malware-Signaturen dazu[25] (alle 2,5 Sekunden taucht eine neue Bedrohung auf[26]). Diese massive Entwicklung hat sich erst in den letzten Jahren zu diesem Ausmaß ausgewachsen und stellt die Industrie aber auch die Gesellschaft vor neue Herausforderungen im Umgang mit der Cyber-Domäne.

Durch das immer breiter werdende vorhandene Technologie Know-how und durch den großen Aufwand, den Angreifer bei ihren Cyber-Attacken betreiben, werden die Angriffsmethoden zudem immer ausgefeilter und auch komplizierter. Bei sog. „Advanced Persistent Threats (APTs)" werden unterschiedlichste Angriffsansätze geschickt miteinander kombiniert, um Schutzmechanismen auszuhebeln. Typischerweise werden bei solchen Angriffsverfahren zeitlich und räumlich verteilt unterschiedliche Methoden zum Einsatz gebracht, wobei die einzelnen Attacken oft unverdächtig sind und damit oft in den betrof-

---

[21] Rinaldi, S.M. (2004), Modeling and simulating critical infrastructures and their interdependencies, IEEE HICS.

[22] Yar, Majid. Cybercrime and society. Sage, 2013.

[23] Bradbury, Danny: Digging up the hacking underground. Infosecurity, 7 2010, No. 5, 14–17, http://www.infosecurity-magazine.com/view/13117/digging-up-the-hacking-underground/i, ISSN 1754-4548, letzter Zugriff: 1. November 2014.

[24] http://www.av-test.org/de/statistiken/malware/, letzter Zugriff: 1. November 2014.

[25] http://www.scmagazineuk.com/160000-new-malware-samples-arriving-every-day/article/349235/, letzter Zugriff: 1. November 2014.

[26] http://www.trendmicro.de/media/ds/anti-malware-nss-labs-datasheet-de.pdf, letzter Zugriff: 1. November 2014.

fenen Systemen von den herkömmlichen Schutzmechanismen lange unentdeckt bleiben. Solche kombinierten Angriffsstrategien wie z. B. die Verknüpfung von Social Engineering mit dem Einsatz von Phishing SW und gezielter Malware, welche in Teilen in ein System geschleust und erst viel später aktiviert werden, führen zu komplexen und sehr spezifischen Angriffsmustern, welche mit herkömmlichen Verteidigungsstrategien sehr schwer zu bekämpfen sind.

Auch wenn es eine Menge an verschiedenen Bedrohungsszenarien und Motivationen gibt, sind die Angriffsstrategien und verwendete Technologie oft ähnlich. Grundsätzlich gilt es zu attestieren, dass Cyber-Angriffe üblicherweise sehr spät erkannt werden können, sehr schwer zurück verfolgbar sind und oft auch nicht isoliert betrachtet werden können.

Zusammenfassend muss somit festgestellt werden, dass wir mit einer grundlegenden Problematik konfrontiert sind. Zum einen werden die Cyber-Angriffe immer raffinierter und intelligenter und zum anderen führt der steigende Grad der Vernetzung von Systemen und durch die eingesetzte IT zu immer komplexeren Systemen was eine sinkende Kenntnis über das Gesamtsystem unweigerlich mit sich bringt. Wenn die Sicherheit unserer zukünftigen Kommunikationsnetze und dem Internet nicht sichergestellt werden kann, wird dies auch zu einem massiven negativen Effekt auf die Innovationsleistung in vielen Anwendungsbereichen führen.[27]

Unabhängig davon ob die Motivation der Angriffe auf unsere kritische IKT Infrastruktur kriminell, wirtschaftlich oder militärisch ist, die Angriffsszenarien haben sich massiv verändert und werden immer aufwendiger gestaltet, was entsprechende Gegenmaßnahmen zunehmend schwieriger macht.

1.4   Neue Gegenmaßnahmen werden notwendig

Um der besonderen Bedrohung als auch der enormen Komplexität Rechnung zu tragen, sind neue Methoden und Technologien erforderlich, die nur durch eine gemeinsame Anstrengung aller Akteure erreicht werden kann, um erfolgreiche nationale Gegenstrategien zu entwickeln, damit die kritischen IKT Infrastrukturen des Landes für die großen gesellschaftlichen Aufgabenstellungen verfügbar sind.

---

[27] Helmut Leopold, Thomas Bleier, Safety & Security in Future Networks Will Need a New Internet Science, PIK - Praxis der Informationsverarbeitung und Kommunikation, Band 36, Heft 3, Seiten 191–197, ISSN (Online) 1865–8342, ISSN (Print) 0930–5157, DOI: 10.1515/pik-2013-0021, August 2013.

1.4.1 Nationale Cyber-Strategien in Österreich

In diesem bisher beschriebenen Kontext wurden in vielen Ländern aber auch in Organisationen wie der NATO Cyber-Strategien entwickelt.[28] Deutschland hat 2009 eine nationale Strategie zum Schutz Kritischer Infrastrukturen (KRITIS-Strategie[29]) veröffentlicht, und die EU beschloss am 12. Juni 2012 eine Resolution zum Schutz kritischer Informationsinfrastrukturen in Europa.[30]

Auch In Österreich wurde unter Koordination des Bundeskanzleramtes (BKA) in Zusammenarbeit mit dem Bundesministerium für Inneres (BM.I), dem Bundesministerium für Landesverteidigung und Sport (BMLVS) sowie dem Bundesministerium für Europa, Integration und Äußeres (BMEIA) im Rahmen einer intensiven Zusammenarbeit aller Stakeholder eine Österreichische Strategie für Cyber Sicherheit (ÖSCS) ausgearbeitet[31] und von der Bundesregierung am 20. März 2013 beschlossen. Die Strategie für Cyber-Sicherheit ist ein wesentlicher Bestandteil des von der Bundesregierung am 2. April 2008 beschlossenen Masterplanes zum Schutz kritischer Infrastrukturen – Austrian Programme for Critical Infrastructure Protection (APCIP).[32, 33]

Die ÖSCS ist ein umfassendes und proaktives Konzept zum Schutz des Cyber-Raums und der Menschen im virtuellen Raum. Sie verbessert Sicherheit und Widerstandskraft der österreichischen Infrastrukturen und Leistungen im Cyber-Raum. Es werden sieben Handlungsfelder und dazugehörige Maßnahmen festgelegt, die eine operative Umsetzung ermöglichen. Für einige der darin festgelegten Maßnahmen, wie beispielsweise die „Schaffung einer Struktur zur Koordination auf der operativen Ebene", stellt das CAIS Projekt direkt verwendbare Ergebnisse bereit, die als Basis für eine operative Umsetzung dienen können.[34]

---

[28] Vgl. Brunner, Elgin M./Suter, Manuel: International CIIP Handbook 2008/2009. Center for Security Studies, ETH Zurich, 2008, http://www.isn.ethz.ch/Digital-Library/Publications/Detail/?id=91952, letzter Zugriff: 1. November 2014.

[29] http://www.bmi.bund.de/cae/servlet/contentblob/544770/publicationFile/27031/kritis.pdf, letzter Zugriff: 1. November 2014.

[30] http://www.europarl.europa.eu/sides/getDoc.do?type=TA&reference=P7-TA-2012-0237&language=EN&ring=A7-2012-0167, letzter Zugriff: 1. November 2014.

[31] https://www.bka.gv.at/DocView.axd?CobId=50748, letzter Zugriff: 1. November 2014.

[32] Die Maßnahmen des APCIP Masterplanes sollen das Risikomanagement, das Bussines Continuity Management und das Sicherheitsmanagement bei jenen Unternehmen und Organisationen stärken, die eine strategische Bedeutung für Österreich haben. Neben den organisatorischen und rechtlichen Risiken, den Marktrisiken, den Natur- und den technischen Gefahren wird empfohlen auch die internationalen Gefahren, die auch die Cyber-Risiken umfassen, intensiv zu bearbeiten.

[33] http://www.kiras.at/uploads/media/MRV_APCIP_Beilage_Masterplan_FINAL.pdf, letzter Zugriff: 1. November 2014.

[34] H. Habermayer, J. Schröfl, Genese und wesentliche Inhalte der Österreichischen Strategie für Cyber-Sicherheit, S+F, (32. Jg.) 1/2014.

1.4.2 Zusammenarbeit der Stakeholder

Um den neuen Bedrohungen erfolgreich begegnen zu können, ist eine enge Zusammenarbeit zwischen allen Akteuren notwendig. Technologiehersteller, Netzbetreiber, Service-Anbieter, Industrie-Vereinigungen und verschiedene Stakeholder der öffentlichen Hand müssen gemeinsam Systeme entwickeln um Angriffe frühzeitig erkennen zu können und einen Informationsaustausch sicher zu stellen um rasch effektive Gegenmaßnahmen entwickeln zu können.

Um effiziente Abwehrmaßnahmen ausarbeiten zu können, ist es erforderlich, einen Überblick über die aktuelle Bedrohungslage zu bekommen, um Ausmaß und Auswirkungen besser einschätzen zu können und entsprechende Gegenstrategien konzipieren zu können.

In den letzten Jahren haben sich zwar bereits sehr erfolgreich nationale Computer-Emergency-Response Teams (CERTs) gebildet. Primäre Aufgabe dieser Institutionen ist die Verteilung von Informationen an die Betreiber kritischer Infrastrukturen, um sie über bereits bekannte Schwachstellen zu informieren. Ein wesentlicher nächster Schritt ist die Etablierung eines bidirektionalen Informationsflusses (auch direkt zwischen unterschiedlichen Betreibern kritischer Infrastrukturen), welcher derzeit noch nicht ausreichend ausgeprägt ist. Zur effektiven Abwehr von Angriffen müssen nicht nur bereits erkannte Attacken zeitnah weitergemeldet werden, sondern auch im Vorfeld von Attacken erkannte Anomalien kommuniziert werden, die für sich genommen möglicherweise noch harmlos sind, aber bereits auf drohende Angriffe hinweisen können.

In diesem Sinne empfiehlt die 2013 veröffentlichte europäische „Network and Information Security (NIS) Richtlinie"[35] den Aufbau nationaler Cyber-Lagezentren, welche nicht nur den Sicherheitsstatus der nationalen Infrastruktur erfassen, sondern auch koordinierte Aufgaben bei der Prävention und auch Abwehr von Angriffen übernehmen. Für eine solche Aufgabe ist es unbedingt notwendig geeignete Mechanismen und Prozesse für den Austausch von Informationen zu etablieren.

1.5 Ansatz: CAIS – Cyber Attack Information System

Um nun der neuen Bedrohungslage Rechnung zu tragen und neue Werkzeuge und Methoden für zukünftige Anforderungen zu entwickeln, wurde in Österreich eine spezielle Initiative gestartet, um im engen Schulterschluss zwischen den öffentlichen Bedarfsträgern BMLVS, BM.I und BKA und der Wissenschaft, Forschung und Industrie neue Lösungsansätze zu entwickeln. So wurde das Projekt „CAIS – Cyber Attack Information System" unter der Federführung des AIT Austrian Institute of Technology konzipiert welches im

---

[35] Commission Proposal for a Directive concerning measures to ensure a high common level of network and information security across the Union; http://ec.europa.eu/digital-agenda/en/news/commission-proposal-directive-concerning-measures-ensure-high-common-level-network-and, 07/02/2013, letzter Zugriff: 1. November 2014.

Sicherheitsforschungs-Förderprogramm KIRAS[36] – eine Initiative vom BMVIT, gefördert wurde.

Im Forschungsprojekt CAIS wurden grundlegende Funktionen eines Cyber-Incident-Response-Zyklus erörtert, welche effektiven Gegenmaßnahmen für zukünftige auch sehr komplexe Cyber-Angriffe erlauben. Das Projekt CAIS umfasste die Konzeption eines Systems zur Cyber-Abwehr durch neue Technologien und Methoden. Eine grundlegende Zielsetzung war die Entwicklung von neuen robusten Methoden zur Erkennung von Cyber-Angriffen welche durch existierende Systeme nicht abgedeckt werden, und die insbesondere nicht auf eine bestimmte Art von Angriffen ausgelegt sind. Weiters kann eine effiziente Gegenmaßnahme in komplexen Systemen nach der Identifikation aber schlussendlich nur dann funktionieren, wenn auch effektive maschinell unterstützte Informationsaustauschmechanismen vorhanden sind.

Grundprinzipien eines solchen Konzeptes zur Etablierung effektiver Gegenmaßnahmen für zukünftige Bedrohungen, um dadurch eine Steigerung der Resilienz von kritischen Infrastrukturen zu erreichen, sind:

- Gemeinsame Werkzeuge und Methoden, um konkrete Zustände der kritischen Infrastrukturen zu erfassen – „Cyber Situational Awareness Systeme".
- Verknüpfung und Koordinierung der bestehenden Initiativen wie CERT und anderer privater oder öffentlicher Einrichtungen.
- Etablierung eines Situationsbewusstseins für Teilbereiche von Infrastrukturen bis hin zu gesamtheitlichen nationalen Sichtweisen.
- Frühzeitiger strukturierter Informationsaustausch und Vorwarnungen, die dann auch präventive als auch rechtzeitige Vorbereitung von reaktiven Maßnahmen ermöglichen.

Durch diese erhaltene Information über die technischen Infrastrukturen – „Cyber Situational Awarness Information" – können nun die einzelnen öffentlichen Stakeholder ihre speziellen Lagebilder für das Management von Gegenmaßnahmen für den Cyber-Krieg (BMLVS), für Cyber-Kriminalität (BM.I) oder auch für die nationale Sicherheit (BKA) gestalten.

1.5.1 Das Projektkonsortium

Um diese ehrgeizigen Ziele zu erreichen und schließlich sicherzustellen, dass neue disruptive Ansätze verfolgt werden aber auch eine breite Anwendbarkeit der entwickelten Werkzeuge gegeben ist, wurde ein umfassendes Projektkonsortium gebildet. Das AIT Austrian Institute of Technology und die Fachhochschule St. Pölten brachten ihre wissenschaftliche Kompetenz in grundlegenden Sicherheitstechnologien ein und fokussierten im Projekt auf neue Methoden zur Erkennung von Anomalien in IT Systemen und Infrastrukturmodellierung und Simulation. Das Österreichische Institut für Internationale

---

[36] www.kiras.at, letzter Zugriff: 1. November 2014.

Politik (OIIP) erstellte eine umfassende Darstellung von Cyber-Bedrohungen und potentiellen Gefahren für nationale kritische Infrastrukturen durch Cyber-Kriminalität und unterstreicht dadurch die Notwendigkeit des Forschungsvorhabens. Die Telekommunikationsdiensteanbieter T-Mobile Österreich und T-Systems Österreich, sowie das nationale österreichische Computer Emergency Response Team (CERT.at) sorgten für die technische Umsetzung in realitätsnahen Szenarien und validierte die praktische Anwendbarkeit der verfolgten Konzepte.

Die wichtigen Stakeholder des nationalen Sicherheitsrates, das österreichische Bundeskanzleramt (BKA), das Bundesministerium für Landesverteidigung und Sport (BMLVS), und das Bundesministerium für Inneres (BM.I) stellten als Bedarfsträger die Einbindung der Ergebnisse dieses kooperativen Forschungsprojekt in die nationalen Sicherheitsstrategien sicher.

1.5.2   Projektergebnisse

Das vorliegende Buch fasst wesentlichen Ergebnisse und Erkenntnisse des Projekts CAIS – Cyber Attack Information System – zusammen. Als grundlegende Motivation fasst Kap. 2 mögliche Cyber-Angriffsszenarien zusammen und analysiert die wirtschaftlichen Effekte eines Internet-Ausfalls.

Kapitel 3 gibt einen Überblick über die Komponenten eines CAIS Cyber Attack Information Systems. Dies inkludiert mehrere funktionelle Blöcke: Anomalieerkennung, Incident Response Zyklen, nationale Meldestellen, Simulation von Cyber-Angriffen für Risikobewertungen, Infrastrukturmodellierung usw. sowie deren Teilnehmer und Rollen (Organisationen, die Informationen austauschen, Meldestellenbetreiber, Asset- und Inventory Management, und Beziehungen und Abhängigkeiten).

Entsprechend dem CAIS Gesamtkonzept erstatten unterschiedliche Organisationen, vor allem aber Betreiber kritischer Infrastrukturen, im Falle von Cyber-Angriffen auf ihre Systeme strukturierte Berichte an ein (nationales) Cyber-Lagezentrum. Dieses bewertet die Berichte, entwickelt technische Lagebilder und verwendet diese um einerseits gezielt in Krisensituationen helfen zu können, aber auch um strategische Handlungsempfehlungen und Sicherheitsmaßnahmen zu kommunizieren. Dabei laufen auf Seite der Einzelorganisationen, als auch im Cyber-Lagezentrum Prozesse ab, welche gezielt mit Software-Werkzeugen unterstützt werden können um Effizienz und Effektivität zu steigern. Die Erhebung der Anforderungen an diese Werkzeuge, eine prototypische-Implementierung, und die Evaluierung im praktischen Einsatz war Ziel des Projekts CAIS.

In Kap. 4 werden neuartige Ansätze zur Infrastrukturmodellierung und -simulation beschrieben, um präventive Sicherheitsmaßnahmen für Netzwerkinfrastrukturen zu entwickeln. Durch spieltheoretische Methoden – Simulation eines Angreifers, Simulation eines Verteidigers – werden potentielle Schwachstellen in der Infrastruktur identifiziert, was einen wertvollen Beitrag zur Risikobewertung liefert.

Um vor allem auf die neuen Bedrohungsszenarien zu reagieren wurde ein neuartiges Anomalieerkennungsverfahren in IT Systemen entwickelt welches in Kap. 5 umfassend beschrieben wird. Das konzipierte Verfahren stellt eine reaktive Sicherheitsmaßnahme dar und ist ein vielversprechender Ansatz für „Nicht-Standard-Bedrohungen" wie z. B. APTs.

Kapitel 6 erörtert wesentliche Aspekte und Rahmenbedingungen für den Einsatz der neu entwickelten Werkzeuge und Technologien im praktischen Einsatz. Wie hoch ist die Einstiegshürde, wenn die Tools in einem Betrieb ausgerollt werden? Wie viel Aufwand ist das Einpflegen der Daten? Gibt es Schnittstellen zu Standardsystemen? Welchen Mehrwert bringen die CAIS Tools im praktischen Einsatz?

In diesem Kontext erörtert Kap. 7 die datenschutzrechtlichen Aspekte die für solche Methoden und Analysewerkzeuge zu beachten sind. Die Datenschutzaspekte welche grundsätzlich auch für die Durchführung des Forschungsprojekt CAIS berücksichtigt wurden, sind ebenfalls in diesem Kapitel zusammengefasst.

Aus den Erkenntnissen der umfassenden Projektarbeit wurden konkrete Handlungsempfehlungen erarbeitet, um die Widerstandsfähigkeit von kritischen Infrastrukturen gegenüber zukünftige Cyber-Bedrohungen wesentlich zu steigern, die schlussendlich in Kap. 8 zusammengefasst wurden. Die Empfehlungen zum Aufbau eines Cyber-Lagezentrums als auch dessen Einbettung in den institutionellen Rahmen behandeln dabei folgende Fragestellungen: (i) Wie könnte eine nationales Cyber-Lagezentrum in Österreich aufgebaut sein? (ii) Welche Daten würde man für dessen Betrieb benötigen und wie wäre dies mit dem österreichischen Datenschutzgesetz in Einklang zu bringen? (iii) Welche Rolle spielen dabei die Anforderungen der EU? (iv) Wie könnte die Weiterentwicklung der in CAIS erarbeiteten Anomalieerkennung solch ein Vorhaben unterstützen?

Cyber-Angriffsszenarien und wirtschaftliche Auswirkungen

2

Alexander Klimburg und Philipp Mirtl

2.1 Einleitung

Das „Cyber Attack Information System" (CAIS) ist vor allem ein technisches („Proof of Concept") Projekt. Wie alle technischen Projekte gilt es jedoch auch hier, einen erweiterten sozio-politischen Rahmen zu berücksichtigen. Eine erste Abschätzung über die Wirkung von Cyber-Angriffen bedarf in diesem Rahmen zunächst eines gemeinsamen Verständnisses über die sozio-ökonomische Relevanz des Internet. Ergänzend dazu ist jedoch auch ein detailliertes Bedrohungsbild über spezifische Cyber-Gefahren vonnöten. Erst auf einer solchen Basis ist es sinnvoll, betreffend möglicher Maßnahmen, gezielt Empfehlungen an die Politik zu richten.

Während die Bedeutung des Internet weithin als selbstverständlich erscheint, ist das genaue Ausmaß seiner wirtschaftlichen Effekte aufgrund der mangelhaften Datenlage oft schwer quantifizierbar. In einem 2013 erschienen Beitrag der OECD zur Messung der Internetwirtschaft[1] wurden neben den direkten Auswirkungen der Internetnutzung (Wertschöpfung aus Internet-spezifischen Aktivitäten) auch dynamische (Nettoeffekte auf Produktivität und Wirtschaftlichkeit) und indirekte Auswirkungen (Besserstellung von Konsumenten und Wohlfahrtsgewinne) angeführt. Die vorliegende Studie nimmt ausschließlich eine Schätzung der direkten Effekte des Internet vor und verwendet die daraus resultierenden Ergebnisse in einem anschließenden Schritt zu einer vereinfachten Schätzung der möglichen Kosten, die aus einem 24-stündigen Internetausfall in Österreich entstehen könnten.

Ein gemeinsames Cyber-Bedrohungsbild ist eine notwendige Voraussetzung, um die möglichen technischen und politischen Schwerpunkte setzen zu können. Ein solches Be-

Alexander Klimburg ✉ · Philipp Mirtl ✉
Österreichisches Institut für internationale Politik, Wien, Österreich

[1] http://www.oecd-ilibrary.org/science-and-technology/measuring-the-internet-economy_5k43gjg6r8jf-en, letzter Zugriff: 1. November 2014.

© Springer-Verlag Berlin Heidelberg 2015
H. Leopold et al. (Hrsg.), *Cyber Attack Information System*, Xpert.press,
DOI 10.1007/978-3-662-44306-4_2

drohungsbild kann auf unterschiedliche Weisen generiert werden. So hatte bspw. das Kuratorium Sicheres Österreich (KSÖ) bereits 2011 eine Risikomatrix von verschiedenen Cyber-Angriffsarten bzw. -Trends erarbeitet.[2] Für das CAIS-Projekt wurde beschlossen, dass eine erweiterte Vorgehensweise (bei jedoch gleichzeitig kleinerem Umfang) für diese Zwecke notwendig wäre. Dazu wurde eine Delphi-Umfrage (detaillierte Experteninterviews) auf Basis einer spezifisch für diese Zwecke erstellten Methodologie[3] bei einer sogenannten erweiterten Stakeholder-Gruppe durchgeführt. Diese Stakeholder-Gruppe wurde zu insgesamt 18 spezifischen Miniszenarien befragt, die von tagtäglich-üblichen Angriffen (wie z. B. Port Scans) bis hin zu katastrophalen, cyber-kriegsähnlichen Szenarien reichten. Dabei wurden die Experten aus zwei unterschiedlichen Perspektiven befragt: einerseits aus Sicht ihrer eigenen Organisationen und andererseits aus Sicht eines möglichen Cyber-Lagezentrums. Die Ergebnisse waren zum Teil durchaus überraschend. Während Advanced Persistent Threats (APTs)[4], wie erwartet, als eine der schwerwiegendsten Bedrohungen wahrgenommen wurden, rangierten andere weit verbreitete Angriffe, wie die sogenannten Denial-of-Service-Angriffe (DoS), in der Bewertung relativ weit unten. Besonders interessant war, dass die meisten Stakeholder (und hier vor allem aus der Privatwirtschaft) die Bekämpfung von APTs als durchaus sehr wichtige Maßnahme eines möglichen, staatlich-zentral verorteten Cyber-Lagezentrums wahrgenommen haben. Auf einer Skala von 0–5 (wobei 5 bedeutete, dass ein Cyber-Lagezentrum „unverzichtbar", und 4, dass es „extrem relevant/federführend" ist) wurde ein spezifisches APT-Miniszenario im Schnitt mit 3,9 gereiht. Dies zeigt ein relativ hohes Bedürfnis vonseiten der Privatwirtschaft nach einer zentral-koordinierenden Stelle. Etwas überraschend war es, dass – obwohl DoS-Angriffe in den letzten Jahren stark an Verbreitung und Wirkung zugenommen haben – die Bekämpfung solcher Angriffe hauptsächlich im Selbstverantwortungsbereich der befragten Organisationen angesiedelt wurde.

Infolgedessen, und aufbauend auf der „Österreichischen Strategie für Cyber Sicherheit" (ÖSCS), wurden spezifische Empfehlungen für ein mögliches Cyber-Lagezentrum und dessen Anbindung an ein gemeinsames System zur Unterstützung der Erstellung eines möglichen Cyber-Lagebildes erarbeitet. Hierbei wurde unter anderem auch auf die tatsächliche Implementierung der ÖSCS zurückgegriffen, wobei die Projektpartner hierbei eine operativ-konsultierende Rolle innehatten. Untersuchungen im europäischen Umfeld ergaben, dass ein verteiltes Sensornetz in den meisten Fällen einen fixen Bestandteil von Cyber-Lagenzentren darstellte und der kritischen Infrastruktur oft zur Verfügung gestellt wurde. Je nach spezifischer datenschutzrechtlicher Lage wurde das Sensornetzwerk unterschiedlich konzipiert. Für österreichische Verhältnisse wären die meisten dieser Ansätze

---

[2] http://www.kuratorium-sicheres-oesterreich.at/themen/detail-ansicht/thema/ksoe-praesentiert-cyber-risikomatrix-fuer-oesterreich/, letzter Zugriff: 1. November 2014.

[3] Diese Methodologie umfasste eine Zusammenführung von spezifischen Angriffsvektoren (laut dem deutschen Bundesamt für Sicherheit in der Informationstechnik, BSI), eine Segmentierung der US Air Force von Cyber-Angriffen und ein Bewertungssystem (abgeleitet vom Carnegie Mellon CERT).

[4] APTs beschreiben eine besonders hochentwickelte Form des Cyber-Angriffs, die vor allem in der Cyber-Spionage (und womöglich sogar in der Vorbereitung für einen Cyber-Krieg) vorkommt.

wahrscheinlich politisch oder auch rechtlich schwer umsetzbar – gilt die zentrale Auswertung privater Daten hierzulande doch als extrem unwahrscheinlich. Aus diesem Grund bestünde ein klarer Bedarf an einem „gemeinsamen Werkzeug", das – zusammen mit einem möglichen Sensornetzwerk – die Vorteile einer gemeinsamen Cyber-Abwehr (z. B. durch geteilte Lageinformation) mit den Bedürfnissen der örtlichen Datenschutzbestimmungen verbindet. Dieses Bedürfnis könnte insbesondere mit dem in Kap. 5 vorgeschlagenen Werkzeug zur Anomalieerkennung bedient werden.

Wie der Datenschutz den genauen Umgang mit diesen Daten regulieren wird, hängt zum Teil nicht von den spezifischen Daten ab, die erfasst werden könnten, sondern ebenso vom erweiterten rechtlichen Umfeld. Hier werden sowohl in Österreich als auch in Europa in den nächsten Jahren einige Novellierungen anstehen, die teilweise erhebliche Verschiebungen in der Auslegung von datenschutzrechtlichen Angelegenheiten bewirken werden. Die klaren Bedürfnisse nach neuen Strukturen und Arbeitsweisen (sowie die Unzulänglichkeiten der bestehenden Gesetzeslage) könnten jedoch auch den Anstoß dazu geben, gänzlich neue Wege im Zusammenwirken von Cyber-Sicherheit/Netzwerk- und Informationssicherheit sowie im Datenschutz zu beschreiten.

Bei der Durchführung und Auswertung der Delphi-Umfrage hatte sich gezeigt, dass der gewählte Ansatz ein durchaus robuster war. So erlaubte dieser ein gemeinsames Bedrohungsbild zu erörtern – unabhängig von den spezifischen Gegebenheiten einer kritischen Infrastruktur (z. B. Windows-PC-Architektur versus SCADA-ICS). Anhand der Forschungsergebnisse wäre ergänzend auch eine zweite Delphi-Umfrage (ausgerichtet auf die spezifischen Empfehlungen von CAIS) durchaus nützlich gewesen. Da dies im Rahmen des CAIS-Projektes jedoch nicht in vollem Umfang möglich war, wurde stattdessen ein gemeinsamer Workshop mit der erweiterten Stakeholdergruppe abgehalten, bei dem die erarbeiteten Ergebnisse diskutiert wurden.

Bei der wirtschaftlichen Analyse zeigte sich, dass der Internetbeitrag im Jahr 2011 mit einem Anteil von zwischen 2,24 % und 5,26 % am Bruttoinlandsprodukt (BIP) geschätzt werden kann. Während diese Werte durchaus vergleichbar zu internationalen Studien erscheinen, muss betont werden, dass bei dieser Schätzung nur die direkten Effekte der Internetnutzung berücksichtigt wurden, weshalb der Gesamteffekt sehr wahrscheinlich unterschätzt wird. Die aus dieser Analyse resultierenden Werte wurden anschließend in einem vereinfachten Modell zur Schätzung der möglichen Kosten eines 24-stündigen Internetausfalls in Österreich verwendet. Je nach den durch einen Internetausfall verursachten Produktivitäts- und Umsatzeinbußen wurden die dabei anfallenden Kosten auf zwischen EUR 34 Mio. und EUR 84 Mio. geschätzt.

Für eine erste Abschätzung möglicher Folgen eines großräumigen Cyber-Ausfalls soll in Abschn. 2.2 zunächst ein einfaches wirtschaftliches Modell erarbeitet werden (das „Warum?"). Darauf aufbauend wird in Abschn. 2.3 in groben Umrissen ein gemeinsames Bedrohungsbild erstellt (das „Was?"). Die dabei identifizierten Cyber-Angriffsszenarien werden im abschließenden Abschn. 2.4 beschrieben und ausgewertet, um daraus mögliche Empfehlungen an die Politik ableiten zu können (das „Wie?").

2.2   Wirtschaftliche Modellierung eines großräumigen Cyber-Ausfalls

2.2.1   Der Internetbeitrag zum Bruttoinlandsprodukt (BIP)

Während die Bedeutung des Internet für unser tägliches Leben weithin als selbstverständlich erscheint, ist das Ausmaß seiner wirtschaftlichen Auswirkungen oft nicht eindeutig quantifizierbar. Dies kann nicht nur auf die zunehmende Verfügbarkeit immer detaillierterer Daten sondern vor allem auf die Verwendung unterschiedlicher Ansätze in deren Verarbeitung zurückgeführt werden. In diesem Zusammenhang wurde in einem Beitrag der OECD zur Messung der Internetwirtschaft vom Juli 2013[5] erörtert, wie der Einfluss des Internet auf unsere Volkswirtschaften untersucht werden kann.

Angesichts der zunehmenden Bedeutung des Internet als universelle Basisinfrastruktur betonte der OECD-Beitrag, dass die Internetwirtschaft in Zukunft immer weniger leicht von der Gesamtwirtschaft zu unterscheiden sei. In Anknüpfung an bestehende OECD-Definitionen[6] wurde daher der Begriff „Internetwirtschaft" sehr umfassend beschrieben als „the value of all economic activities that are undertaken on or supported by the Internet."[7] Im Wesentlichen wurde dabei zwischen drei verschiedenen Ansätzen (siehe Abb. 2.1) zur Messung der Internetwirtschaft unterschieden:[8]

1. **Direkte Auswirkungen des Internet**: In diesem relativ konservativen Ansatz wird die Größe der Internetwirtschaft als Anteil am Bruttoinlandsprodukt (BIP) gemessen. Vor allem auf Basis amtlicher Statistiken wird jener BIP-Beitrag ermittelt, der über

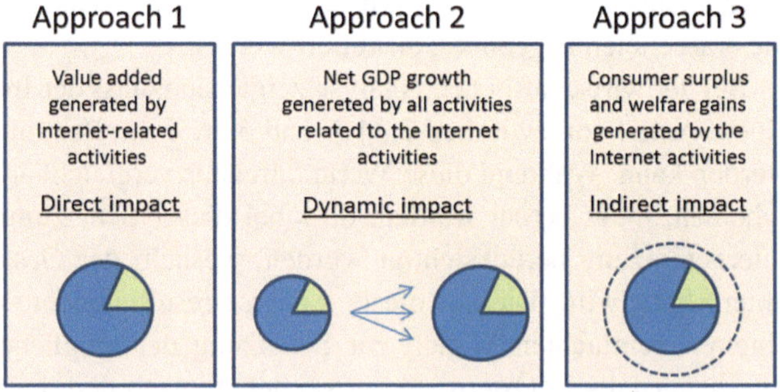

Abb. 2.1 Ansätze zur Messung der Internetwirtschaft[9]

---

[5] http://www.oecd-ilibrary.org/science-and-technology/measuring-the-internet-economy_5k43gjg6r8jf-en, letzter Zugriff: 1. November 2014.

[6] Siehe z. B. S. 4 „Seouler Erklärung zur Zukunft der Internetwirtschaft" (Juni 2008) http://www.oecd.org/sti/40839436.pdf, letzter Zugriff: 1. November 2014.

[7] S.   6   http://www.oecd-ilibrary.org/science-and-technology/measuring-the-internet-economy_5k43gjg6r8jf-en, letzter Zugriff: 1. November 2014.

[8] S. 18-57 http://www.oecd-ilibrary.org/science-and-technology/measuring-the-internet-economy_5k43gjg6r8jf-en, letzter Zugriff: 1. November 2014.

[9] Daten siehe S. 7 http://www.oecd-ilibrary.org/science-and-technology/measuring-the-internet-economy_5k43gjg6r8jf-en, letzter Zugriff: 1. November 2014.

Internet-spezifische Aktivitäten generiert wird. Der Fokus liegt insbesondere auf jenen Wirtschaftszweigen, die sehr eng mit dem Internet verbunden sind. Dies beinhaltet sowohl Aktivitäten, die die Internetinfrastruktur unterstützen (z. B. die wirtschaftlichen Aktivitäten von Internet Service Provider, ISPs), als auch jene, die über das Internet durchgeführt werden (z. B. die Aktivitäten im Rahmen von E-Commerce).

2. **Dynamische Auswirkungen des Internet**: Hier wird der Beitrag des Internet zum BIP-Nettowachstum in allen Wirtschaftszweigen untersucht. Vor allem auf Basis amtlicher Statistiken können dazu die Auswirkungen auf das Produktivitäts- und BIP-Wachstum untersucht werden. Während dieser Ansatz die Nettoeffekte des Internet über alle Wirtschaftszweige misst, geht daraus nicht eindeutig hervor, worin die genauen Ursprünge für eventuell generierte Benefits begründet liegen. Ein weiterer Nachteil dieses Ansatzes besteht in der Betonung von Nettoeffekten, die jedoch (z. B. über mögliche Beschäftigungsrückgänge aufgrund einer erhöhten Internetnutzung) insgesamt gedämpft werden können.

3. **Indirekte Auswirkungen des Internet**: In diesem Ansatz werden die zusätzlichen Auswirkungen des Internet auf die wirtschaftliche Wohlfahrt einer Gesellschaft untersucht. Diese werden nicht notwendigerweise von amtlichen Statistiken erfasst. Hierzu zählen bspw. Auswirkungen auf die Besserstellung von Konsumenten (Konsumentenrente) sowie Wohlfahrtsgewinne.

Die vorliegende Studie nimmt ausschließlich eine Schätzung der direkten Effekte des Internet auf das BIP vor und verwendet die daraus resultierenden Ergebnisse in einem anschließenden Schritt zu einer vereinfachten Schätzung der möglichen Kosten, die aus einem 24-stündigen Internetausfall in Österreich entstehen könnten.

2.2.2 Der Internetbeitrag zum BIP in Vergleichsländern

Beim eG8-Forum in Paris (24.–25. Mai 2011) präsentierte das McKinsey Global Institute (MGI) eine vergleichende Studie über die volkswirtschaftlichen Auswirkungen des Internet in 13 Ländern,[10] die zusammen mehr als 70 % des globalen BIP beitragen.[11] Als Methode wurde die in der Volkswirtschaftlichen Gesamtrechnung (VGR) angesiedelte Verwendungsrechnung (*Expenditure Approach*) gewählt, bei der im Wesentlichen alle in einem Staat getätigten Ausgaben für Endprodukte und Dienstleistungen aufsummiert werden. Der Anteil der Internetwirtschaft am Bruttoinlandsprodukt (BIP) wurde auf diese Weise über die Summe der identifizierten und gewichteten[12] Internet-spezifischen Kon-

---

[10] G8-Staaten sowie Brasilien, China, Indien, Südkorea und Schweden.

[11] http://www.mckinsey.com/insights/high_tech_telecoms_internet/internet_matters, letzter Zugriff: 1. November 2014.

[12] Bspw. über das Verhältnis der Internetnutzung zur gesamten Nutzung eines Produkts.

sumausgaben der privaten Haushalte,[13] des Staates,[14] der Investitionsnachfrage[15] und des Außenbeitrags[16] ermittelt. Die dabei verwendeten Informationen stammten aus verschiedenen öffentlich[17] und nicht-öffentlich[18] zugänglichen Datenbanken. Im Wesentlichen ergab die Studie einen Anteil von durchschnittlich 3,4 %, den das Internet im Jahr 2009 zum jeweiligen BIP beitrug.

Darüber hinaus wurde der durchschnittliche jährliche Effekt des Internet zwischen 1995 und 2009 (im Länder-Schnitt) auf 7 % des Wirtschaftswachstums geschätzt. In den Jahren zwischen 2004 und 2009 lag dieser sogar bei 11 %. Während dieser Anteil in einem Land wie Deutschland zwischen den Jahren 1995 und 2009 jedoch ganze 14 %, bzw. für die Jahre zwischen 2004 und 2009 sogar 24 % betrug, belief er sich in einem Land wie China in beiden Zeitspannen auf nur 3 %.

Im März 2012 präsentierte die Boston Consulting Group (BCG) eine ähnliche Studie zu den G-20-Staaten.[19] Auch hier wurde zur Ermittlung des Internet-spezifischen BIP-

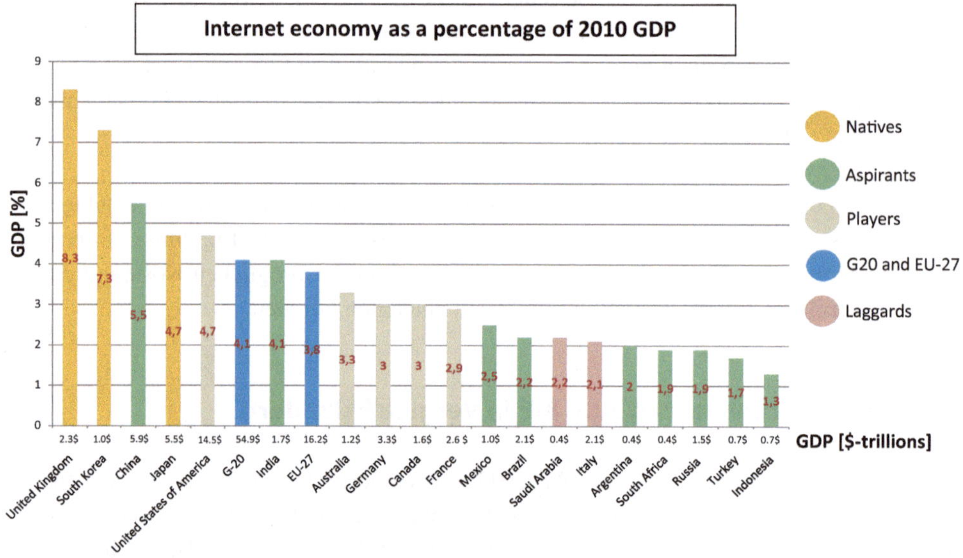

Abb. 2.2 Internetbeitrag zum BIP im internationalen Vergleich (BCG)[20]

---

[13] Bspw. Online-Reisebuchungen, Online-Glücksspiel, Breitbandzugang, mobile Datendienste, Personal Computer und Smartphones etc.

[14] Bspw. Ausgaben für Informationstechnologie gewichtet nach Internetnutzung, etc.

[15] Bspw. Telekommunikation, Intranet, Webseiten, etc.

[16] Bspw. Nettoexporte von Internet-spezifischen Gütern und Dienstleistungen.

[17] Bspw. OECD data.

[18] Bspw. PhoCusWright, Gartner, McKinsey.

[19] „The $ 4.2 Trillion Opportunity. The Internet Economy in the G20".

[20] Daten siehe: S. 8 https://publicaffairs.linx.net/news/wp-content/uploads/2012/03/bcg_4trillion_opportunity.pdf, letzter Zugriff: 1. November 2014.

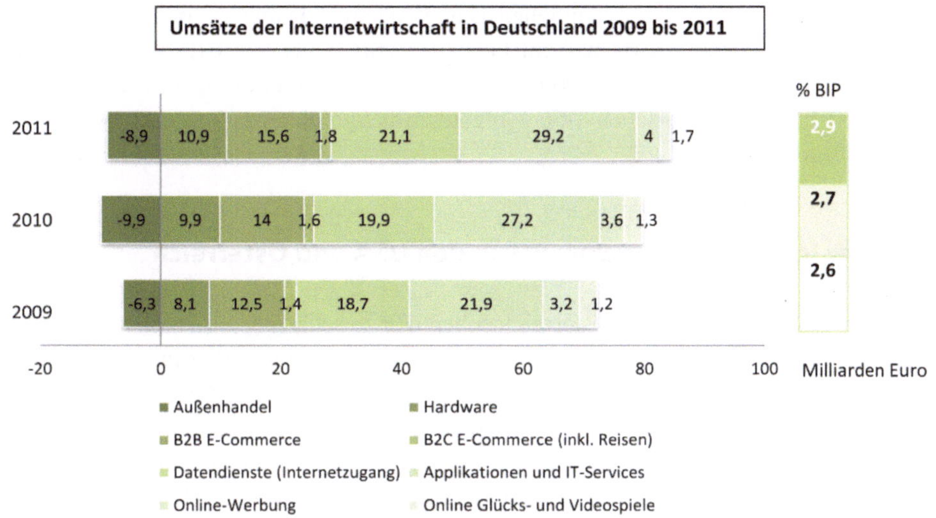

Abb. 2.3 Internetbeitrag zum BIP in Deutschland (BMWi)[21]

Beitrags auf die Verwendungsrechnung des Volkseinkommens zurückgegriffen. Ähnlich wie bei der MGI-Studie stammten die dabei verwendeten Informationen aus verschiedenen öffentlich und nicht-öffentlich zugänglichen Datenbanken. Im Länder-Schnitt ergab die Studie einen Anteil von 4,1 %, den die Internetwirtschaft im Jahr 2010 zum BIP beitrug (siehe Abb. 2.2).

Mit Bezug auf Deutschland wurde im November 2012 die vom Bundesministerium für Wirtschaft und Technologie (BMWi) beauftragte, und von TNS Infratest Business Intelligence sowie dem Zentrum für Europäische Wirtschaftsforschung Mannheim (ZEW) erstellte Studie zur Digitalen Wirtschaft herausgegeben, die sich in einem eigenen Abschnitt mit der Internetwirtschaft in Deutschland beschäftigte.[22] Ähnlich wie in den beiden bereits genannten Studien wurde auch hier die Verwendungsrechnung angewandt, ohne dabei jedoch die Konsumausgaben des Staates zu berücksichtigen, die für Güter der IKT-Branche gleich Null seien. Auf diese Weise wurde der Anteil der Internetwirtschaft am Bruttoinlandsprodukt (BIP) über die jeweils gewichteten Teilsummen des Außenhandels[23] sowie die Konsumausgaben der privaten Haushalte und Investitionsnachfrage[24] errechnet (siehe Abb. 2.3). Die dabei verwendeten Informationen stammten aus verschiedenen öf-

---

[21] Daten   siehe: S.   25   http://www.bmwi.de/BMWi/Redaktion/PDF/Publikationen/it-gipfel-2012-monitoring-report-digitale-wirtschaft-2012-langfassung,property=pdf,bereich=bmwi2012, sprache=de,rwb=true.pdf, letzter Zugriff: 1. November 2014.

[22] S.   24 ff   http://www.bmwi.de/BMWi/Redaktion/PDF/Publikationen/it-gipfel-2012-monitoring-report-digitale-wirtschaft-2012-langfassung,property=pdf,bereich=bmwi2012,sprache=de, rwb=true.pdf, letzter Zugriff: 1. November 2014.

[23] Mit IKT-Hardware sowie Telekommunikations- und IT-Dienstleistungen.

[24] Für Hardware, E-Commerce (B2B und B2C), Datendienste (Internetzugang), Applikationen und IT-Services, Online-Werbung sowie Online-Glücks- und Videospiele.

fentlich und nicht-öffentlich zugänglichen Datenbanken.[25] Dabei ergab sich ein Anteil von 2,9 %, den die Internetwirtschaft im Jahr 2011 zum deutschen BIP beitrug. Im Jahresvergleich ist dieser Anteil von 2009 bis 2011 kontinuierlich gestiegen. Dies kann auf alle anderen Internet-spezifischen Teilaggregate zurückgeführt werden – mit Ausnahme des Außenhandels.

2.2.3 Der Internetbeitrag zum BIP in den USA und Österreich

Um den Beitrag des Internet zum österreichischen BIP zu schätzen, wird hier auf eine vom US-amerikanischen Interactive Advertising Bureau (IAB) beauftragte (und von der Harvard Business School im September 2012 publizierte) Studie zur Ermittlung des Beitrags des Internet-Ökosystems zum US-amerikanischen BIP im Jahr 2011 zurückgegriffen.[26] In der Vorgängerstudie aus dem Jahr 2009[27] wurde bereits eine ähnliche Untersuchung für das Jahr 2007 durchgeführt, deren Ergebnisse als Vergleichswerte in die aktuelle Studie einflossen.

Um den Umfang des US-amerikanischen Internet-Ökosystems erfassen zu können wurden zunächst, auf Basis der von der US-Börsenaufsichtsbehörde[28] erhobenen Daten, ca. 500 Internet-spezifische Unternehmen identifiziert, die in zehn verschiedene Segmente unterteilt, und entlang der folgenden vier Ebenen aufgeschlüsselt wurden: „Infrastructure Layer" (Transmission, Connectivity, Hardware), „Infrastructure Support Layer" (Internet Enabling Services, Software Manufacturing), „Consumer Support Services Layer" (Marketing Support, Navigation), und „Consumer Services Layer" (Content Sites, eCommerce, Social Networks). Während der Consumer Services Layer im Jahr 2011 die höchste Beschäftigung aufwies, vollzog sich das höchste Beschäftigungswachstum zwischen 2007 und 2011 im Infrastructure Layer. Zusammengenommen umfassten die vier Ebenen 2011 insgesamt fast 2 Mio. Beschäftigte (siehe Tab. 2.1).

Nachdem diese Daten keinen Aufschluss über die genaue Verteilung von Unternehmenseinheiten über einzelne Bundesstaaten und Counties geben, wurden zusätzlich die anonym erhobenen Daten des US Census Bureau verwendet, die nach der Nordamerikanischen Industrieklassifikation (NAICS[29]) unterteilte Informationen zur nordamerikanischen Unternehmensaktivität beinhalten. Zu den Internet-spezifischen NAICS-Unterklassen zählen: „Business to consumer retail sales Internet sites" (454111), „ISPs, using own operated wired telecommunications infrastructure (e. g. cable, DSL)" (517110), „Dial-up ISPs, using client-supplied telecommunications connections" (517919), „Advertising periodical publishers, exclusively on Internet" (519130), und „Web (i. e. Internet)

---

[25] Siehe S. 108, http://www.bmwi.de/BMWi/Redaktion/PDF/Publikationen/it-gipfel-2012-monitoring-report-digitale-wirtschaft-2012-langfassung,property=pdf,bereich=bmwi2012,sprache=de,rwb=true.pdf, letzter Zugriff: 1. November 2014.

[26] http://www.iab.net/media/file/iab_Report_September-24-2012_4clr_v1.pdf, letzter Zugriff: 1. November 2014.

[27] http://www.iab.net/media/file/Economic-Value-Report.pdf, letzter Zugriff: 1. November 2014.

[28] U.S. Securities and Exchange Commission (SEC).

[29] North American Industry Classification System.

Tab. 2.1 Beschäftigungswachstum des US-amerikanischen Internet-Ökosystems nach Internet-Ebenen (2007–2011)[30]

Layer	2007 Employment	2011 Employment	Percent Growth
Infrastructure	140.000	420.000	300 %
Infrastructure Support	165.000	254.000	54 %
Consumer Support Services	190.000	435.000	229 %
Consumer Services	520.000	885.000	70 %
TOTAL	1.015.000	1.999.000	197 %

page design services, custom" (541511). Während es auf Basis dieser Daten zwar möglich ist, ein relativ detailliertes Bild über die geographische Verteilung der auf das Internet zurückgeführten Wirtschaftsaktivität in den USA zu generieren, wird davon jedoch nur ein Teil der gesamten Internetwirtschaft erfasst. Dies liegt insbesondere darin, dass viele der von der Studie identifizierten Unternehmen auch in Internet-*un*spezifischen Unterklassen aktiv sind („Mixed Revenue Firms") und daher in den von NAICS erfassten Internet-spezifischen Unterklassen unberücksichtigt bleiben. Eine ausschließliche Konzentration auf die in NAICS erfassten Internet-spezifischen Branchen hätte daher den Gesamtumfang der US-amerikanischen Internetwirtschaft unterschätzt. Dies zeigt sich in einer deutlich geringeren Beschäftigung. Während die Anzahl von 115.075 Unternehmenseinheiten hier zwar jene der ursprünglich ca. 500 identifizierten Unternehmen bei Weitem übersteigt, liegt die Anzahl von insgesamt 1,6 Mio. Beschäftigten hier dennoch um 356.530 Beschäftigte (bzw. 21,71 %) unter der weiter oben identifizierten Anzahl von fast 2 Mio. (siehe Tab. 2.2).

Auf Basis der fast 2 Mio. Beschäftigten innerhalb der ca. 500 identifizierten Unternehmen wurde der Anteil, den das Internet-Ökosystem 2011 zum US-amerikanischen

Tab. 2.2 Beschäftigung im US-amerikanischen Internet-Ökosystem nach NAICS-Kategorien (2011)[31]

NAICS Code	Establishments	Employees
454111	15.910	130.032
517110	35.222	799.246
517919	3215	31.481
519130	5392	90.892
541511	55.336	590.819
TOTAL	115.075	1.642.470

---

[30] Daten siehe: S. 78, http://www.iab.net/media/file/iab_Report_September-24-2012_4clr_v1.pdf, letzter Zugriff: 1. November 2014.

[31] Daten siehe: S. 66, http://www.iab.net/media/file/iab_Report_September-24-2012_4clr_v1.pdf, letzter Zugriff: 1. November 2014.

BIP beitrug ermittelt („Employment-Based Approach"). Dazu wurde die Anzahl der im Internet-Ökosystem direkt Beschäftigten (über einen bereits 2007 verwendeten Multiplikator von 1,54) um 3,1 Mio. indirekt Beschäftigte ergänzt, was eine Summe von insgesamt ca. 5,1 Mio. Beschäftigten ergab. Zum jährlichen Durchschnittslohn von USD 42.000 wurde ein Aufschlag von 147 % für die Gemeinkosten angenommen, was einen jährlichen Satz von insgesamt USD 104.000 ergab. Dieser Betrag wurde mit der Anzahl aller direkt und indirekten Beschäftigten multipliziert, was 2011 letztlich einen Internet-spezifischen Beitrag von USD 530 Mrd. (EUR 395 Mrd.) ergab, was einem Anteil der Internetwirtschaft von 3,53 % am BIP entspricht.

Mit einem ähnlichen Ansatz kann auch für Österreich eine vereinfachte Hochrechnung durchgeführt werden. Mit Bezug auf die Anzahl der Beschäftigten kann diese zum Teil aus einer im Auftrag der Internet Service Providers Austria (ISPA) erstellten Studie von der Wirtschaftsuniversität Wien (WU) zur wirtschaftlichen Bedeutung von Internet Service Providern in Österreich aus dem Jahr 2010 bezogen werden.[32] Auf Basis der Österreichischen Systematik der Wirtschaftstätigkeiten (ÖNACE) wurden darin folgende beiden Internet-spezifische Unterklassen identifiziert: „Fernmeldedienste (ohne Kabelhörfunk- und -fernsehgesellschaften)" (KA 64.20-01),[33] sowie „Datenverarbeitungsdienste" (KA 72.30-00).[34] Daraus ergab sich für den Bereich der Internet Service Provider im Jahr 2007 eine Anzahl von 33.148 Beschäftigten.[35] Ergänzt man diese Anzahl um die in der US-amerikanischen Studie identifizierte Differenz zwischen der Anzahl an Beschäftigten in den Internet-spezifischen NAICS-Unterklassen und jener in den vier identifizierten Internet-Ebenen (+21,71 %), so ergibt sich eine erweiterte Anzahl von 40.343 Beschäftigten. Um die Beschäftigungseffekte des Internet-Ökosystems auf den gesamten Arbeitsmarkt zu berücksichtigen, wurde ein für die österreichische Software- und IT-Industrie im Jahr 2011 geschätzter Multiplikator gewählt.[36] Im Vergleich zu dem in der IAB-Studie verwendeten Multiplikator (1,54) berücksichtigt dieser, neben indirekten Effekten (0,82), auch Sekundäreffekte (insbesondere Kaufkrafteffekte) (1,11). Darüber hinaus können auch die Beschäftigungseffekte der im Software- und IT-Bereich quantitativ bedeutsamen Freiberufler explizit angeführt werden (0,18). Daraus resultiert ein Faktor von zusätzlich 2,11 Arbeitsplätzen[37] (in Vollzeitäquivalenten), was einer Gesamtsumme

---

[32] http://www.iab-austria.at/wp-content/uploads/2013/03/2010_WU-Wirtschaftliche-Bedeutung-ISPs-2010.pdf, letzter Zugriff: 1. November 2014.

[33] Dies beinhaltet folgende Aktivitäten: Fernsprech- und Fernschreibdienste sowie Telegrafie, Betreiben von Netzen und Internet-Provider.

[34] Dies beinhaltet folgende Aktivitäten: Verfügbarmachung von Datenbanken, Datenverarbeitung mit Hilfe von Kunden- oder Herstellerprogrammen, Ständige Verwaltung und ständiger Betrieb von Datenverarbeitungseinrichtungen, die Dritten gehören, Web Hosting, Commerce Service Provider.

[35] Die Arbeitnehmerentgelte wurden in diesem Bereich in Höhe von insgesamt EUR 1,338 Mrd. angegeben.

[36] S. 17 http://www.voesi.or.at/wp-content/uploads/2013/02/Software-IT-2011-Studienergebnisse-v400.pdf, letzter Zugriff: 1. November 2014.

[37] Im Branchenvergleich liegt dieser Beschäftigungsmultiplikator an zweiter Stelle nach dem Finanzbereich (Siehe: http://www.statistik.at/web_de/statistiken/soziales/personen-einkommen/jaehrliche_personen_einkommen/020054.html), letzter Zugriff: 1. November 2014.

von 125.468 Beschäftigten entspricht. Das durchschnittliche Bruttojahreseinkommen für in Österreich unselbstständig Erwerbstätige lag im Jahr 2007 bei EUR 27.458. Ergänzt man diesen Betrag um einen angenommenen Aufschlag von 193,5 % für die Gemeinkosten,[38] so ergibt sich eine Summe von insgesamt EUR 80.589,23. Multipliziert man diesen Betrag wiederum mit der Anzahl aller Beschäftigten, so resultiert daraus eine Summe von insgesamt EUR 10,11 Mrd., bzw. ein Anteil von insgesamt 3,69 %, den das Internet im Jahr 2007 zum österreichischen BIP beitrug. Mit Bezug auf die Vergleichbarkeit des auf diese Weise geschätzten Anteils bspw. mit Werten aus dem Jahr 2011 kann ergänzt werden, dass der österreichische IT-Markt durch die Folgen der Wirtschaftskrise im Jahr 2009 ein Minus von 4,8 % verzeichnete, sich 2010 wieder langsam erholte (siehe Tab. 2.3),[39] und 2011 fast wieder das Vorkrisenniveau erreichte.[40] Gleichzeitig muss jedoch berücksichtigt werden, dass im selben Zeitraum das durchschnittliche Bruttojahreseinkommen aller unselbstständig Erwerbstätigen um 5,7 % angestiegen ist.[41]

Neben diesem Ansatz zur Ermittlung des Beitrags des Internet-Ökosystems am BIP stellt die IAB-Studie eine zweite Schätzmethode zur Auswahl, die als „Time Spent on the Internet" bezeichnet wird. Dazu wurde zunächst erhoben, dass im Monatsschnitt des drit-

Tab. 2.3 Das österreichische Wachstum von IT-Ausgaben im internationalen Vergleich (2007–2010)[42]

Worldwide Growth in IT Spending	2007	2008	2009	2010
Asia/Pacific	8,9	3,1	(0,8)	6,1
Central and Eastern Europe	17,6	6,5	(20,0)	8,7
Latin America	11,7	14,2	0,2	5,1
Middle East/Africa	18,6	11,6	(2,5)	12,0
North America	7,9	2,0	(3,4)	2,4
Western Europe	4,7	3,1	(6,8)	0,3
Austria	2,6	0,8	(4,8)	1,8
Worldwide	7,9	3,5	(4,5)	3,2

---

[38] Dabei handelt es sich um den Mittelwert zwischen dem US-amerikanischen Satz von 147 % und einem für Österreich maximal angegebenen Satz von 240 % (Siehe: Schaffhauser-Linzatti, Michaela (2006): *Grundzüge des Rechnungswesens. Bilanzierung, Bilanzanalyse und Kostenrechnung.* Facultas Verlags- und Buchhandels AG: WUV Universitätsverlag, S. 134).

[39] http://www.future-network.at/willkommen-beim-future-network/themenschwerpunkte/ikt-marktdaten-studien/oesterreichs-rolle-im-it-markt-der-dach-region/, letzter Zugriff: 1. November 2014.

[40] http://www.ots.at/presseaussendung/OTS_20110118_OTS0023/it-business-in-austria-aufbruchsstimmung-in-der-ikt-branche, letzter Zugriff: 1. November 2014.

[41] http://www.statistik.at/web_de/statistiken/soziales/personen-einkommen/jaehrliche_personen_einkommen/, letzter Zugriff: 1. November 2014.

[42] Daten basieren auf: S. 3 http://www.future-network-cert.at/downloads/futurenetwork_predictions.pdf, letzter Zugriff: 1. November 2014.

ten Quartals 2011 ca. 210,6 Mio. US-amerikanische Internetuser[43] insgesamt 35,5 Stunden ihrer Zeit online verbrachten.[44] Unter der Annahme, dass 57 % dieser Zeit aus arbeitsfreier Zeit besteht, wurde der Wert für eine Internet-spezifische Arbeitsstunde mit dem durchschnittlichen Stundeneinkommen, und die Internet-spezifische arbeitsfreie Zeit mit 10 % des durchschnittlichen Stundeneinkommens bewertet.[45] Unter Berücksichtigung der Zahl der US-amerikanischen Internetuser errechnete die Studie für das Jahr 2011 einen Internet-spezifischen Beitrag von USD 833 Mrd. (EUR 621 Mrd.), was einem Beitrag des Internet von 5,56 % am US-amerikanischen BIP entspricht.

Mit Bezug auf Österreich wurde die Anzahl an Stunden, die heimische Internetuser im September 2011 online verbrachten, auf 14,1 Stunden geschätzt.[46, 47] Unter der aus der IAB-Studie übernommenen Annahme, dass nur 43 % dieser Zeit aus Arbeitszeit besteht, wurde der Wert für eine Internet-spezifische Arbeitsstunde mit dem durchschnittlichen Bruttostundenverdienst für unselbstständig Beschäftigte angesetzt, der im Jahr 2011 im Schnitt EUR 12,10 betrug.[48] Der Großteil der 14,1 Stunden (57 %) wurde jedoch, vergleichbar zur IAB-Studie, mit nur 10 % des durchschnittlichen Bruttostundenverdienstes angesetzt. Berücksichtigt man alle diese Annahmen und rechnet sie auf ein Jahr hoch, ergibt sich bei 6.722.061 österreichischen Internetusern[49] ein Betrag von EUR 6,70 Mrd., bzw. ein Anteil von insgesamt 2,24 %, den die Internetwirtschaft im Jahr 2011 zum heimischen BIP beitrug.

Eine dritte und letzte Methode zur Schätzung des Internet-Beitrags zum BIP wird in der IAB-Studie angeführt als „Internet ‚Exports' to the Rest of the Economy". Dabei wird das Internet-Ökosystem als „Insel" betrachtet, die Dienstleistungen in alle anderen Bereiche der US-amerikanischen Wirtschaft „ausführt". In diesem Zusammenhang wurden drei „Export"-Kategorien identifiziert: Die erste beinhaltet Online-Werbung, die Umsätze in Höhe von USD 32 Mrd. generiert. Die zweite bezieht sich auf den Online-Einzelhandel, der sich netto mit USD 106 Mrd. niederschlägt. Die dritte und letzte „Export"-Kategorie ergänzt das Bild um die Umsätze in Höhe von USD 170 Mrd., die aus der Bereitstel-

---

[43] Diese Anzahl liegt um etwa 30 Mio. unter dem von der International Telecommunication Union (ITU) und der Weltbank geschätzten Wert aller Internetuser für das Jahr 2011 (http://data.worldbank.org/indicator/IT.NET.USER.P2), letzter Zugriff: 1. November 2014.

[44] S. 81, http://www.iab.net/media/file/iab_Report_September-24-2012_4clr_v1.pdf, letzter Zugriff: 1. November 2014.

[45] Dieser Satz beruht auf der Annahme, dass Arbeitszeit nicht-diskretionär ist und die Opportunitätskosten für arbeitsfreie Zeit daher nur einen Bruchteil des tatsächlichen Einkommens ausmachen.

[46] http://www.comscore.com/ger/Insights/Press_Releases/2011/11/comScore_Releases_Overview_of_European_Internet_Usage_in_September_2011, letzter Zugriff: 1. November 2014.

[47] In einer weiteren Schätzung wurde der Wert für das Jahr 2012 sogar mit durchschnittlich 12 Stunden pro Woche ermittelt (http://www.integral.co.at/downloads/Internet/2012/05/Pressetext_AIM-Consumer_Q1_2012.pdf, letzter Zugriff: 1. November 2014).

[48] S. 78 http://www.rechnungshof.gv.at/fileadmin/downloads/2012/berichte/einkommensbericht/Einkommensbericht_2012.pdf, letzter Zugriff: 1. November 2014.

[49] http://data.worldbank.org/indicator/SP.POP.TOTL; http://data.worldbank.org/indicator/IT.NET.USER.P2, letzter Zugriff: 1. November 2014.

lung von Internetzugängen entstehen. Den Effekten auf andere Sektoren wird über einen Multiplikator von 1,8 Rechnung getragen, was die Summe aus den drei identifizierten „Export"-Bereichen um zusätzliche USD 554 Mrd. ergänzt und für das Jahr 2011 letztlich zu einem Internet-spezifischen Schätzwert von USD 862 Mrd. (EUR 643 Mrd.), bzw. einem Anteil von 5,75 % der US-amerikanischen Internetwirtschaft am BIP führt.

Ähnlich kann auch für Österreich vorgegangen werden. Der Anteil der heimischen Online-Werbung[50] an den gesamten Bruttowerbeausgaben (in Höhe von EUR 3,7 Mrd.) betrug im Jahr 2010 12 %, was in etwa EUR 444 Mio. entspricht.[51] Auf die Kategorie Onlineshopping entfiel im Jahr 2011 ein Netto-Jahresumsatz von insgesamt EUR 1,9 Mrd.[52] In Anlehnung an die deutschen Umsätze aus der Bereitstellung von Internetzugängen wurde der dort im Jahr 2011 errechnete Wert von EUR 21,1 Mrd. in Relation zum BIP gesetzt, was einen Anteil von 0,79 % ergab. In Anwendung auf das österreichische BIP ergab sich dabei ein hypothetischer Umsatz von rund EUR 2 Mrd., der in Österreich im Jahr 2011 aus der Bereitstellung von Internetzugängen erwuchs. Mit Bezug auf die Effekte auf die anderen Sektoren der österreichischen Wirtschaft wurde zusätzlich ein Multiplikator von 1,29 angenommen,[53] wodurch ein Gesamtvolumen von EUR 9,95 Mrd. geschätzt werden kann, bzw. ein Anteil von insgesamt 3,32 %, den das Internet im Jahr 2011 zum österreichischen BIP beitrug. Obwohl die Kategorie Online-Werbung trotz Wirtschaftskrise weltweit erstaunlich hohe Zuwächse verbucht,[54] lag der österreichische Anteil an den gesamten Werbeausgaben im Jahr 2012 immer noch bei rund 12 %.[55] Ein im Vergleich zum Jahr 2010 erhöhter Umsatz in diesem Bereich kann für das Jahr 2011 jedoch nicht ausgeschlossen werden. Aus diesem Grund ist durchaus die Möglichkeit gegeben, dass der hier geschätzte Anteil der österreichischen Internetwirtschaft am BIP im Jahr 2011 zu gering angesetzt wurde. Des Weiteren kann auf Basis dieser Schätzung nicht ausgeschlossen werden, dass sowohl der deutsche Umsatz mit Bezug auf die Bereitstellung von Internetzugängen zum BIP, als auch der angenommene Multiplikator zur Berechnung des österreichischen Anteils der Internetwirtschaft am BIP ungeeignet sind.

Im September 2013 lieferte eine von Google Austria[56] in Auftrag gegebene und von Fjodor Gütermann und Agnes Streissler-Führer durchgeführte Studie zur ökonomischen Bedeutung der Internetwirtschaft in Österreich eine weitere Schätzung zum Beitrag der

---

[50] Direct-Mails und Onlinewerbung.

[51] S. 7, http://www.bankaustria.at/files/Werbung.pdf, letzter Zugriff: 1. November 2014.

[52] http://portal.wko.at/wk/format_detail.wk?angid=1&stid=671666&dstid=6590; http://portal.wko.at/wk/format_detail.wk?angid=1&stid=657504&dstid=224, letzter Zugriff: 1. November 2014.

[53] S. 11 http://www.voesi.or.at/wp-content/uploads/2013/02/Software-IT-2011-Studienergebnisse-v400.pdf, letzter Zugriff: 1. November 2014.

[54] http://www.format.at/articles/1243/923/344684/online-werbung#, letzter Zugriff: 1. November 2014.

[55] http://www.pressetext.com/news/20121005001, letzter Zugriff: 1. November 2014.

[56] Im Jahr 2013 unterstützte Google Switzerland eine ähnliche Studie zur ökonomischen Bedeutung des Internets für die Schweiz (http://ictswitzerland.ch/media/dateien/Econlab_-_Value_of_the_Web_-_Schlussbericht.pdf), letzter Zugriff: 1. November 2014.

österreichischen Internetwirtschaft zum BIP.[57] Ähnlich wie die MGI-, BCG- und BMWi-Studien verwendet auch diese Studie die in der VGR angesiedelte Verwendungsrechnung. Nicht zuletzt unter Verweis auf den 2012 von der OECD publizierten Beitrag zu den Herausforderungen der Messung wirtschaftlicher und sozialer Internet-Effekte,[58] wird darin jedoch ergänzend u. a. zu einer standardisierten Definition der Internetwirtschaft und einer aussagekräftigeren Daten-Beobachtung und -aufbereitung geraten. Im Vergleich zu den bereits angesprochenen Studien wurden innerhalb der einzelnen Ausgabekomponenten (Konsum der privaten Haushalte, des Staates, Investitionsnachfrage und Außenbeitrag) öffentlich zugängliche Statistiken zu den österreichischen IKT-Ausgaben berücksichtigt. Diese wurden in voller Höhe eingerechnet, ungeachtet dessen, ob sie unmittelbar mit einer Internetnutzung in Verbindung stehen. Daraus ergab sich für das Jahr 2012 eine Summe von EUR 17,3 Mrd., bzw. ein Anteil von 5,64 %, den die österreichische Internetwirtschaft zum heimischen BIP beitrug. Mit Bezug auf die der Studie zugrundeliegenden Annahme eines Anstiegs der Internetwirtschaft von 2011 bis 2012 um 10 %, kann der Wert für das Jahr 2011 auf Basis des tatsächlichen BIP auf EUR 15,7 Mrd. geschätzt werden, was einem Anteil von 5,26 % entspricht.

Der Mittelwert aus den vier unterschiedlich geschätzten österreichischen Internet-Beiträgen (siehe Tab. 2.4) entspricht ca. EUR 11 Mrd. bzw. einem Anteil von ca. 3,63 % am heimischen BIP.

In einer im Juli 2011 von den Internet Service Providers Austria (ISPA) in Auftrag gegebenen, und vom Institut für Höhere Studien (IHS) erstellten Studie zu den volkswirtschaftlichen Impulsen des Internet in Österreich wurde auf Basis eines ökonometrischen Modells der Beitrag des Internet zum jährlichen Wirtschaftswachstum berechnet.[59] Unter der Annahme, dass die größten Effekte der Internetnutzung auf das Wirtschaftswachstum

Tab. 2.4 Internetbeiträge zum BIP in den USA und Österreich im Vergleich (2011)

	USA (2011)		AT (2011)	
	Mrd. EUR	in %	Mrd. EUR	in %
Employment-Based Approach	395	3,53	*10	*3,69
Time Spent on the Internet	621	5,56	7	2,24
Internet „Exports" to the Rest of the Economy	643	5,75	10	3,32
Google Austria/Agnes Streissler	556	4,97	16	5,26

* 2007

---

[57] http://www.agnesstreissler.at/wp-content/uploads/2009/06/Internet-Economy-AT.pdf, letzter Zugriff: 1. November 2014.

[58] http://www.oecd-ilibrary.org/docserver/download/5k9bhk5fzvzx.pdf?expires=1380322586&id=id&accname=guest&checksum=F191F0B85863B4B219FCB25149517A20, letzter Zugriff: 1. November 2014.

[59] http://www.ispa.at/service/studien/2011/ihs-studie-die-volkswirtschaftlichen-impulse-des-internets-in-oesterreich/, letzter Zugriff: 1. November 2014.

erst dann eintreten, wenn die Internetnutzung bereits groß ist,[60] wurde dazu im Zeitraum zwischen 1997 und 2008 das Pro-Kopf-Wachstum für insgesamt 22 entwickelte Ökonomien in Abhängigkeit vom Wachstum der Investitionsquote, dem Wachstum des Humankapitals (in Ausbildungsjahren), dem Bevölkerungswachstum und dem Anteil der Internetuser modelliert. Zur Vermeidung von Schätzfehlern wurden länderspezifische Effekte und Periodeneffekte (Konjunkturzyklen[61]) eliminiert. Das Ergebnis der Studie zeigte, dass das Internet nicht nur Arbeits- und Produktionsabläufe beschleunigt sondern durchschnittliche jährliche Wertschöpfungseffekte von ca. EUR 350 Mio. generiert, was rund 7 % des Wirtschaftswachstums entspricht (Übersicht siehe Abb. 2.4).

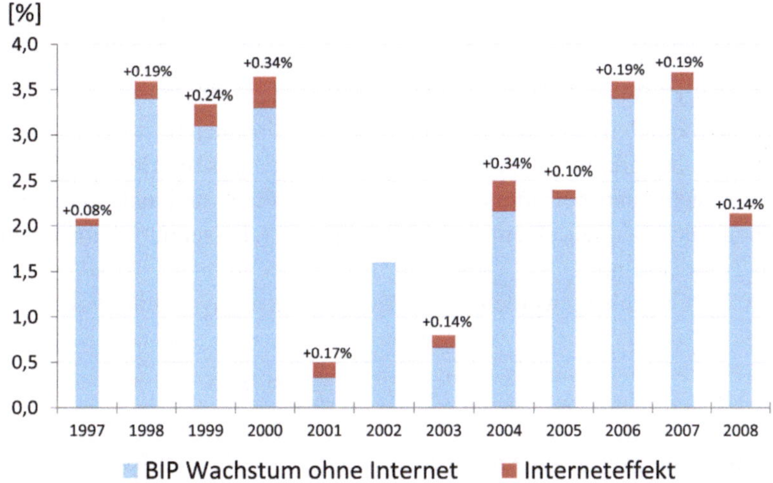

Abb. 2.4 Wachstumsbeitrag der Internetnutzung in Österreich (1997–2008)[62]

---

[60] Alternativ dazu wäre auch ein zweites Modell denkbar, das auf der Annahme basiert, dass die größten Effekte der Internetnutzung auf das Wirtschaftswachstum bereits zu Beginn der Internetnutzung und bei einem noch relativ geringen Internetnutzeranteil auftreten. Die Simulation der Wachstumseffekte dieses Modells wurde vom IHS jedoch im Vergleich zum oben beschriebenen ersten Modell als weniger realistisch eingeschätzt.

[61] Die Internetnutzung bewirkt einen Wachstums- und keinen Konjunktureffekt auf die Ökonomie.

[62] Daten basieren auf: S. 32 http://www.ispa.at/service/studien/2011/ihs-studie-die-volkswirtschaftlichen-impulse-des-internets-in-oesterreich/, letzter Zugriff: 1. November 2014.

2.2.4 Volkswirtschaftliche Bedeutung eines Internetausfalls

Zur Schätzung der wirtschaftlichen Bedeutung eines österreichweiten Internetausfalls wird hier auf eine zum Teil aus den Mitteln des schweizerischen Nationalfonds zur Förderung der wissenschaftlichen Forschung (SNF) finanzierten, und von Wissenschaftlern der Eidgenössischen Technischen Hochschule Zürich (ETH Zürich) im Jahr 2004 veröffentlichte Studie zur Modellierung großflächiger Distributed-Denial-of-Service-Angriffe (DDoS-Angriffe) auf das Internet zurückgegriffen.[63] Mit Bezug auf ein nationales Szenario, von dem die gesamte Schweiz betroffen wäre, setzt sich der gesamte wirtschaftliche Schaden im Wesentlichen aus den Stillstandskosten (*Downtime Loss*) sowie den notwendigen Wiederherstellungskosten (*Disaster Recovery*) zusammen. Während beim Ausfall einzelner Backbone-Service-Provider (wie bspw. von der Größe von Swisscom Fixnet Wholesale) zusätzlich auch Haftungskosten (insbesondere aufgrund von nicht-eingehaltener Dienstleistungsvereinbarungen[64]) und indirekte Kosten in Form von Kundenverlusten anfallen, werden diese bei einem nationalen Internetausfall nicht berücksichtigt. Dies basiert insbesondere auf der Annahme, dass die Haftung nur innerhalb der Schweiz besteht, und betroffene Kunden im Fall eines nationalen Internetausfalls keine Möglichkeit haben, zu einem unbeeinträchtigten („besseren") Anbieter innerhalb der Schweiz zu wechseln.

In diesem Zusammenhang werden die Stillstandskosten (L_D) definiert als:

$$L_D = \frac{E_{ca}}{d_a} d_o E_{no} E_{po} + \frac{R_a}{ds_a} ds_o R_0 S_o$$

Dabei werden die *jährlichen Kosten pro Angestelltem* (E_{ca}) in Relation zur jährlich erbrachten *Arbeitszeit pro Angestelltem* (d_a) gebracht, was stündlichen Kosten pro Arbeitnehmer entspricht. Das daraus resultierende Ergebnis wird mit der vom Ausfall *betroffenen Arbeitszeit* (d_o), den *betroffenen Arbeitnehmern* (E_{no}), sowie den *Produktivitätseinbußen während des Ausfalls* (E_{po}) multipliziert. Dieses Ergebnis entspricht den durch den DDoS-Angriff entstandenen Produktionseinbußen (*Degraded Productivity*). Indem man ergänzend den Umsatz pro Stunde über das Verhältnis des *jährlichen Gesamtumsatzes* (R_a) zu den *jährlichen Betriebszeiten*[65] (d_{sa}) ermittelt und dieses Ergebnis anschließend mit den *betroffenen Betriebszeiten* (d_{so}), dem *verlorener Umsatzanteil während des Ausfalls* (R_0) sowie dem *Grad des eingeschränkten Internetbetriebs* (S_0) multipliziert, ergeben sich die entstandenen *Umsatzeinbußen* (*Loss of Revenue*), die hier, zusammen mit den entstandenen Produktionseinbußen, die gesamten Stillstandskosten angeben.

---

[63] http://tansi.info/papers/eco_damage04.pdf, letzter Zugriff: 1. November 2014.
[64] Service Level Agreements (SLA).
[65] Nicht nur Arbeitszeit, sondern jene Stunden, in denen das Internet im Allgemeinen nicht zur Verfügung steht: 24 h * 365 Tage = 8.760 h.

Neben den Stillstandskosten werden auch die Wiederherstellungskosten (L_r) als weitere direkte Kosten berücksichtigt:

$$L_r = E_r E_{ch} d_r + M_c$$

Diese entsprechen dem Produkt aus der *Anzahl der mit der Wiederherstellung beschäftigten IT-Sicherheitsfachleuten* (E_r), den dafür anfallenden *Stundenkosten für IT-Sicherheitsfachleute* (E_{ch}) sowie der anfallenden *Wiederherstellungszeit außerhalb der regulären Arbeitszeit* (d_r). Zu diesem Term können ergänzend auch eventuelle *Materialkosten* (M_c) hinzugerechnet werden.

Im Rahmen dieser einfachen Schätzung wurden, unter Annahme eines 24-stündigen Internetausfalls für das Jahr 2004, mögliche Zahlen für die Schweiz eingesetzt. Dabei wurde die jährlich erbrachte Arbeitszeit pro Angestelltem mit insgesamt 1.880 h angegeben. Des Weiteren wurde angenommen, dass das Internet potentiell nur für die IT-intensiven Berufe relevant wäre (also 48,2 % aller in der Schweiz unselbstständig Beschäftigten), dass davon aber wiederum nur 60 % von einem nationalen Internetausfall betroffen wären. Während die Produktivitätseinbußen mit 20 % angesetzt wurden, beliefen sich die Umsatzeinbußen auf insgesamt 15 %. Für die Anzahl der mit der Wiederherstellung beschäftigten IT-Sicherheitsfachleute wurde 1 % aller IT-intensiven Jobs gewählt, die pro Stunde umgerechnet etwa EUR 99 kosteten. Daraus ergab sich in Summe ein geschätzter wirtschaftlicher Gesamtschaden von EUR 203 Mio..

In Anlehnung an das schweizerische Szenario können im Rahmen dieses Modells, und auf Basis einfacher Annahmen, auch Schätzungen über die möglichen Kosten eines 24-stündigen Internetausfalls für Österreich im Jahr 2011 vorgenommen werden. Dazu müssen zunächst die jährlichen Kosten pro Angestelltem auf Basis des Bruttojahreseinkommens für unselbständig Erwerbstätige (inkl. Lehrlingen) berechnet werden. Im Jahr 2011 betrug das Bruttojahreseinkommen im Schnitt EUR 28.313.[66] Ergänzt man diesen Betrag noch einmal um einen zusätzlichen Aufschlag von 193,5 %, so ergeben sich jährliche Kosten in Höhe von EUR 83.098,66. Setzt man diese Summe in Relation zur erbrachten Arbeitszeit pro Angestelltem, was im Jahr 2011 für Österreich mit insgesamt 1.984 h angenommen werden kann,[67] ergibt dies stündliche Kosten pro Angestelltem von insgesamt EUR 41,88. Angesichts der mittlerweile relativ hohen Internetdurchdringen in sämtlichen Bereichen unseres Lebens wurde wird hier – im Gegensatz zur schweizerischen Studie aus dem Jahr 2004 – angenommen, dass das Internet potentiell nicht nur für IT-intensive Jobs sondern im Jahr 2011 für alle 2.675.700 in Österreich unselbstständig Erwerbstätigen (in Vollzeit) relevant ist.[68] In Anlehnung an die schweizerische Studie

---

[66] http://www.statistik.at/web_de/statistiken/soziales/personen-einkommen/allgemeiner_einkommensbericht/index.html, letzter Zugriff: 1. November 2014.

[67] Für das Jahr 2011 in Österreich angenommen mit 248 Arbeitstage * 8 h = 1.984 h jährlich erbrachte Arbeitszeit pro Angestelltem (http://www.arbeitstage.at/arbeitstage_2011.htm, letzter Zugriff: 1. November 2014).

[68] http://www.statistik.at/web_de/statistiken/soziales/gender-statistik/erwerbstaetigkeit/, letzter Zugriff: 1. November 2014.

wurde hier jedoch auch angenommen, dass davon wiederum insgesamt nur 60 % im Fall eines nationalen Internetausfalls betroffen sind. Auch die Produktivitäts- und Umsatzeinbußen wurden vorerst unverändert auf den österreichischen Fall übernommen. Die Anzahl der mit der Wiederherstellung beschäftigten IT-Sicherheitsfachleute wurde mit 2 %[69] der erweiterten 40.343 im Bereich der Internet Service Provider Beschäftigten[70] geschätzt (nicht also der ursprünglich identifizierten 33.148 Beschäftigten), was eine Anzahl von etwa 807 zur Wiederherstellung beschäftigte IT-Sicherheitsfachleute ergab. Die Kosten für die IT-Fachleute wurden auf Basis der jährlichen Arbeitnehmerentgelte im Bereich der Internet Service Provider errechnet. Dieses betrug im Jahr 2007 EUR 1,338 Mrd.[71] Setzt man diesen Betrag in Relation zu den ursprünglich identifizierten 33.148 Beschäftigten, so ergibt sich ein jährliches Pro-Kopf-Arbeitnehmerentgelt von EUR 40.364. Um die Kosten dieses Arbeitnehmers in vollem Umfang berücksichtigen zu können, wurde das Ergebnis noch einmal um einen zusätzlichen Aufschlag von 193,5 % ergänzt und anschließend ins Verhältnis mit der jährlich erbrachten Arbeitszeit pro Angestelltem (1.984 h) gesetzt. Die daraus resultierenden Stundenkosten pro IT-Sicherheitsfachkraft betrugen EUR 59,71. Der daraus resultierende wirtschaftliche Gesamtschaden erscheint mit EUR 231 Mio. enorm, was hochgerechnet auf ein Jahr etwa 28,18 % des BIP betragen würde.

In der Tat erscheinen die Produktivitäts- und Umsatzeinbußen in der schweizerischen Studie relativ hoch – auch wenn das Ergebnis im Vergleich zu einem 24-stündigen Stromausfall in Österreich am 29. Jänner 2011 (beginnend um 00:00 Uhr) sogar ca. EUR 747 Mio. kosten könnte, was, hochgerechnet auf ein Jahr, etwa 91,17 % des österreichischen BIP entspräche.[72] Setzt man anstelle der 20%igen Produktivitätseinbußen dennoch nur 10 %,[73] und anstelle der 15%igen Umsatzeinbußen den im letzten Abschnitt geschätzten BIP-Beitrag von 3,63 %, so reduziert sich die Schadenssumme von EUR 231 Mio. auf insgesamt ca. EUR 84 Mio., was, hochgerechnet auf ein Jahr, etwa 10,29 % des österreichischen BIP bedeutet. Reduziert man diese Produktivitäts- und Umsatzeinbußen wiederum um 60 %, so beträgt der Gesamtschaden letztlich nur mehr etwa EUR 34 Mio., was, hochgerechnet auf ein Jahr, etwa 4,17 % des BIP bedeutet (Tab. 2.5). Die Annahme, dass die Produktivitäts- und Umsatzeinbußen nur einen Bruchteil (40 %)

---

[69] http://www.computereconomics.com/article.cfm?id=1773; siehe auch http://infosecisland.com/blogview/8327-How-Many-Information-Security-Staff-Do-We-Need.html, letzter Zugriff: 1. November 2014.

[70] 33.148 Beschäftigte (S. 7 http://www.voesi.or.at/wp-content/uploads/2013/02/Software-IT-2011-Studienergebnisse-v400.pdf, letzter Zugriff: 1. November 2014) inklusive zusätzlichen 21,71 %, die sich im US-amerikanischen Fall aus der Differenz zwischen der Anzahl an Beschäftigten in den Internet-spezifischen NAICS-Unterklassen einerseits und jener in den vier Internet-Ebenen andererseits ergab (S. 66 und S. 78 http://www.iab.net/media/file/iab_Report_September-24-2012_4clr_v1.pdf, letzter Zugriff: 1. November 2014).

[71] S. 7 http://www.iab-austria.at/wp-content/uploads/2013/03/2010_WU-Wirtschaftliche-Bedeutung-ISPs-2010.pdf, letzter Zugriff: 1. November 2014.

[72] http://www.blackout-simulator.com/, letzter Zugriff: 1. November 2014.

[73] S. 8 http://www.mckinsey.com/insights/high_tech_telecoms_internet/internet_matters, letzter Zugriff: 1. November 2014.

Tab. 2.5 Schätzung eines hypothetischen österreichweiten Internetausfalls (2011)

	Unit	CH (2004)		AT (2011)		AT (2011)		AT (2011)	
AUSFALLPARAMETER		1 Tag		1 Tag		1 Tag		1 Tag	
Ausfalldauer	h	24		24		24		24	
Betroffenen Arbeitszeit	h	8		8		8		8	
Betroffene Betriebszeit	h	24		24		24		24	
Grad des eingeschränkten Internetbetriebs		100%		100%		100%		100%	
STILLSTANDSKOSTEN									
Produktionseinbußen									
Jährliche Kosten pro Angestelltem (EUR)	EUR/h	34,28	64.455,20	41,88	83.098,66	41,88	83.098,66	41,88	83.098,66
Jährlich erbrachte Arbeitszeit pro Angestelltem (h)			1.880,00		1.984,00		1.984,00		1.984,00
Betroffene Arbeitnehmer		1.038.228		1.605.420		1.605.420		1.605.420	
Produktivitätseinbußen während des Ausfalls (0-100%)		20%		20%		4,00%		10,00%	
ZWISCHENSUMME	EUR	56.952.505		107.587.293		21.517.459		53.793.646	
Umsatzeinbußen									
Jährlicher Gesamtumsatz (BIP)	EUR	316.772.000.000		299.240.000.000		299.240.000.000		299.240.000.000	
Jährliche Betriebszeiten	h	8.760		8.760		8.760		8.760	
Verlorener Umsatzanteil während des Ausfalls (0-100%)		15%		15%		1,45%		3,63%	
ZWISCHENSUMME	EUR	130.180.274		122.975.342		11.904.013		29.760.033	
TEILSUMME	EUR	187.132.779		230.562.635		33.421.472		83.553.679	
WIEDERHERSTELLUNGSKOSTEN									
Anzahl der mit der Wiederherstellung beschäftigten IT-Sicherheitsfachleute		10.382		807		807		807	
Stundenkosten pro IT-Sicherheitsfachleute	EUR	98,58		59,71		59,71		59,71	
Wiederherstellungszeit außerhalb der regulären Arbeitszeit	h	16		16		16		16	
Materialkosten	EUR	0		0		0		0	
TEILSUMME	EUR	16.375.829		770.874		770.874		770.874	
GESCHÄTZTER WIRTSCHAFTLICHER GESAMTSCHADEN	EUR	203.508.608		231.333.509		34.192.346		84.324.553	

ihres höchst-angenommenen Niveaus betragen ist nicht unrealistisch. So könnte bspw. die Produktivität der Angestellten durch einen 24-stündigen Internetausfall nur zum Teil eingeschränkt sein solange der Umstieg auf weniger Internet-spezifische Arbeitsaktivitäten möglich ist. Auch mit Bezug auf die Umsatzeinbußen könnte bspw. der an einem Tag verlorene Umsatz über mögliche Überschüsse auf das Jahr verteilt ohne weitere Mehrkosten wieder eingebracht werden. Erscheint ein solches Ergebnis jedoch glaubwürdig?

Während sich großflächige Internetausfälle in der Vergangenheit immer wieder zugetragen haben,[74] publizierte die OECD nur mit Bezug auf den Internetausfall in Ägypten (28. Jänner–2. Februar 2011) eine erste Einschätzung zu den daraus entstandenen Kosten.[75] Dabei ergab sich, dass über den gesamten Zeitraum von fünf Tagen hinweg Kosten in Höhe von etwa USD 90 Mio. (ca. EUR 66 Mio.), bzw. pro Tag USD 18 Mio. (ca. EUR 13 Mio.) angefallen seien.[76] Hochgerechnet auf ein Jahr würde dies grob geschätzt 3–4 % des ägyptischen BIP entsprechen. Es ist wichtig zu betonen, dass dieses Ergebnis nicht ohne weiteres auf Österreich übertragen werden kann. Dies geht u. a. aus dem vom Weltwirtschaftsforum alljährlich im Bericht zur globalen Informationstechnologie[77] publizierten „Networked Readiness Index" hervor, der einen wichtigen Einblick in die weltweite Entwicklung von Informations- und Kommunikationskultur gibt und die Stärken

---

[74] Z.B. Myanmar (September 2007), Xinjiang (Juli 2009), Syrien (November 2012, Mai 2013).

[75] S. 25 http://www.keepeek.com/oecd/media/science-and-technology/oecd-internet-economy-outlook-2012_9789264086463-en#page26, letzter Zugriff: 1. November 2014.

[76] http://www.oecd.org/sti/theeconomicimpactofshuttingdowninternetandmobilephoneservicesin-egypt.htm, letzter Zugriff: 1. November 2014.

[77] http://www3.weforum.org/docs/WEF_GITR_Report_2013.pdf, letzter Zugriff: 1. November 2014.

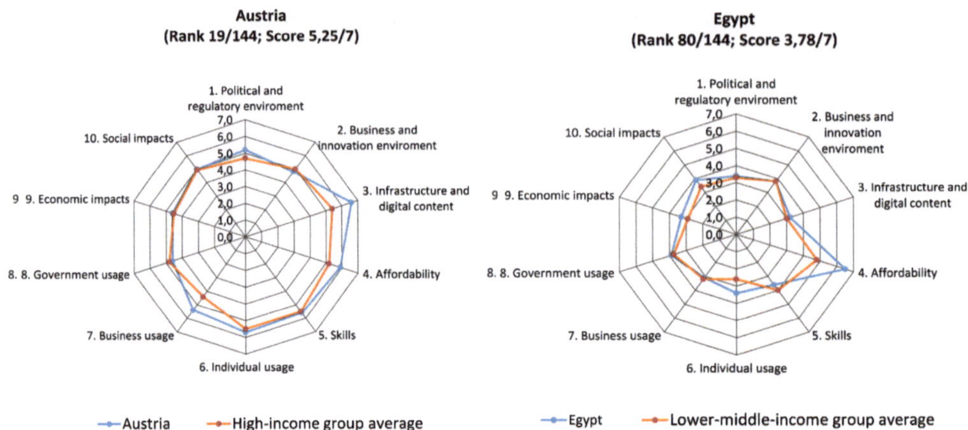

Abb. 2.5 Österreichischer und ägyptischer „Networked Readiness Index" im Vergleich (2013)[78]

und Schwächen einzelner Länder in verschiedenen Bereichen miteinander in Beziehung setzt. Während Österreich hier im Spitzenfeld an Stelle 19 rangiert, befindet sich Ägypten an Stelle 80 bereits in der zweiten Hälfte der insgesamt 144 bewerteten Länder (siehe Abb. 2.5). Dementsprechend erscheint es plausibel, dass Österreich potentiell einen höheren Verlust aufgrund eines weitflächigen Internetausfalls verbuchen könnte als es Ägypten tat.

2.3 Erstellung der Bedrohungsanalysen

Um eine gesamtstaatliche Cyber-Abwehr konzipieren zu können, ist es vor allem von Bedeutung wenigstens in groben Umrissen ein gemeinsames Bedrohungsbild zu erstellen. Zunächst muss dabei gefragt werden, wer im Rahmen eines solchen Bedrohungsbildes überhaupt berücksichtigt werden soll. Da sich CAIS vor allem an den sogenannten Kritischen Infrastrukturen (KI) orientiert, gilt vor allem deren Perspektive als besonders ausschlaggebend. Zusätzlich zur Bundesverwaltung wurden bspw. im Rahmen des Austrian Program for Critical Infrastructure Protection (APCIP) an die 400 strategische Infrastrukturen identifiziert, deren Ausfall österreichweit nicht leicht zu kompensieren wäre und beträchtliche wirtschaftliche bzw. gesellschaftliche Folgewirkungen hätte.[79] Es sind insbesondere diese Unternehmen und Organisationen, die zum möglichen CAIS-Anwenderkreis (und somit auch zu einem möglichen Cyber-Lagezentrum-Kundenkreis) gehören könnten.

---

[78] Daten basieren auf: S. 147 und 178 http://www3.weforum.org/docs/WEF_GITR_Report_2013. pdf, letzter Zugriff: 1. November 2014.
[79] Siehe z. B. http://kurier.at/politik/inland/verwundbares-oesterreich-400-potenzielle-terrorziele/1. 827.326, letzter Zugriff: 1. November 2014.

Neben der Identifizierung relevanter Infrastrukturen stellt insbesondere auch deren oft weitreichende Unterschiedlichkeit eine besondere Herausforderung für die Erstellung einer konsolidierten nationalen Perspektive dar. So sind die ca. 400 im Rahmen von APCIP identifizierten KIs in insgesamt 11 Wirtschaftssektoren untergliedert, die von Energie und Wasser bis hin zu Finanz und Energie reichen können.[80] Neben Unterschieden in der Anforderung von Steuerungssystemen (SCADA) können bspw. auch Differenzen in der jeweiligen System-Abhängigkeit vom Internet bestehen (z. B. Air-Gapped oder nicht). Auch mit Bezug auf den Austausch von Bedrohungsinformation bestehen hier nicht zu vernachlässigende Unterschiede im jeweils relevanten Rechtsrahmen bzw. bestehenden Vertrauenszugang.

Diese Herausforderung wurde in Österreich bereits 2011 vom Kuratorium Sicheres Österreich (KSÖ) in Angriff genommen.[81] In Zusammenarbeit mit Expertinnen und Experten aus strategisch relevanten Infrastruktursektoren (Energie, Finanz, Transport, IKT und Behörden) wurde im dazu gewählten Ansatz einer Risikomatrix versucht, über die Bewertung von mehr als 30 verschiedenen Risikokategorien die österreichische Cyber-Risikolandschaft darzustellen. Dazu wurden innerhalb derselben Matrix Kategorien miteinander in Beziehung gesetzt, die von eher spezifisch (z. B. „Manipulation von GPS"), über relativ allgemein (z. B. „Unsichere Steuerungssysteme (z. B. SCADA)") bis hin zu potentiell umfassend (z. B. „Cyberwar") reichten. Dieses Vorgehen erlaubt es, in verschiedenen Interviewrunden mit einer relativ großen Anzahl von verschiedenen Interviewpartnern einen allgemeinen Trend festzumachen, lässt allerdings die Frage offen, inwiefern die identifizierten Kategorien im Detail miteinander in Verbindung stehen.

Ergänzend zu diesem Ansatz, wurde in der vorliegenden Studie daher versucht, in einem vergleichsweise kleinen Rahmen mögliche Sektor-übergreifende Verbindungen zwischen verschiedenen Kategorien herzustellen. Ein wesentlicher Ansatz dieses Vorgehens bestand darin, allgemeinen Angriffsvektoren (die in jedem Sektor aus technischer Sicht gleichermaßen vorkommen können) verschiedene Einwirkungsgrade gegenüberzustellen. Der resultierende Querschnitt ergab insgesamt 18 verschiedene Miniszenarien („Vignetten"), deren Bedeutung für die jeweilige KI im Detail jeweils mit einem zuständigen Experten erörtert wurde.

Zur Erstellung der Bedrohungsanalyse wurde methodisch auf die in den 1950er Jahren von der RAND Corporation entwickelte Delphi-Methode zurückgegriffen.[82] Dabei handelt es sich um ein qualitatives Forschungsverfahren, bei dem Fachexperten strukturiert nach ihrer intuitiven Bewertung von möglichen Zukunftsereignissen befragt werden. Die zugrundeliegende Annahme ist, dass diese Experten in ihrem jeweiligen Fachbereich über ein besonders umfangreiches Wissen verfügen und dementsprechend aussagekräftige

---

[80] Folie 8 http://www.oiip.ac.at/fileadmin/Unterlagen/Dateien/Summaries/PSCHIKAL__APCIP__ Fachtagung_IKT_Baden_2010__Sicherung_strategischer_Infrastrukturen__Kompatibilitaetsmodu. pdf, letzter Zugriff: 1. November 2014.
[81] http://www.kuratorium-sicheres-oesterreich.at/uploads/tx_ksothema/Cyberrisikoanalyse.pdf, letzter Zugriff: 1. November 2014.
[82] Siehe: http://www.rand.org/topics/delphi-method.html, letzter Zugriff: 1. November 2014.

Einschätzungen über zukünftige Ereignisse treffen können, die in Szenarien beschrieben werden. Das Ziel der Delphi-Methode besteht letztlich darin, aus den in Interviews gewonnenen Erkenntnissen mögliche Entscheidungshilfen für komplexe Problemstellungen zu generieren.[83]

2.3.1 Matrix-Zeilen: Ebenen der Cyber-Kriegsführung

Die Zeilen der den Interviews zugrundeliegenden Matrix sind an die drei von der US-amerikanischen Luftwaffe unterschiedenen Ebenen der Cyber-Kriegsführung angelehnt, jedoch nicht eins-zu-eins übernommen. Im Wesentlichen entsprechen diese drei Ebenen den drei Cyber-Schadensgruppierungen *Disrupt*, *Deny* und *Destroy*. Die verschiedenen Ebenen können Überschneidungen aufweisen, lassen sich – in ansteigender Bedeutung – jedoch grob wie folgt beschreiben:[84]

1. **Alltäglicher „Netzwerkkrieg":**[85] Diese Kategorie umfasst gewöhnliche Störungen und kann deshalb auch als Grundrauschen bezeichnet werden, bzw. als Normalbetrieb, in dem sich Systemadministratoren operativ gegenüberstehen („Business as Usual"). Dies inkludiert insbesondere auch nachrichtendienstliche Aktivitäten und Kampagnen, bei denen Geheiminformation über Jahre hinweg unbeachtet abfließt. Unter bestimmten Voraussetzungen können hierunter auch schwerwiegende Spionagefälle gezählt werden, wie „Moonlight Maze", „Titan Rain" oder „Operation Roter Oktober". Dies gilt jedoch nur dann, wenn diese Angriffe zu keiner langfristigen Unterbrechung von Leistungen führen – und das ist z. B. bereits automatisch dann der Fall, wenn ein System heruntergefahren werden muss, um es von einem Angriff zu „säubern". Wenn ein solcher Fall eintritt, kann man nicht mehr von „Business as Usual" sprechen sondern in der Tat von einer „schwerwiegenden Störung".

2. **Cyber-Ergänzung zur traditionellen Militäraktion:**[86] In diese Kategorie fallen all jene Cyber-Angriffe, die in Begleitung zu konventionellen Angriffsmethoden (wie z. B. Luftangriffe) durchgeführt werden und auf die Störung relevanter IT-Systeme abzielen. Hierunter sind potentiell all jene Cyber-Angriffe zu verstehen, die in Verbindung mit der russischen Militäroffensive auf Georgien 2008 gegen kritische Infrastrukturen durchgeführt wurden. Auch die angebliche Verwendung von einer Cyber-Waffe namens „Senior Suter" im Zusammenhang mit den israelischen Luftangriffen auf ei-

---

[83] Siehe: Michael Häder und Sabine Häder (Hg.): *Die Delphi-Technik in den Sozialwissenschaften: methodische Forschungen und innovative Anwendungen*. Wiesbaden: Westdeutscher Verlag , 2000.
[84] Siehe: Raphael S. Mudge und Scott Lingley: *Cyber and Air Joint Effects Demonstration (CAA-JED)*. Rome, NY: Air Force Research Laboratory, 2008, S. 1, zitiert nach dem öffentlich nicht zugänglichen: U.S. Air Force, Scientific Advisory Board: *Implications of Cyber Warfare, Vol. 1: Executive Summary and Annotated Brief (SAB-TR-07-02)*. August 2007.
[85] „Normal Operations".
[86] „Cyber Adjunct to Kinetic Combat".

ne vermeintlich syrische Kernenergieanlage 2007 können in diesem Zusammenhang genannt werden.

3. **Böswillige Manipulation:**[87] Diese Kategorie beinhaltet jene Cyber-Angriffe, die über einen gewissen Zeitraum hinweg nicht nur unbemerkt bleiben, sondern darüber hinaus auch physischen Schaden anrichten. Derartige Angriffe sind oft verdeckt, geplant, abgestimmt und können zu massiver Verwüstung führen. Es ist bis heute nicht gänzlich geklärt, inwiefern Stuxnet in diese Kategorie fällt. Es scheint jedoch, als ob Stuxnet über die gezielte Manipulation des computerüberwachten Steuerungssystems der iranischen Urananreicherungsanlage in Natanz, und den damit in Verbindung stehenden Zentrifugen, einen gewissen Effekt auf das iranische Urananreicherungsprogramm zur Folge gehabt hätte.[88]

Um die verschiedenen Cyber-Angriffe noch genauer voneinander unterscheiden zu können, wird jede einzelne dieser drei beschriebenen Ebenen der Cyber-Kriegsführung noch einmal in zwei Unterkategorien unterteilt. In Anlehnung an die vorgesehenen Berichterstattungszeiträume innerhalb derer das US-CERT im Falle eines Cyber-Angriffes informiert werden muss,[89] ergeben sich daraus – in ansteigender Bedeutung – die folgenden insgesamt sechs adaptierten Unterkategorien:

1. Keine Berichterstattung erforderlich;
2. Monatliche Berichterstattung;
3. Wöchentliche Berichterstattung;
4. Tägliche Berichterstattung;
5. Berichterstattung innerhalb von zwei Stunden nach Entdeckung;
6. Berichterstattung innerhalb einer Stunde nach Entdeckung.

2.3.2   Matrix-Spalten: Formen von Cyber-Angriffen

Die Spalten der Matrix sind an die vom deutschen Bundesamt für Sicherheit in der Informationstechnik (BSI) vorgeschlagenen aktuellen Cyber-Angriffsformen angelehnt.[90] Diese Angriffsformen weisen Überschneidungen auf, können jedoch für eine Bewertung von bspw. kriminellen oder nachrichtendienstlichen Cyber-Aktivitäten benutzt werden:

---

[87] „Malicious Manipulation".

[88] Siehe z. B. http://www.nytimes.com/2012/06/01/world/middleeast/obama-ordered-wave-of-cyberattacks-against-iran.html?_r=0, letzter Zugriff: 1. November 2014.

[89] Siehe: http://www.us-cert.gov/government-users/reporting-requirements.html, letzter Zugriff: 1. November 2014.

[90] Siehe: BSI: „BSI-Analysen zur Cyber-Sicherheit: Register aktueller Cyber-Gefährdungen und Angriffsformen" https://www.bsi.bund.de/ContentBSI/Themen/Cyber-Sicherheit/Analysen/Grundlagen/BSIa001.html,   alternativ: http://www.oiip.ac.at/fileadmin/Unterlagen/Dateien/Publikationen/EP_Study_FINAL.pdf S. 48–50, letzter Zugriff: 1. November 2014.

1. **Distributed-Denial-of-Service-Angriff**: Ein solcher Angriff erfolgt sobald eine bestimmte Anzahl kontaminierter Computer zu einem ferngesteuerten Command-and-Control-Server zusammengeschlossen werden, mit dem Zweck, entweder gezielte Webseiten bzw. ganze Server zu verlangsamen und vom Netz zu nehmen, oder unerwünschte Nachrichten (Spam) an andere Computer innerhalb des Botnets zu versenden.
2. **Malware**: Ist schädliche Software und setzt sich zusammen aus Trojanern (mit dem Zweck, Information zu stehlen bzw. Systemzugang zu ermöglichen), Viren (mit dem Zweck, ein System zu zerstören), oder Würmern (Viren, die besonders leicht auf andere Systeme gelangen). Eine andere Form von Malware können auch die in einem System platzierten „logischen Bomben" sein, die gezündet werden sobald ein vordefiniertes Set an Bedingungen erfüllt ist.
3. **Hacking**: Bedeutet das Ausnutzen von Sicherheitslücken in Computersystemen, die durch bestehende Programmierschwächen entstanden sind. Je komplexer und umfangreicher ein System programmiert ist, desto höher kann auch dessen Verwundbarkeit sein.
4. **Identitätsdiebstahl**: Hat zum Ziel, Informationen und Daten (z. B. Passwörter oder Kreditkartennummern) über verschiedene Informations- und Kommunikationstechnologien zu generieren. Identitätsdiebstahl kann u. a. über das Abhören von Leitungen erfolgen, bei der ein Dritter Zugang zu Nachrichten erhält, die zwischen zwei anderen Kommunikationspartnern (vertraulich) ausgetauscht werden.
5. **Social Engineering**: Mit Bezug auf Informations- und Kommunikationstechnologien wurde die zwischenmenschliche Beeinflussung durch „Social Engineering" insofern erleichtert, als mehr und mehr sensible Information digitalisiert wurde. Eine cyberspezifische Form von Social Engineering ist Phishing. Hier können täuschend echte e-Mailanfragen zum Abfluss sensibler Information, bzw. zur Weiterleitung auf unerwünschte Webseiten führen.

2.3.3 Miniszenarien

In der sich ergebenden Matrix (vgl. Tab. 2.6) lassen sich über die oben definierten Zeilen und Spalten 18 verschiedene Miniszenarien unterscheiden. Die zugrundeliegende Annahme in der Erstellung dieser Miniszenarien ist, dass die verschiedenen Formen von Cyber-Angriffen in Kombination ansteigende Bedeutung, und somit größere Auswirkungen haben.

Darüber hinaus fließen verschiedene Angriffsvektoren ineinander zu sogenannten „Hybrid-Angriffen", also Szenarien, in denen mehrere Angriffsarten gleichzeitig kombiniert werden. Während diese „Hybrid-Angriffe" vor mehreren Jahren noch eher eine Ausnahmeerscheinung waren, sind heute die schwerwiegendsten Angriffe fast alle sogenannte „Hybrid-Angriffe".

Tab. 2.6 Miniszenarien entlang der adaptierten 6×5-Matrix

		DoS	Malware	Hacking	Identity Theft	Social Enginieering
„Normal Operations"	Level 1	1	2	3	4	5
	Level 2	6	7	8	9	10
„Equal to Kinetic Attack"	Level 3	11	12		13	
	Level 4	14	15			
„Manipulation of Information"	Level 5	16	17			
	Level 6	18				

Ein besonderes Beispiel für solche Hybrid-Angriffe sind die sogenannten Advanced Persistent Threat (APT) Angriffe, die in den Szenarien 15, 17 und 18 dezidiert im Fokus stehen. Die sehr fortschrittlichen Angriffe bestehen oft aus mehreren verschiedenen Angriffsarten und Vektoren. So wird z. B. häufig durch einen Phishing-Angriff (Social Engineering) Malware (Trojaner) platziert, die Identity Theft betreibt und in weiterer Folge ein „Hacking" ermöglicht. Obwohl APTs hauptsächlich für Cyber-Kriminalität und Cyber-Spionage verwendet werden, sind sie aufgrund ihrer Fortschrittlichkeit auch in der Lage, die schwerwiegendsten „Cyber-Angriffe" auszuführen. So können APTs bspw. auch durchaus als Instrument der Cyber-Kriegsführung herangezogen werden.

Ein anderer wesentlicher Vorteil der oben genannten Methode ist es, dass sie „Plattform-unabhängig" auf jede Cyber-Sicherheitssituation angewandt werden kann. So z. B. gelten die oben angegebenen Miniszenarien nicht nur für den „herkömmlichen" PC Client und Server-Verband der sehr weitverbreiteten Microsoft Windows Architektur, sondern sind auch für die kritische Infrastruktur äußerst wichtig (wie z. B. „Industrial Control Systems", die oft unter dem SCADA-Protocol zusammengefasst werden können). Sogar die sehr stark im steigenden (aber zurzeit noch in Relation eher unwichtigen) „mobilen" Angriffe (also Kampagnen, die vor allem auf Smart Phones und Tablets abzielen), können durch diese Struktur mitberücksichtigt werden. Dies erlaubt es, trotz der technischen Besonderheiten von verschiedenen kritischen Infrastrukturen (z. B. dem SCADA-schweren Energiebereich sowie den Office-Windows-Architekturen von Großbanken), ein gemeinsames Bedrohungsbild zu erzeugen.

2.3.4 Bewertung aus unterschiedlichen Perspektiven

Das Interview bestand aus zwei Teilen. Im ersten Teil wurden die Fachexperten darum ersucht, die Szenarien „Aus Sicht der eigenen Organisation" zu bewerten. Die dafür relevante Bewertungsskala umfasste 6 Kategorien, mit denen die *Relevanz der 18 Szenarien für die eigene Organisation* beurteilt werden sollte:

0	nicht relevant;
1	relevant, jedoch mit organisationsinternen Ressourcen zu bewältigen;
2	relevant, nur mit zusätzlichen Ressourcen (z. B. externen Partnern) zu bewältigen;
3	sehr relevant, kurzzeitig eingeschränkte Operationen, möglicher bleibender Schaden;
4	extrem relevant, nur minimaler Notbetrieb möglich, schwerer bleibender Schaden;
5	existenzvernichtend.

Im zweiten Teil wurden die Fachexperten darum ersucht, die Szenarien „Aus Sicht eines Cyber-Lagezentrums" zu bewerten. Nachdem in Österreich bisher noch kein solches Zentrum existiert, orientierte sich die im Interview verwendete Definition eines Cyber-Lagezentrums an der vorgeschlagenen Beschreibung aus der „Nationalen IKT-Sicherheitsstrategie Österreich".[91] Laut IKT-Sicherheitsstrategie soll das Cyber-Lagezentrum insbesondere für die Erstellung öffentlicher und nicht-öffentlicher Analysen zur Netzsicherheit in Österreich sowie für die Frühwarnung zuständig sein. Zusätzlich wird für das Cyber-Lagezentrum eine Krisenmanagementfunktion angedacht. Konkret heißt es dazu:[92]

> Das geplante Cyber-Lagezentrum ist verantwortlich für die Bewältigung von größeren Cyber-Vorfällen innerhalb der Bundesverwaltung sowie auch für besondere Krisen- und Katastrophenlagen auf nationaler Ebene.[93]

Zur Unterstützung von Unternehmen soll sicherheitsrelevante Information in Echtzeit erfasst, und ein 24/7-Monitoring eingerichtet werden. Das Cyber-Lagezentrum soll um Assistenzleistungen des Österreichischen Bundesheeres ergänzt werden. Die Leistungen eines solchen Cyber-Lagezentrums adressieren „vor allem Einrichtungen der öffentlichen Verwaltung und Unternehmen der kritischen Infrastrukturen."[94]

Ähnlich zur oben verwendeten Bewertungsskala, umfasste auch die Bewertungsskala der 18 Szenarien „Aus Sicht eines Cyber-Lagezentrums" insgesamt 6 Kategorien. Im Unterschied zu oben sollte nun jedoch die *Relevanz der 18 Angriffsszenarien auf eine „Kritische Infrastruktur" für eine auf Bundesebene angesiedelte gesamtstaatliche Cyber-Krisenmanagementstruktur („Cyber-Lagezentrum")* beurteilt werden:

0	nicht relevant;
1	relevant, wird jedoch erst nach Bewältigung des Angriffs konsultiert;
2	relevant, muss bei Erkennen des Angriffs sofort konsultiert werden;
3	sehr relevant, muss bei Erkennen des Angriffs sofort konsultiert und, neben anderen Partnern, um Mithilfe bei dessen Bewältigung ersucht werden;

---

[91] http://www.e-government.gv.at/DocView.axd?CobId=47986, letzter Zugriff: 1. November 2014.
[92] Siehe: http://www.digitales.oesterreich.gv.at/DocView.axd?CobId=47986, insbesondere S. 11, letzter Zugriff: 1. November 2014.
[93] Ebd.
[94] Ebd.

4 extrem relevant, muss bei Erkennen des Angriffs sofort konsultiert und, als Erster unter
   Gleichen („primus inter pares"), um Mithilfe bei dessen Bewältigung ersucht werden;
5 ist unverzichtbar.

2.3.5 Auswahl der Interviewpartner

Die Auswahl der relevanten Interviewpartner basiert auf einem auf das US-Militär zurückgehenden Analyserahmen. Darin werden alle staatlichen Bereiche des menschlichen Lebens als „Systeme" begriffen, die nicht nur unabhängig voneinander bestehen sondern auch miteinander in Beziehung gesetzt werden können. In seiner Gesamtheit umfasst dieser Rahmen alle politischen (political), militärischen (military), ökonomischen (economic), sozialen (social), informationellen (informational) und infrastrukturellen (infrastructure) Systeme eines Staates (PMESII-Modell).[95]

In ihrer Gesamtheit bilden diese Systeme das operative Aktionsfeld staatlicher Sicherheit (egal ob zu Wasser, Land, in der Luft, im Weltraum oder Cyber-Space). Untersucht man die einzelnen PMESII-Systeme nicht nur für sich selbst sondern analysiert man auch deren Beziehungen zueinander, so lassen sich Netzknoten (nodes), Verbindungen (links) und kritische Schwachstellen zwischen, bzw. innerhalb einzelner Systeme erkennen (siehe Abb. 2.6).

Abb. 2.6 Politische, militärische, ökonomische, soziale, informationelle und infrastrukturelle Systemanalyse[96]

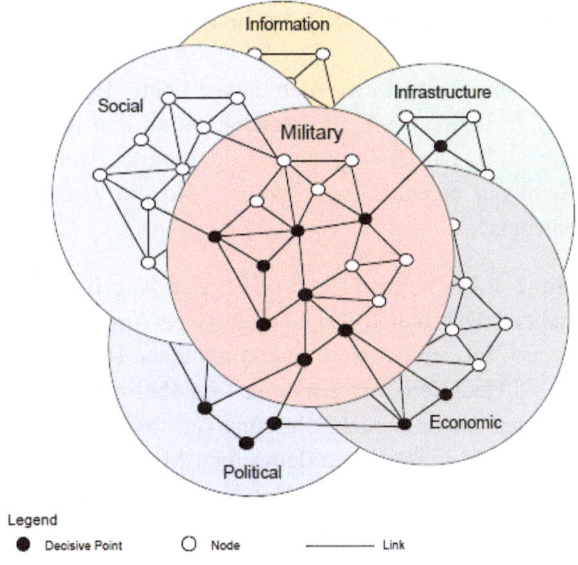

---

[95] Siehe: Chairman of the Joint Chiefs of Staff: *Joint Publication 5-0: Joint Operation Planning.* Washington, D.C.: U.S. Government Printing Office, 11 August 2011, III.5 ff.
[96] Ebd., III.10.

In Anlehnung an die oben definierten PMESII-Systeme wurden die sechs für das Interview relevanten Stakeholder-Gruppen definiert. Zur besseren Anonymisierung der einzeln erhobenen Bewertungen wurden innerhalb dieser Gruppen je zwei Fachexperten interviewt. Die Interviewpartner wurden aus den Projektteilnehmern und jenen erweiterten Stakeholdern ausgesucht, die in die Arbeitsgruppen zur Erarbeitung der österreichischen IKT-Sicherheitsstrategie miteingebunden waren. Daraus resultierend wurden insgesamt 12 Fachexperten interviewt. Die Interviews erfolgten im Zeitraum zwischen Juli 2012 und April 2013 und dauerten zwischen 90 und 150 Minuten. Die Bewertung erfolgte entlang eines Interview-Leitfadens, der in zweifacher Ausführung einerseits Szenarien „Aus Sicht der eigenen Organisation" und andererseits „Aus Sicht eines Cyber-Lagezentrums" abdeckte.

2.4 Erarbeitung der Cyber-Angriffsszenarien

Der Zweck einer gemeinsamen Bedrohungsanalyse von den sogenannten erweiterten Stakeholdern zu erheben bestand darin, die wichtigsten Querschnittsszenarien – also die definierten Cyber-Angriffsszenarien – zu identifizieren. Wie in den Miniszenarien beschrieben, wurde eine Methode gewählt, die nach zunehmender Komplexität der Angriffe verschiedene Angriffsvektoren in sogenannten Hybridangriffen zusammenführt. Eine solche Vorgangsweise erlaubte, dass ähnliche Miniszenarien auch auf unterschiedliche Wirtschaftssektoren (z. B. Finanz und Energie) angewandt werden können.

2.4.1 Miniszenarien („Vignetten" im Detail)

Wie zuvor beschrieben, wurden ausgesuchte Experten in Detailinterviews (Delphi-Methode) zu ihrer jeweiligen Einschätzen zu den unten angeführten Szenarien befragt (vgl. Tab. 2.7). Die Befragung wurde jeweils zweimal durchgeführt: ein erstes Mal „Aus Sicht der eigenen Organisation" und ein zweites Mal „Aus Sicht eines Cyber-Lagezentrums".

Szenario 1 („Einfacher Denial-of-Service-Angriff"): Dieses Szenario beschreibt den „klassischen" Distributed-Denial-of-Service-Angriff (DDoS). DDoS-Angriffe bestehen seit Jahren – tatsächlich waren sie nach einer Hochblüte 2007/2008 (u. a. Angriffe auf Estland und Georgien)[97] international am abklingen, verzeichnen seit 2011 jedoch hohe Zuwachsraten. Unter Berücksichtigung verschiedener Methoden erfolgen DDoS-Angriffe im Wesentlichen immer nach demselben Muster: Kompromittierte Rechner (in der Regeln, aber nicht immer, in einem Bot-Netz zusammenwirkend) überlasten eine bestehende Internetverbindung mittels einer Datenflut (z. B. SMTP- oder SYN-Flood), die die richtige

---

[97] Siehe z. B. http://www.ccdcoe.org/publications/virtualbattlefield/12_NAZARIO%20Politically%20Motivated%20DDoS.pdf, letzter Zugriff: 1. November 2014.

Tab. 2.7 Interviewleitfaden zu den 18 identifizierten Miniszenarien

		DoS	Malware	Hacking	Identity Theft	Social Enginieering
„Normal Operations"	1	**Szenaraio 1:** „DoS – Low-Lvel-DDoS-Attack"	**Szenaraio 2:** Beaconing („Calling Home")	**Szenaraio 3:** Low-Level automatischer Sever-Side-Hackversuch – Portscans und Ähnliches	**Szenaraio 4:** Teste alte und Default Accounts	**Szenaraio 5:** Generischer/ finanzieller Phishingversuch (nicht gezielt)
	2	**Szenaraio 6:** Schwerer DDoS-Angriff (hoffentlich mit „externen Partnern" bewältigbar)	**Szenaraio 7:** „Neue" unentdeckte Malware, vor allem e-Mail-Würmer, die meisten Virenscanner fail	**Szenaraio 8:** Generische Client- und Server-Side Attacks, generischer Malware-Angriff	**Szenaraio 9:** Man-in-the-Middle-Attack auf e-Mail (WLAN oder Kabel)	**Szenaraio 10:** Politischer Phishingversuch (halb gezielt)
„Equal to Kinetic Attack"	3	**Szenaraio 11:** Lokales DNS-Spoofing (z. B. Kaminsky- oder DNS-Spoofing, auch kurzzeitlich .at)	**Szenaraio 12:** Advanced XSS-Attack (z. B. mit Trojaner), Advanced Server Attacks		**Szenaraio 13:** USB/Device-Angriff	
	4	**Szenaraio 14:** IXP-Ausfall (VIX), entweder physisch (Brand) oder logical (Hardware Rootkits)	**Szenaraio 15:** Entdeckung von schwerem, komplexem APT-Angriff (mit Spear Phishing, Informationsabfluss, wahrscheinlich Spionageinformation), Wiederherstellung von Systemprofilen von Backups			
„Manipulation of Information"	5	**Szenaraio 16:** „Operation-Global-Blackout"-Fall (Angriff auf BGP, Hardware Rootkits instabil …)	**Szenaraio 17:** Sehr schwerer APT-Angriff, in allen Systemen (auch 3VE), möglicherweise mit Hardwarekomponente, unbekannte Container möglicherweise Logic Bombs, Erpressungsszenario im Gange …, alte Systemprofile wahrscheinlich korrumpiert, Dataset ok			
	6	**Szenaraio 18:** Katastrophaler Angriff, Logic Bombs zünden, Backup Dataset wahrscheinlich korrumpiert				

Arbeitsweise des betroffenen Rechners beeinträchtigt oder sogar lahmlegt. Im Wesentlichen bedeutet dies, dass die betroffene Webseite oder andere Internet-Dienstleistungen solange nicht mehr voll zur Verfügung stehen bis der Angriff eingestellt wird. DDoS-Angriffe sind extrem einfach durchzuführen. Sie können von einem relativ unerfahrenen „Script-Kiddy" anhand eines für wenige Dollar gemieteten Bot-Netzes[98] Schäden im Ausmaß von mehreren zehntausend Dollar verursachen. Somit ist es wenig überraschend, dass DDoS-Angriffe vor allem im Bereich Erpressung seit Jahren zunehmend an Bedeutung gewinnen. Dies betrifft vor allem kleinere Firmen, die im Regelfall nicht die technischen Fähigkeiten besitzen, sich selbst zu schützen.

Was unter „kleiner Angriff" zu verstehen ist bleibt von den verschiedenen Umständen abhängig. Es ist hier nicht möglich, Datenströme als Vergleichsgröße anzubieten, da dies (je nach Betriebsgröße, Wirtschaftszweig oder Land) unterschiedliche Auswirkungen annehmen kann. Als Richtwert gilt hier somit eher die Frequenz eines Angriffes. Die meisten KIs werden monatlich oder öfter von solchen Angriffen heimgesucht. Meist können diese Angriffe mit lokalen Ressourcen (d. h. verfügbarer Bandbreite) abgewehrt bzw. abgemindert werden.

Szenario 2 („Beaconing"): Im Kontext von Malware bedeutet dies das stoßhafte Ausschicken von kleinen Datenpaketen – meist mit dem Zweck, mit einem externen Server oder (z. B. im Kontext eines Botnetzes) mit einem Command and Control Server (C&C) zu kommunizieren. Beaconing kann durchaus legitime Gründe haben (z. B. um Verbindungen zu testen), wird aber oft mit Malware in Verbindung gebracht. Bei Beaconing sollte aber keine größere Informationsmenge abfließen – es handelt sich also um keinen Abfluss von gestohlener Information. Oft ist die Malware sonst selbst inaktiv, weil sie nicht die richtige Konfigurationsumgebung vorfindet. Dennoch kann auch Beaconing ein erstes Anzeichen für einen gelungenen Malware-Befall und v. a. für einen gelungenen APT-Angriff sein. Wie Organisationen damit umgehen hängt im Wesentlichen von ihrer Erfahrung im Umgang mit solchen Angriffen ab. Manche Organisationen halten Beaconing an sich für wenig problematisch, da sich die meiste Malware de facto inaktiv verhält. Andere reagieren jedoch sofort und nehmen Beaconing zum Anlass, umfassendere Maßnahmen zu setzen.

Szenario 3 („Port Scan"): Dieses Szenario umfasst sogenannte Low-Level-Hacking-Versuche wie bspw. Port Scans und Ping-Sweeps. Beide sind wesentliche Voraussetzungen, um grundlegende Information über ein Netzwerk zu generieren. So z. B. könnte durch einen automatischen Port Scan festgestellt werden, dass Port 143 (IMAP) offen ist, und somit als ein bekanntes Einfallstor benutzt werden könnte. Diese Tätigkeiten werden oft voll automatisiert über eine größere Reichweite durchgeführt, und sind nicht notwendigerweise nur auf ein bestimmtes Ziel hin ausgerichtet. Meist handelt es sich eher um einen Versuch, allgemeine Fehler in der Netzwerkkonfiguration zu finden – in etwa wie ein offengelassenes Wohnungsfenster. Die meisten KIs werden für diese Port Scans nicht anfällig sein.

---

[98] Siehe z. B. Stellungnahme oiip-nic.at zur DDoS, letzter Zugriff: 1. November 2014.

Szenario 4 („Teste alte und Default Accounts"): Hier wird im Allgemeinen der meist automatisierte Versuch beschrieben, sich durch die Verwendung von bekannten Default-Passwörtern Zugang zu bestimmten Netzwerken zu verschaffen. Dies kann bspw. auch einen sogenannten „Brute-Force/Dictionary"-Angriff beinhalten, bei dem ein Wörterbuch von Default-Passwörtern, eines nach dem anderen, durchprobiert wird.

Szenario 5 („Generischer Phishing-Versuch"): Phishing umfasst die Vortäuschung einer legitimen Identität (meist innerhalb eines e-Mails), um User dazu zu verleiten, entweder direkt oder indirekt (über gefälschte Webseiten) persönliche Daten preiszugeben. Bei dieser Art Phishing-Versuche ist das Ziel rein finanzieller Natur und nur auf den individuellen User (nicht seinen Arbeitgeber) ausgerichtet. Dennoch kann für den einzelnen ein beträchtlicher finanzieller Schaden entstehen.

Szenario 6 („Schwerer DDoS-Angriff"): Ähnlich zu Szenario 1 ist es hier nicht möglich, Richtwerte für einen schweren DDoS-Angriff zu geben – je nach Wirtschaftszweig ist dies unterschiedlich. Schwere DDoS-Angriffe können in der Tat jedoch sehr groß sein – heutzutage sind 50 Gbit/s keine Seltenheit mehr, was aber bereits die Angriffe auf Estland aus dem Jahr 2007 um das 500-fache übersteigt. Beim Spamhouse-Angriff im März 2013 wurden sogar bis zu 300 Gbit/s gemessen[99] – eine der später verhafteten Personen war erst 16 Jahre alt. Da die allermeisten Firmen bei derartigen Angriffen nicht dazu in der Lage wären, sich selbst zu schützen, wurde hier ein gesamter Industriezweig aufgebaut. Die meisten KIs würden sich hierbei auf externe Dienstleister verlassen, wobei auch diese bei den allerschwersten Angriffen selbst durchaus herausgefordert werden.

Szenario 7 („Würmer und nicht-bösartige Malware usw."): Würmer selbst sind allein oft nicht gefährlich, können aber in Kombination mit anderer Malware verknüpft werden. Auf sich alleine gestellt bewegen sie sich oft über e-Mail von System zu System und suchen gezielt bestimmte Konfigurationen. Im schlimmsten Fall (z. B. W.32 Blaster[100]) kann dies Millionen von Rechnern betreffen. Auch sonst wird sehr komplizierte Malware (man denke an Stuxnet) in einer dafür ungeeignete Umgebung aufgespürt, wo sie selbst zwar unschädlich sind, sich aber immer noch weiterbewegen können. In beiden Fällen ist die betroffene KI nicht direkt geschädigt, kann jedoch zur Beschädigung eines anderen Systems beitragen bzw. dies ermöglichen (v. a. als Transit-Router).

Szenario 8 („Generische Angriffe"): Bei dieser Kategorie von Malware sind die Grundzüge weithin bekannt und können zum Teil mit Heuristik (v. a. bei Anti-Virenscannern) bekämpft werden. Dies kann bspw. hauptsächlich bei E-Banking-Angriffen (z. B. ZEUS-Trojaner) verwendet werden. Es gibt derzeit über 50.000 ZEUS-Varianten allein.

---

[99] http://blogs.computerworld.com/cybercrime-and-hacking/21967/biggest-ddos-attack-history-slows-internet-breaks-record-300-gbps, letzter Zugriff: 1. November 2014.
[100] Der „Blaster"-Wurm, der eigentlich als „Protest" gegen Microsoft gerichtet war, war fehlerhalf und hätte viel schlimmer ausfallen können (Siehe z. B. http://www.heise.de/security/meldung/Microsoft-laesst-Angriff-von-Lovsan-W32-Blaster-ins-Leere-laufen-83853.html, letzter Zugriff: 1. November 2014).

Szenario 9 („Man-In-The-Middle-Attack"): Bei einem MiM kann es sehr viele verschiedene Möglichkeiten geben. Eine einfache bekannte Variante bezeichnet einen Angreifer, der sich zwischen einem WLAN-User und seinen Router stellt und auf diese Weise den gesamten Datenverkehr mitverfolgt. MiM kann aber auch auf Makro-Ebene erfolgen. So gilt z. B. großflächiges BGP-Spoofing (bei dem ein Teil des globalen Internetverkehrs de facto umgeleitet wird) ebenso als MiM-Angriff wie das unbeabsichtigte Zerstören eines Kabels durch einen Schaufelbagger. Welcher MiM-Angriff letztlich am relevantesten ist, unterscheidet sich je nach KI. Hierbei wurde im Rahmen der Interviews immer die jeweils „relevanteste" Variante bewertet.

Szenario 10 („Gezieltes Phishing"): Hierbei handelt es sich um eine Vorstufe zum eigentlichen Spear-Phishing-Angriff. Zwar wurde die betroffene Organisation dezidiert ausgewählt, das e-Mail selbst wurde jedoch nur leicht (wenn überhaupt) personalisiert. Oft wird eine kontaminierte Datei (z. B. ein pdf-Dokument) beigefügt, das selbst über einen generischen RAT (Trojaner)[101] verfügt. Da diese Malware oft schon lange im Voraus bekannt ist, können die meisten AV-Scanner sie problemlos abwehren.

Szenario 11 („Internet-Spoofing"): Unter „Spoofing" versteht man das großflächige Umleiten von Internetverkehr durch die Manipulation von Protokollen (wie DNS oder BGP) bzw. durch Änderungen (z. B. falsche Einträge) auf Root-Ebene. Ein Resultat kann sein, dass – ähnlich einem MiM-Angriff – der Angreifer Zugang zu sämtlichen Verkehrsdaten der betroffenen Opfer erhält. Fälle von Spoofing gab es in der Vergangenheit bereits des Öfteren. So wurde z. B. China im letzten Jahrzehnt mehrmals verdächtigt, großflächig Internet-Spoofing betrieben zu haben – 2010 waren davon angeblich sogar 15 % des weltweiten Internetverkehr betroffen.[102] Es gibt somit mehrere Angriffsszenarien, bei denen eine Sub-Domäne (wie z. B. univie.ac.at), aber auch eine gesamte Top-Level-Domäne (wie z. B. .at) von einem solchen Angriff betroffen wäre – wenngleich wahrscheinlich nur für kurze Zeit.

Szenario 12 („Advanced Hacking Attacks"): Im Gegensatz zu den automatischen Angriffen in Szenario 8 handelt es sich hierbei um fokussierte Angriffe auf individuelle Clients (einzelne Rechner bzw. Server). Hier kann z. B. durch einen Cross-Side-Scripting-Angriff (XSS, bei dem eine kontaminierte Webseite über den Browser Malware auf den Rechner lädt) dezidiert ein Brückenkopf gebildet werden, um schwere Angriffe (z. B.

---

[101] Ein „Remote Access Tool" (das auch durch einen Trojaner geliefert werden kann) erlaubt einer externen Person, Zugriff auf den fremden Rechner zu nehmen. Seit mehreren Jahren gibt es frei verfügbare Basismodelle, die vom jeweiligen Angreifer dann adaptiert werden können. Ein solches ist z. B. „Poison Ivy" (siehe: http://www.darkreading.com/attacks-breaches/poison-ivy-trojan-just-wont-die/240160281, letzter Zugriff: 1. November 2014).

[102] http://www.washingtontimes.com/news/2010/nov/15/internet-traffic-was-routed-via-chinese-servers/?page=all, letzter Zugriff: 1. November 2014.

APT-Angriffe) ausführen zu können.[103] Der Unterschied hierbei ist der Anschluss zum globalen Internet, der sowohl für Client-Side- als auch Server-Side-Angriffe eine Voraussetzung darstellt. Somit ist dies nur insofern von großer Bedeutung, als die betroffene KI tatsächlich eine hohe Vernetzung mit dem Internet aufweist.

Szenario 13 („USB/Proximity-Angriff"): Der Proximity-Angriff beschreibt den direkten Zugriff eines Täters auf die Daten eines (meist) geschlossenen Systems ohne „Umleitung" durch das World Wide Web (WWW). In den allermeisten Fällen[104] geschieht dies durch einen „USB-Angriff" – sprich ein USB-Stick (oder ein ähnlicher Datenträger) wird wissentlich oder unwissentlich infiziert und in das betroffene Netzwerk geladen – und zwar wahrscheinlich hinter den meisten Firewalls (falls das Netzwerk überhaupt an das Internet angeschlossen ist). Ein berühmtes Beispiel für einen solchen Angriff ist Operation BUCKSHOT YANKEE, die später den Anstoß zur Gründung der US-amerikanischen CYBERCOM gab. Auch Stuxnet[105] wurde wahrscheinlich durch einen USB-Stick in das geschlossene Netzwerk einer iranischen Urananreicherungsanlage gebracht – auch sie war nicht direkt an das Internet angeschlossen.

Szenario 14 („IXP-Ausfall"): Dies umfasst einerseits den Ausfall eines kritischen Upstream-Internet-Providers, wie bspw. eines TIER-1-IXP (wie z. B. VIX) oder auch einer kritischen TIER-2-Verbindung (wie z. B. ACONet). Die tatsächlichen Gründe für einen Ausfall (z. B. Brand, oder kontaminierte Hardware) sind zweitrangig. In beiden Fällen ist ein Totalausfall über physische oder logische Angriffe auf alle Standorte gemeint. Die Herausforderung besteht dabei zum Teil darin, entweder die „Last Mile"-Connection wiederherstellen, bzw. auf andere Points of Presence (in anderen IXP) zugreifen zu können.

Szenario 15 („APT-Angriff"): Bei einem APT-Angriff spielen verschiedene Faktoren zusammen. In einem ersten Schritt wird oft ein RAT installiert (z. B. wie in Szenario 10 durch

---

[103] XSS-Angriffe werden durch Vulnerabilities ausgeführt, die oft lange nicht gepatcht werden. So wurde auf www.orf.at schon mehrmals Vulnerabilities (also Sicherheitslücken, die einen XSS-Angriff ermöglichen würden) gefunden aber – drei Jahre später – immer noch nicht beseitigt (Siehe z. B. http://www.xssed.com/mirror/68246/, letzter Zugriff: 1. November 2014).

[104] Ein „Proximity-Angriff" kann aber auch durch andere Methoden ausgeführt werden, vor allem sogenannte „Side Channel Attacks". Diese umfassen z. B. Van Eyke Freaking, Power Monitoring Attacks, und andere Methoden, die im Wesentlichen jedoch immer in einer gewissen physischen Nähe zum Zielobjekt stattfinden müssen.

[105] Der Angriffe auf das iranische Atomprogramm wurde wahrscheinlich durch kontaminierte USB-Sticks zum Ziel (ein „Air-Gapped" und nicht am Internet angeschlossenes SCADA-Netzwerk) gebracht. Stuxnet war so virulent in seiner Ausbreitung, dass behauptet wurde, dass sogar die Internationale Weltraumstation von Stuxnet befallen wurde – auch wenn dies keine praktische Auswirkungen gehabt hat, da Stuxnet nur auf sein ursprüngliches Ziel programmiert war. http://www.timesofisrael.com/stuxnet-gone-rogue-hit-russian-nuke-plant-space-station/, letzter Zugriff: 1. November 2014.

einen über Phishing gelieferten Trojaner). Hier ist das Ziel aber nicht die Übernahme eines Rechners als Teil eines Botnetzes sondern die fokussierte Ausspähung eines gesamten Netzwerkes über einen längeren Zeitraum. Ein APT-Angriff fällt meist durch die Entdeckung von Informationsabfluss auf (wie z. B. den Abfluss von sensiblen Daten bei einem Spionageangriff). In diesem Fall kann der betroffene Netzwerk-Abschnitt relativ schnell isoliert, und das Malware-Sample selbständig gesichert werden. Die Wiederherstellung von Systemprofilen auf Basis von Backups (z. B. Windows Roll-Backs) beseitigt das Problem, wenngleich nicht den angerichteten Schaden.

Bei **Szenario 16** („Global Blackout"): Dabei handelt es sich um den schwerwiegendsten aller spezifischen DoS-Angriffe. Hier wird eine großangelegte Störung des weltweiten Internet bezweckt, womit insbesondere die weltweite Routing-Infrastruktur gemeint ist. Dies könnte, je nach Szenario (z. B. ein RAMP-Angriff auf BGP oder Hardware-basierte Würmer in der TIER-1-Routing-Backbone) zu einer Destabilisierung des gesamten Internet über Tage aber auch Wochen hinweg führen. Ein solches Szenario kann z. B. durch Cyber-Terrorismus aber auch infolge eines Cyber-Krieges zwischen Großmächten eintreten. Beispiele dafür umfassen z. B. OPERATION GLOBAL BLACKOUT, ein von Anonymous im März 2012 ausgerufener Versuch, das Internet „zu stürzen".[106] Die Herausforderung für Österreich in einem solchen Fall besteht darin, u. a. ein „nationales Not-Internet" aufbauen zu können, um die Kommunikation innerhalb der Verwaltung sicherzustellen. Für die KI wäre es wichtig, stabile Peer-to-Peer-Verbindungen (die in einem solchen Fall nicht betroffen wären) aufrechtzuerhalten und nach Bedarf miteinander zu teilen.

Bei **Szenario 17** („Sehr schwerer APT-Angriff"): Hier werden zwei verschiedene Vorfälle simuliert:

a. Der erste Fall ist, ähnlich zu Szenario 15 (schwerer APT-Angriff auf eine einzige Organisation, durch einen Hybrid-Angriff von z. B. Spear Phishing, Identity Theft, Hacking und Malware). Allerdings wird hier kein Angriff auf eine einzelne Organisation durchgeführt, sondern auf einen gesamten „Sektor" (in APCIP wurden insgesamt 11 Sektoren bestimmt). Dies bedeutet, dass verschiedene Ziele innerhalb eines Sektors durch dieselbe APT-Kampagne angegriffen wurden und somit starke Gemeinsamkeiten bei der „Method of Operation" (MO) aufweisen. Entdeckt werden diese Angriffe hauptsächlich bei Anomalien in den Traffic-Logs (Exfiltration von kopierter Information), die meist RAT-spezifisch gleich sein würden (z. B. Uploads zur immer selben Zeit, mit derselben Datenmenge, etc.). Weiters würde diese Kampagne wahrscheinlich ähnliche oder sogar die gleiche Botnetz-Infrastruktur (v. a. C&C-Infrastruktur) verwenden. Dieser Angriff (obwohl z. B. für geistiges Eigentum und Betriebsgeheimnisse sehr relevant) verursacht nur dann einen klar-bezifferbaren Schaden, wenn die Wiederherstellung von System-

---

[106] http://www.nytimes.com/2012/03/31/technology/with-advance-warning-bracing-for-attack-on-internet-by-anonymous.html?_r=0, letzter Zugriff: 1. November 2014.

profilen einen Downtime bei der Arbeitszeit der Mitarbeiter bedeutet. Beispiele hierfür sind z. B. Operation „Aurora"[107] oder auch „MiniDuke".[108]

b. Im zweiten Fall wird eine Steigerung von Szenario 15 angenommen. Dies beinhaltet auch eine Penetration von air-gapped (oder isolierten) Systemen, sowie die mögliche Korrumpierung von Datenprofilen (aber nicht die darunterliegenden Datensätze wie z. B. Access-Datenbanken oder Ähnliches). Weiters werden verschlüsselte Container (bei denen es sich um zu exfiltrierende Daten aber auch „Logic Bombs"[109] handeln könnte) in systemkritischen Bereichen entdeckt. Gleichzeitig wird ein „Erpressungs-szenario" gegen diese Organisation geführt. Entdeckt werden diese Angriffe hauptsächlich wenn die Container – vielleicht sogar intendiert – auf sich aufmerksam machen (z. B. ganz klare Traffic-Anomalien) oder aber über eine heuristische Überprüfung der Systemdaten-Parameter (z. B. Datengröße etc.), die auch durch Applikationsprotokolle aufgezeichnet werden können. Abgesehen vom Diebstahl kritischer Informationen entsteht der Schaden hauptsächlich durch die Nicht-Herstellbarkeit der Systemprofile. Beispiele dafür könnte u. a. die „Flame"-Kampagne sein.[110]

In **Szenario 18** („Katastrophaler APT-Angriff"): Wie in Szenario 17 beschrieben kann ein APT-Angriff nicht nur Spionage-Zwecken dienen sondern darüber hinaus auch eine weitgehend gezielte Zerstörung oder Manipulation von Systemdaten anvisieren. Dies wäre z. B. bei einem hochentwickelten Cyber-Kriminalität-/Cyber-Terror-Angriff, aber vor allem im Cyber-Kriegsfall, möglich. In Szenario 18 wird, was vorher (falls überhaupt entdeckt) als Spionageangriff gewertet wurde, nun um ein Vielfaches gefährlicher. So werden bspw. Vermögenswerte (z. B. Datenbanken, geistiges Eigentum), über längere Zeit hinweg unbemerkt geändert, um kontinuierlich bleibende Schäden zu erwirken. Alternativ könnte ein solcher Angriff auch relativ rasch erfolgen: Logic Bombs oder ähnliche Cyber-Waffen machen nicht nur die unmittelbaren Clients (z. B. PCs) unbrauchbar sondern infizieren auch die jeweiligen Backups. Eine Wiederherstellung der meisten digitalen Datensätze ist nicht mehr möglich. Ein solcher ultimativer Katastrophenfall dient hauptsächlich dem Benchmarking und damit der grundsätzlichen Erörterung, ob betroffene Organisationen/KIs nach einem solchen Angriff überhaupt noch funktionsfähig wären. Bei Szenario 18 ist somit das Schlimmste bereits eingetreten. Hier ist es v. a. wichtig, auf

---

[107] „Aurora" beschreibt einen 2010 entdeckten chinesichen Angriff u. a. auch auf Google und Gmail, http://www.informationweek.com/attacks/google-aurora-hack-was-chinese-counterespionage-operation/d/d-id/1110060?, letzter Zugriff: 1. November 2014.

[108] MiniDuke wurde im März 2013 entdeckt und ausführlich analysiert, z. B. http://labs.bitdefender.com/wp-content/uploads/downloads/2013/04/MiniDuke_Paper_Final.pdf, letzter Zugriff: 1. November 2014.

[109] Eine „Logic Bomb" beschreibt jenen Teil eines Programms, der einen wissentlich schädlichen Effekt auf das Host-System auslöst. So z. B. hatte Stuxnet auch eine „Logic Bomb", die darauf ausgerichtet war, die Urananreicherungszentrifugen der Iraner nachhaltig und verstärkt zu zerstören.

[110] Der APT „Flame" hatte das ungewöhnliche Zusatzmodul, sein jeweiliges Hostsystem auch nach Bedarf mit der „Wiper"-Funktion zu zerstören http://www.securelist.com/en/blog/208193522/, letzter Zugriff: 1. November 2014.

Basis der vorhandenen Logs, die Angriffsschritte zwecks Strafverfolgung und Gefahrenabwendung nachverfolgen zu können. Ein Beispiel für einen solchen Angriff wäre z. B. Stuxnet oder Shamoon.[111]

2.4.2 Auswertung der Umfrage: „Aus Sicht der eigenen Organisation"

Mit Bezug auf die definierte Unterscheidung zwischen politischen (*political*), militärischen (*military*), ökonomischen (*economic*), sozialen (*social*), informationellen (*informational*) und infrastrukturellen (*infrastructure*) Akteursgruppen oder Systemen eines Staates (PMESII-Modell) werden im Folgenden nun die sektorspezifischen Ergebnisse der Interviews und „Aus Sicht der eigenen Organisation" diskutiert:

Politisches System Unter „politischen Organisationen" wurden vor allem die nichtmilitärischen, operativen Cyber-Organisationen des Bundes befragt, und zwar im Bundeskanzleramt (BKA) und im Bundesministerium für Inneres (BMI). Auffallend dabei war, dass sich (dieser) Teil der öffentlichen Verwaltung relativ stark an vernetzten und am Internet angeschlossenen Systemen orientiert. Somit sind hier, im Vergleich zu anderen Sektoren, DDoS- und MiM-Angriffe relativ hoch bewertet. Gleichzeitig werden APTs in gewisser Weise als gegeben angenommen. Phishing-Versuche (Szenario 10) werden als Routine gesehen, obwohl Spear-Phishing (Szenario 15) auch hier einen hohen Stellenwert einnimmt. Dennoch werden APTs im Allgemeinen weniger gravierend als ein möglicher totaler Ausfall des Internet (Szenario 16) oder der ausgemachte Sabotage/Terrorismus/Kriegsfall (Szenario 18) gesehen. Abbildung 2.7 liefert einen Überblick der Bewertungsresultate.

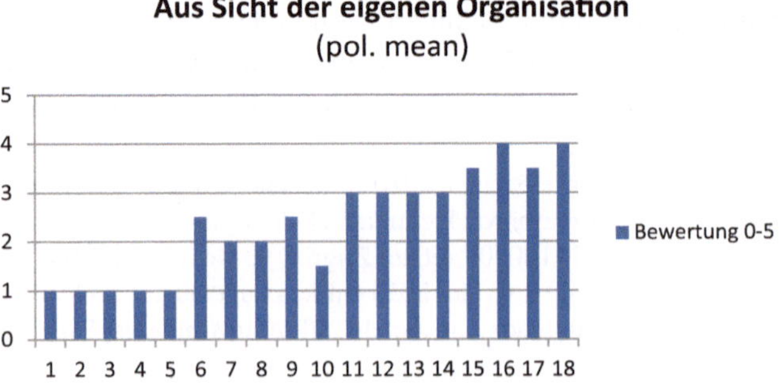

Abb. 2.7 Auswertung – Politisches System

[111] „Shamoon" war vermutlich ein Vergeltungsschlag Irans für Stuxnet – ein Angriff auf Saudi Aramco, bei dem 30.000 PCs „gelöscht" wurden. Der Angriff hätte aber viel schlimmer ausfallen sollen http://www.zdnet.com/kaspersky-shamoon-malware-nothing-more-than-quick-and-dirty-7000004273/, letzter Zugriff: 1. November 2014.

Abb. 2.8 Auswertung –
Militärisches System

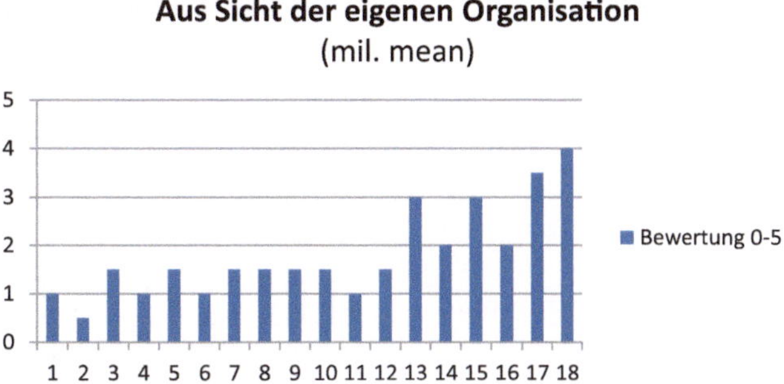

Militärisches System Die befragten „militärischen Stellen" unterstrichen, im Gegensatz zur zivilen öffentlichen Verwaltung, ihre doch wenigstens teilweise gegebene Unabhängigkeit vom Internet. Hier wurden die Bedrohungen erst relativ spät – viel später als in allen anderen Sektoren – als wirklich ernsthaft bewertet. Die Bedeutung des „Proximity-Angriffs" (z. B. durch USB-Stick, Szenario 13) deutete an, dass die militärischen Intranets als weitgehend isolierbar gesehen werden, und dass „normale" Cyber-Angriffe als keine größere Bedrohung für das Bundesheer wahrgenommen werden. Gleichzeitig wurde hier aber, vor allem im Vergleich zur zivilen Verwaltung, die APT-Bedrohung sehr hoch eingestuft – vor allem dann, wenn diese Hardware-basiert war bzw. andere Möglichkeiten zur Überwindung von „Air-Gaps" aufwiest (Szenario 17). Abbildung 2.8 liefert einen Überblick der Bewertungsresultate.

Ökonomisches System Für die „Economic Actors" wurden nur Finanzdienstleister (insbesondere Großbanken) befragt. Auch hier zeigte sich eine doch eher starke Abhängigkeit vom weltweiten Internet und von internen IKT-Prozessen. In keinem anderen Sektor wurde der „Cyber-Katstrophenfall" (Szenario 18) als „existenzvernichtend" gewertet. Gleichzeitig ist aber erkennbar, dass die befragten Banken für fast alle einfacheren Cyber-Gefahren (bis Szenario 13) aus ihrer Sicht einen schon hohen Grad des Selbstschutzes erreicht haben und sich tatsächlich nur in zwei Fällen ausgeliefert fühlten: bei einem Angriff auf das Internet an sich (Szenario 14) und im Falle von Sabotage/Terrorismus/Krieg (Szenario 18), in dem auch die üblichen „Business-Continuity-Management"- und „Disaster-Recovery"-Maßnahmen (z. B. bei Szenarien 17) nicht mehr greifen. Abbildung 2.9 liefert einen Überblick der Bewertungsresultate.

Soziales System Unter „Society Actors" wurden vor allem jene Organisationen befragt, die (außer den Telkos) für die Aufrechthaltung des Internet in Österreich eine Kernrolle einnehmen. Somit ist weniger überraschend, dass es hier eine relativ starke Betonung von Netzwerkaktivitäten (wie z. B. DDoS-Angriffe) gibt. Trotz dieser klaren Ausrichtung auf „Availability" und Netzwerkaktivitäten wurden auch hier APTs als besondere Gefahr erkannt. Als IKT-bezogene Organisationen wären sie auch im schlimmsten Fall (Szenario 18) existenzgefährdet. Abbildung 2.10 liefert einen Überblick der Bewertungsresultate.

Abb. 2.9 Auswertung –
Ökonomisches System

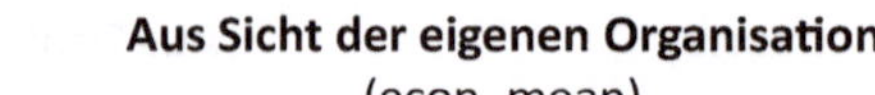
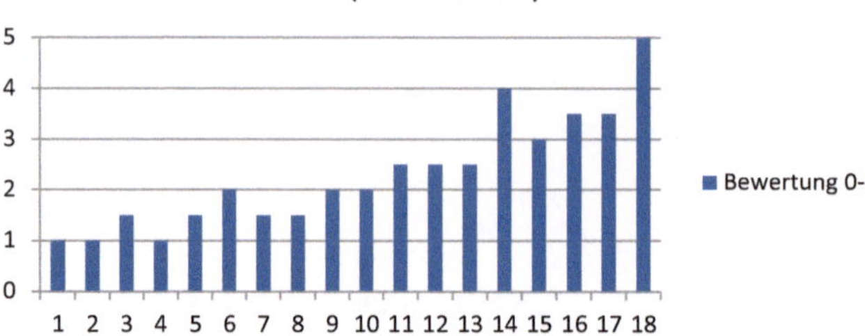

Abb. 2.10 Auswertung –
Soziales System

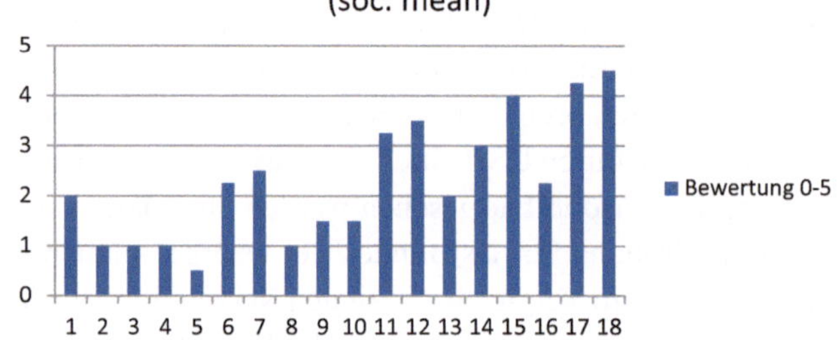

Abb. 2.11 Auswertung –
Infrastrukturelles System

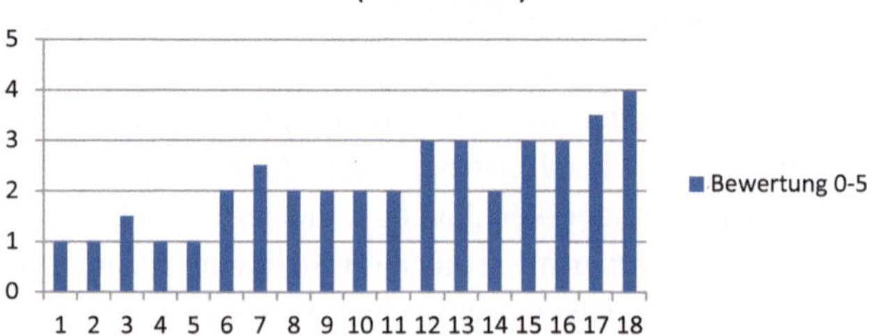

Abb. 2.12 Auswertung –
Informationelles System

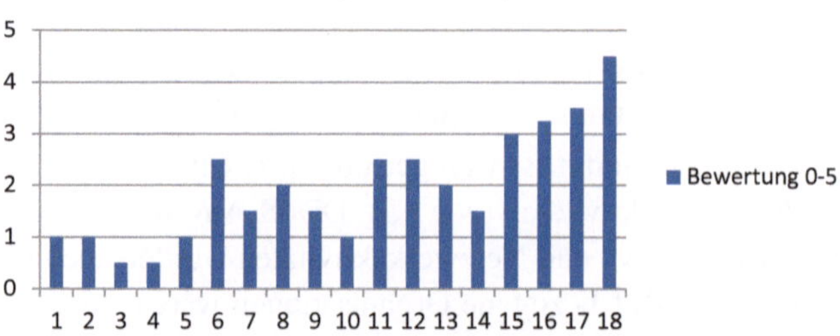

Infrastrukturelles System Unter den „Infrastructure Actors" wurden die für das Internet wohl essentiellen Stromversorgungs-Unternehmen befragt. Hier war, ähnlich wie beim Militär, eine relativ starke Isolierbarkeit gegenüber dem Internet an sich bemerkbar – wobei jedoch die besonderen Herausforderungen von ICS/SCADA-Systemen eine vergleichsweise höhere Anfälligkeit für fortgeschrittene Hackmöglichkeiten erlaubten. Hier wurden APTs vergleichsweise wenig gefährlich eingestuft, und auch im schlimmsten Fall waren die Unternehmen der Meinung (wegen Möglichkeiten von manueller Steuerung), noch geschäftsfähig sein zu können. Abbildung 2.11 liefert einen Überblick der Bewertungsresultate.

Informationelles System Die „Information Actors" sind im Wesentlichen die größten Telekommunikations-Firmen Österreichs. Hier war eine relativ klare Unterteilung zwischen den leicht bewältigbaren, alltäglichen Aktivitäten (z. B. kleine DDoS-Angriffe) und doch eher seltenen Vorfälle (z. B. große DDoS-Angriffe, Szenario 6) zu sehen. Gleichzeitig wurden – ähnlich wie bei den Banken – APTs als grundsätzlich gegeben angenommen, die aber dennoch die größten Gefahren ausmachten. Auch für diesen Sektor wurde die Abhängigkeit von IKT ersichtlich – schlimmstenfalls (Szenario 18) wäre auch das tatsächliche Krisenmanagement stark herausgefordert. Abbildung 2.12 liefert einen Überblick der Bewertungsresultate.

2.4.3 Auswertung der Umfrage: „Aus Sicht eines Cyber-Lagezentrum"[112]

Obwohl die fünf Akteursgruppen jeweils unterschiedliche Antworten zur Bedrohungswahrnehmung für ihre eigene Organisation gaben (was, in Anbetracht der jeweiligen sektoralen Unterschiede nicht verwunderlich war), hatten die Befragten ein erstaunlich überlappendes Bild, was die Aufgaben eines Cyber-Lagezentrums/National Cyber-Security Centers, betraf. Die Abweichung (Range) der einzelnen Antworten war hier relativ gering – und vor allem bei den wichtigsten Prioritäten gab es fast keine größeren Abweichungen. Somit wurde von den erweiterten Stakeholdern klar die Meinung vertreten, dass die Unterstützung der Bekämpfung von „schweren APT-Angriffen", vor allem die, die sektoral wirkten, die Kernaufgabe eines Cyber-Lagezentrums sein sollten (Szenario 17 und 18). Das Cyber-Lagezentrum wäre demnach „führend an der Lösung des Problems beteiligt", wobei jedoch „einfache" APTs (Szenario 15) von den Organisationen selbst bekämpft werden sollen. Das Cyber-Lagezentrum wäre hier bestenfalls ein „einfacher Partner". Die Bekämpfung von schweren APT-Angriffen war sogar wichtiger als der Krisenmanagementfall im „Global-Blackout"-Szenario oder auch beim Ausfall eines großen IXPs.

Zusätzlich zu diesen relativ klaren Trends waren auch andere Meinungen ziemlich homogen. So wurde die Informationspflicht der KI (Stufe 2: „Cyber-Lagezentrum wird

---

[112] Für eine Beschreibung der Bewertungsskala, siehe Abschn. 2.3.

Abb. 2.13 Auswertung – Sicht eines Cyber-Lagezentrums

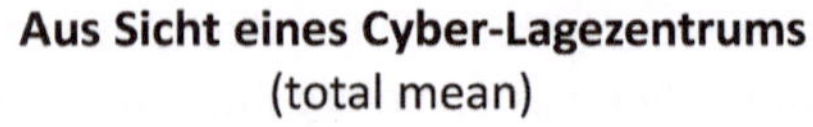

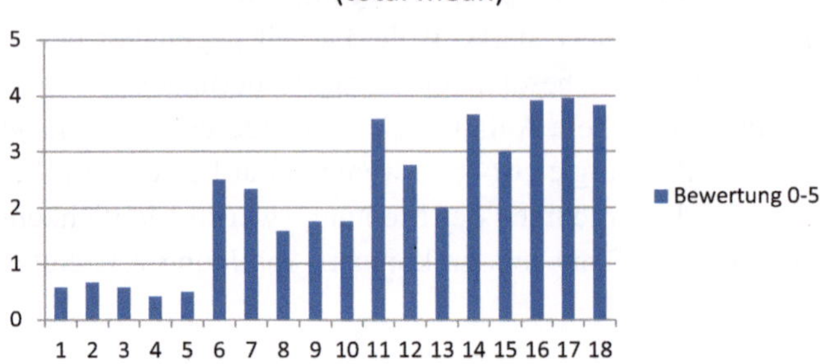

sofort benachrichtigt") relativ weitgefasst. Zum Teil befürworten die KIs auch bei relativ belanglosen Vorfällen eine jährliche Berichterstattung, um die Statistik zu unterstützen. Gleichzeitig war auch ein relatives „Gefälle" zwischen Szenario 18 und Szenario 17 bemerkbar. Dies könnte auch als Unterschied zwischen „Cyber-Krisenmanagement" und dem eigentlichen staatlichen Krisen und Katastrophenfall gesehen werden. In Szenario 18 könnten z. B. durchaus andere Ressourcen (wie z. B. Feuerwehr oder Rettung) zum Einsatz kommen. Abbildung 2.13 liefert einen Überblick der Bewertungsresultate.

Florian Skopik, Thomas Bleier und Roman Fiedler

3.1 Einleitung[1]

Das grundlegende Ziel des Projekts „Cyber Attack Information System" (CAIS) war Methoden, Modelle und Technologien zur Stärkung der Widerstandsfähigkeit von vernetzten kritischen Infrastrukturen und deren Diensten zur Verfügung zu stellen, sowie deren allgemein hohe Verfügbarkeit und Zuverlässigkeit zu gewährleisten. Insbesondere lag der Forschungsschwerpunkt des Projekts auf folgende Herausforderungen:

- **Studium von zukünftigen Cyber-Risiken und Bedrohungen**, insbesondere unter Berücksichtigung der sich wandelnden politischen und wirtschaftlichen Landschaft. Hier wurde die bewährte Delphi-Methode – ein systematisches, interaktives Prognoseverfahren – zusammen mit einer erweiterten Gruppe von Fachexperten angewendet.
- **Evaluierung neuartiger Techniken zur Anomalieerkennung** durch Zusammenführen verfügbarer Netzwerk-Tools für das Log-Daten-Management mit neuen Mustererkennungsansätzen („pattern mining"), die durch Modelle aus dem Bereich der Bio-Informatik inspiriert wurden. Hierbei ist eine hohe Performance und Skalierbarkeit für die großflächige Anwendung in einem nationalen Kontext von größter Bedeutung.
- **Erstellung von hoch modularen Infrastrukturmodellen** welche mehrere vertikale Ebenen umfassen, von der eigentlichen Hardware, über die Perspektive der Datenflüsse und Service-Bereitstellung, bis hin zu inter-organisatorischen Abhängigkeiten.

Florian Skopik ✉ · Thomas Bleier · Roman Fiedler
AIT Austrian Institute of Technology GmbH, Wien, Österreich
e-mail: florian.skopik@ait.ac.at, roman.fiedler@ait.ac.at

[1] Dieses Kapitel basiert auf folgenden Arbeiten: (1) Skopik F., Ma Z., Smith P., Bleier T. (2012): Designing a Cyber Attack Information System for National Situational Awareness. 7th Security Research Conference, September 4–6, 2012, Bonn, Germany. Springer. (2) Skopik F., Bleier T., Fiedler R. (2012): Information Management and Sharing for National Cyber Situational Awareness. *Information Security Solution Conference (ISSE)*, October 23–24, 2012, Brussels, Belgium. Vieweg Verlag.

© Springer-Verlag Berlin Heidelberg 2015   53
H. Leopold et al. (Hrsg.), *Cyber Attack Information System*, Xpert.press,
DOI 10.1007/978-3-662-44306-4_3

- **Entwicklung innovativer Werkzeuge für Angriffssimulationen**, basierend auf den oben genannten Infrastrukturmodellen und Anwendung spieltheoretischer Ansätze sowie agentenbasierter Simulationen, um die Auswirkungen von Angriffen auf vernetzte Infrastrukturen und die Effektivität von Gegenmaßnahmen auf verschiedenen Ebenen und von verschiedenen Ausgangssituationen vorherzusagen.
- **Untersuchung des Einsatzes und die Instanziierung eines Lagezentrums**, basierend auf den Erkenntnissen des Projekts um einzelne Organisationen zu verbinden, Bemühungen zur isolierten Anomalieerkennung zu koordinieren und den Informationsaustausch und gegenseitige Hilfe zwischen Organisationen zu erleichtern.

Das Architekturkonzept von CAIS sieht die Etablierung einer zentralen Instanz, dem Cyber-Lagezentrum vor, an welches Betreiber kritischer Infrastrukturen, d. h. unabhängige Einzelorganisationen, wichtige Meldungen über Sicherheitsvorfälle als auch allgemeine sicherheitsrelevante Informationen, übermitteln. Das Cyber-Lagezentrum nutzt diese Informationen um einerseits staatliche Sicherungsaufgaben zu erfüllen und andererseits kritischen Infrastrukturanbietern Feedback zu aktuellen Cyber-Bedrohungen zu liefern. Die Diskussion vieler Detailfragen bzgl. Rollen, Verteilung von Verantwortlichkeiten, Attraktivierung der Zusammenarbeit und möglicher technischer Unterstützungen waren der Inhalt zurückliegender Forschungstätigkeiten und werden im Folgenden näher dargelegt.

3.2 Situationsbewusstsein für Incident-Response

Von zentraler Bedeutung für ein fundiertes und koordiniertes Vorgehen bei Vorfällen („incidents") im Bereich der Cyber-Sicherheit, ist die Etablierung eines Situationsbewusstseins („situational awareness", SA). Es existieren eine Reihe von Modellen von SA[2, 3], aber die wohl am weitesten verbreitete ist die durch Endsley vorgeschlagene[4], die drei zunehmende Bewusstseinsebenen beschreibt: **Wahrnehmung**, **Verstehen**, und **Projektion**. Aufgrund des sequentiellen Durchschreitens dieser Ebenen wird die Fähigkeit zur Entscheidungsfindung verbessert. Vorangegangene Arbeiten des von der EU geförderten Projekts ResumeNet[5] schlagen eine Zuordnung von Informationsquellen und Mechanismen zu den ersten beiden Ebenen der SA vor (Wahrnehmung und Verstehen), um Schwierigkeiten bzw. Herausforderungen, z. B. Angriffe auf Computernetzwerke, zu identifizieren. Es wird vorgeschlagen, zwei wichtige Informationsquellen für **situative Wahrnehmung**

---

[2] Fracker, M.: Measures of situation awareness: Review and future directions. Tech. Rep. AL-TR-1991-0128, Wright-Patterson Air Force Base, OH: Armstrong Laboratories (1991).

[3] Sarter, N., Woods, D.: Situation awareness: A critical but ill-defined phenomenon. International Journal of Aviation Psychology 1, 45–57 (1991).

[4] Endsley, M.: Toward a theory of situation awareness in dynamic systems. Human Factors 37(1), 32–64 (1995).

[5] Smith, P., Hutchison, D., Sterbenz, J.P.G., Sch¨oller, M., Fessi, A., Doerr, C., Lac, C.: D1.5c: Final strategy document for resilient networking. ResumeNet Project Deliverable (August 2011), http://www.resumenet.eu, letzter Zugriff: 1. November 2014.

Abb. 3.1 Incident-Response-Zyklus mit Einbeziehung von Phasen der Modellierung und der Simulation

zu berücksichtigen: (1) direkte durch Messungen in der Infrastruktur erzeugte Information und (2) Kontext-Informationen, die von außerhalb des Netzwerks bezogen werden, beispielsweise Nachrichten über eine aktuelle Situation. Diese beiden Formen von Information – Netzwerk und Kontext – werden als Beitrag zu verschiedenen Techniken gesehen, die verwendet werden, um **situatives Verständnis** aufzubauen. Es gibt drei vorgeschlagene Ansätze für das Verständnis: (1) Nachweis der Anwesenheit einer Schwierigkeit, z. B. durch die Verfügbarkeit von Anomalie- und Störungsdetektionssystemen, (2) Angaben zu den Eigenschaften der Schwierigkeit, z. B. durch Klassifikation-[6] und Datenfusionstechniken[7], und (3) die Auswirkungen eines Angriffs auf das Netzwerk und die damit verbundenen Dienstleistungen. Darauf aufbauend prognostiziert das Mittel der **situativen Projektion** mögliche zukünftige Situationen, wie das fortgesetzte Verhalten und die Auswirkungen einer Cyber-Attacke. Ein Weg zu näheren Bestimmung von situativer Projektion ist die fortschreitende Simulation eines Cyber-Sicherheits-Vorfalls und die Nutzung der Ausgabe (Daten und Ereignisse) von Mechanismen der Wahrnehmung und des Verständnisses, um die Simulation voranzutreiben. Um diesen Prozess zu unterstützen, wird die Verwendung eines erweiterten **Incident-Response-Zyklus** in CAIS vorgeschlagen.

Kurz gesagt, wird hierbei zwischen einer präventiven (grün; Schritte 1, 2 und 6) und reaktiven (rot; Schritte 3, 4 und 5) Phase im erweiterten Incident-Response-Zyklus unterschieden, wie in Abb. 3.1 gezeigt. Während die präventive Phase sich auf die Identifizierung und Charakterisierung potenzieller Angriffe und den Einsatz nachhaltiger Abwehrmechanismen konzentriert (basierend auf strategischer Information), befasst sich die reaktive Phase mit kurzfristigen Gegenmaßnahmen um diejenigen Attacken zu bekämpfen, die im Gange sind (operative/taktische Informationen).

---

[6] Nguyen, T.T.T., Armitage, G.J.: A survey of techniques for internet traffic classification using machine learning. IEEE Communications Surveys and Tutorials 10(1–4), 56–76 (2008).
[7] Tadda, G., Salerno, J.J., Boulware, D., Hinman, M., Gorton, S.: Realizing situation awareness within a cyber environment. In: Multisensor, Multisource Information Fusion: Architectures, Algorithms, and Applications. Orlando, FL, USA (April 2006).

Der Zyklus beginnt mit der Schaffung eines Infrastrukturmodells und der Simulation von potenziellen Bedrohungen und künftigen Angriffen („**(1) Future Threat Simulation**"). Das Infrastrukturmodell besteht aus gesammelten Informationen aus Organisationen, die im vorgeschlagenen nationalen CAIS Framework teilnehmen – solche Informationen sind in der Regel im Asset-Management-System eingepflegt. Die Bedrohungen, die simuliert werden, können durch eine Reihe von Möglichkeiten identifiziert werden, wie z. B. durch Datenbanken von CERTs und durch Bedrohungs- und Schwachstellen-Analyse-Techniken. Die Ergebnisse dieser Simulationen fördern das Verständnis von potentiellen Auswirkungen von Angriffen. Auf Basis der Simulationsergebnisse, kann ein Beitrag zu einer geeigneten Risikobewertung gebildet werden, während der Einsatz von Mechanismen für einen umfassenden Schutz in der nächsten Stufe („**(2) In-depth Protection**") durchgeführt wird. Insbesondere sollten diese Mechanismen, wie bereits erwähnt, zum Aufbau situativer Wahrnehmung und Verständnisses mit einbezogen werden. Um CAIS erfolgreich etablieren zu können, sind zusätzliche Schnittstellen für einen Export von Monitoring-Daten und Alarmen erforderlich, um dadurch die verschiedenen Mechanismen zum situativen Verständnis verwenden zu können. Sobald eine Anomalie, z. B. ein Angriff, erkannt wird („**(3) Anomaly Detection**"), werden ihre möglichen Auswirkungen auf die gesamte Infrastruktur anhand der Modelle und der Simulation aus dem ersten Schritt beurteilt („**(4) Potential Impact Evaluation**"). Das Ziel dieser Simulationen ist es herauszufinden, wie sich eine Anomalie kontinuierlich in den Infrastrukturen der an CAIS beteiligten Organisationen auswirkt. Die Untersuchung möglicher Auswirkungen erlaubt fundierte und gezielte Gegenmaßnahmen, um negative Effekte zu mildern („**(5) Immediate Effect Mitigation**"). Nachdem ein aktueller Angriff erfolgreich abgewehrt wurde, müssen die grundlegenden (präventiven) Sicherheitsplanungen und Maßnahmen aktualisiert werden („**(6) Defense Update and Planning**"), um die Resilienz gegen zukünftige Bedrohungen gewährleisten zu können. Diese Phase schließt den Zyklus. Basierend auf diesem erweiterten Incident-Response-Zyklus, können daraus eine Reihe von Aufgaben für die in CAIS teilnehmenden Organisationen abgeleitet werden.

3.3 CAIS Stakeholder-Verantwortlichkeiten

Das Grundprinzip zur Etablierung von Situationsbewusstsein auf nationaler Ebene, und damit das Ableiten einer nationalen Cyber-Incident-Response-Strategie stützt sich auf das Sammeln von Informationen aus einzelnen Organisationen, die am Betrieb kritischer Infrastrukturen beteiligt sind. Stakeholder, d. h. **einzelne Organisationen** und ein **nationales Cyber-Lagezentrum**, haben in CAIS zahlreiche Aufgaben, wie sie nachfolgend diskutiert werden.

3.3.1 Zuständigkeiten von Einzel-Organisationen

Zu Einzelorganisationen im CAIS Framework gehören Betreiber kritischer Infrastrukturen, z. B. Unternehmen wie Banken, Energie- und Wasserversorger, Telekommunikations-Netzbetreiber, und so weiter. Gemeinsam bieten sie IKT-gekoppelte vernetzte kritische Infrastrukturen an, wovon unsere Gesellschaft abhängig ist, und haben eine Reihe von Aufgaben im CAIS:

1. **Asset Management**, das heißt, zu wissen, welche Hard- und Software(version) wie und wo eingesetzt wird, sowie den Aufbau der eigenen Infrastruktur, was die Grundlage für die Bestimmung der Anfälligkeit gegen Bedrohungen/Malware und Identifikation von Schwachstellen ist.
2. **Infrastrukturmonitoring** spiegelt die gründliche Beobachtung und Protokollierung des eigenen Netzwerkverkehrs mittels z. B. Firewall-Logs, Proxy-Protokollen, DNS-Abfrage-Logs, wieder. Dies ist die Grundlage für die Entdeckung und Verfolgung von Anomalien, die möglicherweise durch anhaltende Angriffe verursacht werden können.
3. **Unternehmensweite Anomaliedetektion** kann durch Aggregation, Korrelation und Analyse von verteilten Netzwerk-Logs von verschiedenen Geräten, Services und Komponenten erforderlich sein, um auf lokaler Ebene Exploits zu identifizieren und darauf zu reagieren.
4. **Lokale Behandlung von Sicherheitsvorfällen** befasst sich mit der Bereitstellung von sofortigen Gegenmaßnahmen, sobald ein Angriff erkannt wurde, um die unmittelbaren Auswirkungen bestmöglich zu mildern.
5. **Berichterstattungen** an das nationale Cyber-Lagezentrum ermöglichen die Einrichtung von Situationsbewusstsein in einem größeren Maßstab. Neben tatsächlich identifizierten Angriffe und Bedrohungen, können ggf. auch relevante Asset-Konfigurationen gemeldet werden, sodass das Cyber-Lagezentrum die Anfälligkeit einer Organisation gegenüber Angriffen besser abschätzen kann.

Zusätzlich zu Organisationen, die kritische nationale Infrastrukturen bereitstellen, können auch jene an CAIS teilnehmen, die Sicherheitsleistungen im Zusammenhang mit Tools und Informationen, wie CERT und Sicherheitsunternehmen (z. B. Antivirus-Software-Unternehmen) anbieten. Ihre Rolle innerhalb CAIS ist in der Regel das Erfüllen von zwei der fünf Aufgaben aus der obigen Liste. Darüber hinaus können sie Anbieter von kritischen Infrastrukturen mit ihrer Teilnahme an CAIS unterstützen.

3.3.2 Zuständigkeiten des Nationalen Lagezentrums

CAIS schlägt vor, dass das nationale Cyber-Lagezentrum Informationen von einzelnen Organisationen sammelt, landesweites Situationsbewusstsein (z. B. in Form eines **technischen Lagebildes**) entwickelt, und Handlungsempfehlungen für die effektive Reaktion auf Sicherheitsvorfälle, sowie langfristige Empfehlungen zur Erhöhung der Resilienz gibt. Das nationale Cyber-Lagezentrum soll dabei als vertrauenswürdiger Dritter agieren und zum Beispiel zwischen öffentlichen und privaten Organisationen koordinieren. Entsprechend hat dieses eine Reihe von Aufgaben:

1. **Kollektives Assetmanagement** fasst Asset-Informationen von beteiligten Organisationen zusammen. Dies ist ein wichtiger Aspekt, z. B. für die Abschätzung der Auswirkungen der Verbreitung von Malware oder für zielorientierte Planung von Gegenmaßnahmen.
2. **Zentrale Berichtserhebung und -auswertung** ermöglicht dem Cyber-Lagezentrum über die IKT-Zustände einzelner Organisationen informiert zu sein und welche Sicherheitsvorfälle diese zu bewältigen hatten.
3. **Komplexe Angriffssimulationen** werden verwendet, um die Ursachen und Auswirkungen von bestimmten Angriffen zu bewerten. Diese Simulationen verwenden Infrastrukturmodelle, die aus Daten aus dem Asset-Management generiert werden und darüber hinaus den organisatorischen Status nach den jüngsten Berichten berücksichtigen. Auf diese Weise können die Auswirkungen anhaltender Angriffe auf nationaler Ebene abgeschätzt (das ist besonders wichtig für den Umgang mit koordinierten Angriffen), sowie verschiedene Szenarien für Gegenmaßnahmen getestet und identifiziert werden, bevor diese überhaupt zum Einsatz kommen.
4. **Etablierung eines Situationsbewusstseins (techn. Lagebild)** durch die Kombination aus (i) übermittelten Informationen einzelner Organisationen, (ii) gesammelte Informationsdaten aus Simulationen, und (iii) der Koordinierung mit internationalen Cyber-Zentren (ähnlich wie CERT heute).
5. **Koordinierte Planung von Gegenmaßnahmen** beschäftigt sich mit der Suche nach einem effektiven Weg, um Auswirkungen anhaltender Angriffe abzuschwächen, und schließlich wieder einen normalen Betriebszustand herzustellen.
6. **Beratungen und Empfehlungen, unter Berücksichtigung von Datenschutz-rechtlichen Aspekten** sind die Mittel, um angegriffene Organisationen (und auch potenzielle künftige Ziele) zu informieren, wie das Unternehmensnetzwerk und deren Komponenten zu konfigurieren, aktualisieren oder neu zu gestalten sind, um offene Sicherheitslücken zu schließen und somit die Infrastrukturen in Bezug auf Sicherheit zu stärken.

3.4 Eine Architektur für ein Cyber Attack Information System

Aufbauend auf den zuvor präsentierten erweiterten Incident-Response-Zyklus (welcher die Entwicklung von Endsleys drei Ebenen der SA erleichtert), und den Akteuren und ihrer Rollen, wurde eine High-Level-Architektur eines nationales Cyber-Attacken-Information-Systems entwickelt.

Die CAIS Architektur (Abb. 3.2) beschreibt übersichtlich den erforderlichen Fluss von Informationen und Aktivitäten, um zwei **Incident-Response-Zyklen**, einerseits innerhalb einer einzelnen Organisation und andererseits national im Cyber-Lagezentrum, zu implementieren. Darüber hinaus identifiziert die Architektur die notwendigen Datenbanken und deren Schnittstellen zwischen den Akteuren Einzelorganisation und Lagezentrum, um den Betrieb, von CAIS zu ermöglichen. Als nächstes wird kurz die Funktionsweise der organisatorischen und nationalen Aspekte der Architektur zusammengefasst. Im Anschluss daran werden die notwendigen personellen Ressourcen, einschließlich deren Zuständigkeiten und Aufgaben, identifiziert.

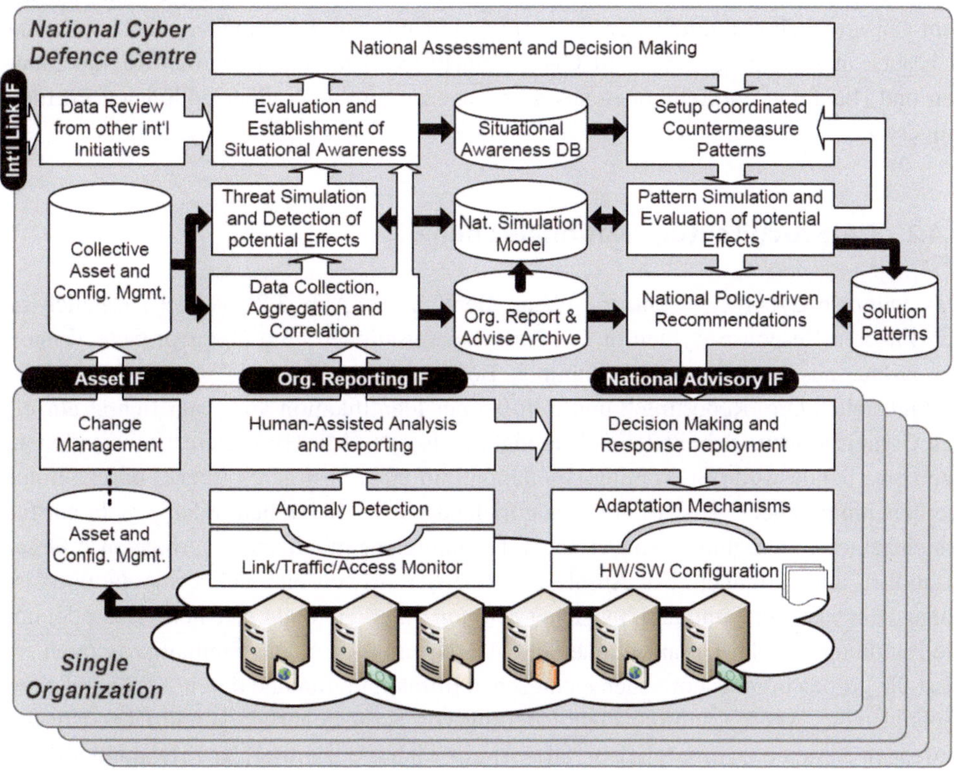

Abb. 3.2 High-level Architektur für ein nationales CAIS

3.4.1 CAIS Architektur – Organisationsebene

Jede Organisation (unterer Bereich von Abb. 3.2) betreibt im Wesentlichen eine eigene Infrastruktur, um ihre Geschäftsprozesse zu unterstützen. Die Überwachung von Verbindungen, Verkehrs- und Service-Zugänge ist state-of-the-art in der IT-Administration. Im Falle von (meist automatisch) erkannten Anomalien (z. B. ein ausgelöster Alarm eines Intrusion Detection Systems), wird eine menschlich gestützte Analyse durchgeführt; erstens, um herauszufinden, ob es sich überhaupt tatsächlich um einen Angriff handelt, und zweitens, welche Dienste betroffen sind. Basierend auf diesen Untersuchungen wird eine Entscheidung für die Lösung dieser Probleme durch einen Sicherheits-Manager (CISO) getroffen und Gegenmaßnahmen durch das Sicherheitspersonal durchgeführt. Diese können beispielsweise die Anpassung oder Neukonfiguration von Hardware oder Software umfassen.

Während solche **internen** Incident-Response-Zyklen in der einen oder anderen Form in der Regel heute in jedem professionellen IT-Umfeld angewendet werden, existiert eine Erweiterung durch den CAIS Ansatz. Hier sollen die Ergebnisse der menschlich gestützten Analyse dem Cyber-Lagezentrum gemeldet werden, wo Berichte von Organisationen aus dem ganzen Staat gesammelt werden. Um lokal identifizierte Anomalien zu beheben und sich auch in Zukunft gezielter auf Cyber-Angriffe vorzubereiten, werden Rückmeldungen und Handlungsempfehlungen aus dem Lagezentrum nach einer optionalen Prüfung umgesetzt.

3.4.2 CAIS Architektur – Nationale Ebene

Das nationale Cyber-Lagezentrum (oberer Bereich von Abb. 3.2) wendet zusätzlich zu den Incident-Response-Zyklen in den Einzelorganisationen eine übergeordnete Version des Zyklus aus Abb. 3.1 an. Es sammelt Berichte über erkannte Cyber-Zwischenfälle (Schnittstelle „Org. Reporting") und hilft bei der Identifikation von Angriffen in einzelnen Organisationen (Schnittstelle „National Advisory"). Mit Hilfe dieser Informationen, kann eine bundesweite Bedrohungssimulation (auf einer abstrakten Ebene) durchgeführt werden, um mögliche Auswirkungen stattfindender Angriffe zu beurteilen – nicht nur für ein einzelnes Unternehmen, sondern auch für zahlreiche miteinander verbundenen Organisationen und Domänen. Ein Ansatz zur Realisierung von nationalen Simulationen ist ein agentenbasierter Simulator[8], welcher autonom interagierende Agenten verwendet um die Handlungen realer Organisationen in CAIS zu simulieren. Das Simulationsmodell erfasst die groben organisatorischen technischen Infrastrukturen und deren Abhängigkeiten (Schnittstelle „Asset"), um die Identifizierung von Kaskadeneffekten und Übersicht der laufenden Systeme zu ermöglichen. Dies ist ein wichtiger Beitrag zur Erlangung von Si-

---

[8] Macal, C.M., North, M.J.: Tutorial on agent-based modelling and simulation. Journal of Simulation 4, 151–162 (2010).

tuationsbewusstsein und letztlich auch für nationale Entscheidungen; wie zum Beispiel die Förderung strategisch relevante Infrastrukturentwicklungen. Die Bewertung von Entscheidungen noch vor deren Realisierung wird durch das Anwenden entsprechender Änderungen im Simulationsmodell und Durchführen von Simulationen von früheren Angriffen ermöglicht. Daher kann die verbesserte Widerstandsfähigkeit der gesamten Infrastruktur evaluiert werden und schließlich die Strategie mit dem besten Preis-Leistungs-Verhältnis an die betroffenen Organisationen (unter Verwendung der Schnittstelle „National Advisory") verbreitet werden.

3.4.3 Rollen, Interaktionen und Informationsaustausch

Um den vorgeschlagenen CAIS Ansatz umsetzen zu können, müssen dezidierte Verantwortlichkeiten auf bestimmte Rollen übertragen werden. Zu diesem Zweck zeigen Tab. 3.1, 3.2 und 3.3 exemplarisch, welche Rollen in CAIS vorgesehen und was deren Aufgaben sind. Diese Rollen sind unabdingbar um (1) eine schnelle Reaktion auf Sicherheitsvorfälle innerhalb einer Organisation zu gewährleisten; (2) um eine langfristige strategische Entwicklung der nationalen IKT Infrastrukturen zu einem resilienten Gesamtsystem zu ermöglichen, und (3) nationale Assets als essentiellen Teil für Simulation und Risikobewertung zu verwalten.

Tab. 3.1 Rollen innerhalb einer Organisation

Rolle	Kompetenzen und Aufgaben
Network Operation Centre (NoC)	Betrieb der technischen Infrastruktur; Überwachung des Zustandes; Anomalieerkennung; Ergreifen von angeordneten Gegenmaßnahmen im Falle eines Angriffs
Security Team	Menschlich-unterstützte Bedrohungsanalyse, Berichterstattung von Sicherheitsvorfällen an den CISO und die organisationsinterne Kontaktperson (PoC = Point of Contact)
Chief (Information) Security Officer (CISO)	Entscheidungsfindung; Überblick über den Status angebotener Dienstleistungen; generelle Verantwortung bzgl. Aufrechterhaltung des techn. Betriebs
Head of IT	Entscheidungsfindung zusammen mit dem CISO; strategische (Investitions-)entscheidungen und Umsetzung von Handlungsempfehlungen vom Cyber-Lagezentrum; Freigabe der Berichtslegung an das Cyber-Lagezentrum durch das Security Team

Tab. 3.2 Rollen im Cyber-Lagezentrum zur Behandlung von Incidents

Rolle	Kompetenzen und Aufgaben
Organizational Report PoC	Sammeln von Berichten der einzelnen Organisationen; Kontakt mit privaten Unternehmen z. B. beim Einholen weiterer Informationen
Data Analyst	Durchsicht und Bewertung von Meldungen, Aufbau eines taktischen/operativen Lagebildes
Simulation Task Force	Infrastruktursimulationen, Entwicklung von Gegenmaßnahmen und Entwicklung langfristiger Sicherheitslösungen (im Zuge eines strategischen Lagebildes)
National Security Council	Nationale Entscheidungsfindung über die strategische Entwicklung und Unterstützung der IKT Infrastrukturanbieter
Advisory PoC	Weiterleiten von Handlungsempfehlungen an Heads of IT in den einzelnen Organisationen

Tab. 3.3 Rollen für zentrales Asset Management

Rolle	Kompetenzen und Aufgaben
National Asset Manager	Anfragen an Einzelorganisationen zu deren Assets (eingesetzte Hard- und Software). Einpflegen dieses Wissens in ein strategisches Lagebild

Darüber hinaus zeigt Abb. 3.3 die Beziehungen zwischen den definierten Rollen und wie ein erkannter Sicherheitsvorfall bzw. Angriff weiterkommuniziert wird. Der Start erfolgt beim Network Operation Centre, welches die IKT Infrastruktur überwacht (O1), Alle blauen Elemente (die vier untersten) repräsentieren Aktionen in einer Organisation (O1 bis O7), die Infrastrukturüberwachung, Anomalieerkennung, Berichterstattung, Entscheidungsfindung, Ergreifen von Gegenmaßnahmen, und optionale Infrastrukturanpassungen.

Die schwarzen Elemente zeigen Rollen und deren Interaktionen innerhalb des Cyber-Lagezentrums (N1 bis N11), wie beispielsweise das Sammeln der Berichte von Einzelorganisationen, das Zusammenführen und Auswerten der enthaltenen Informationen, das Herstellen von Situationsbewusstsein, das in Kenntnis setzen der Entscheidungsträger, Simulation von Gegenmaßnahmen, Auswahl geeigneter Strategien im Umgang mit einem Angriff, und Verständigung der Einzelorganisationen.

Die roten Elemente behandeln das zentrale Asset Management, welches eine wichtige Informationsgrundlage (im Einsatz befindliche Hardware und Software, angebotene Dienste der Einzelorganisationen etc.) für den Data Analyst und die Simulation Task Force darstellt (A1 bis A2).

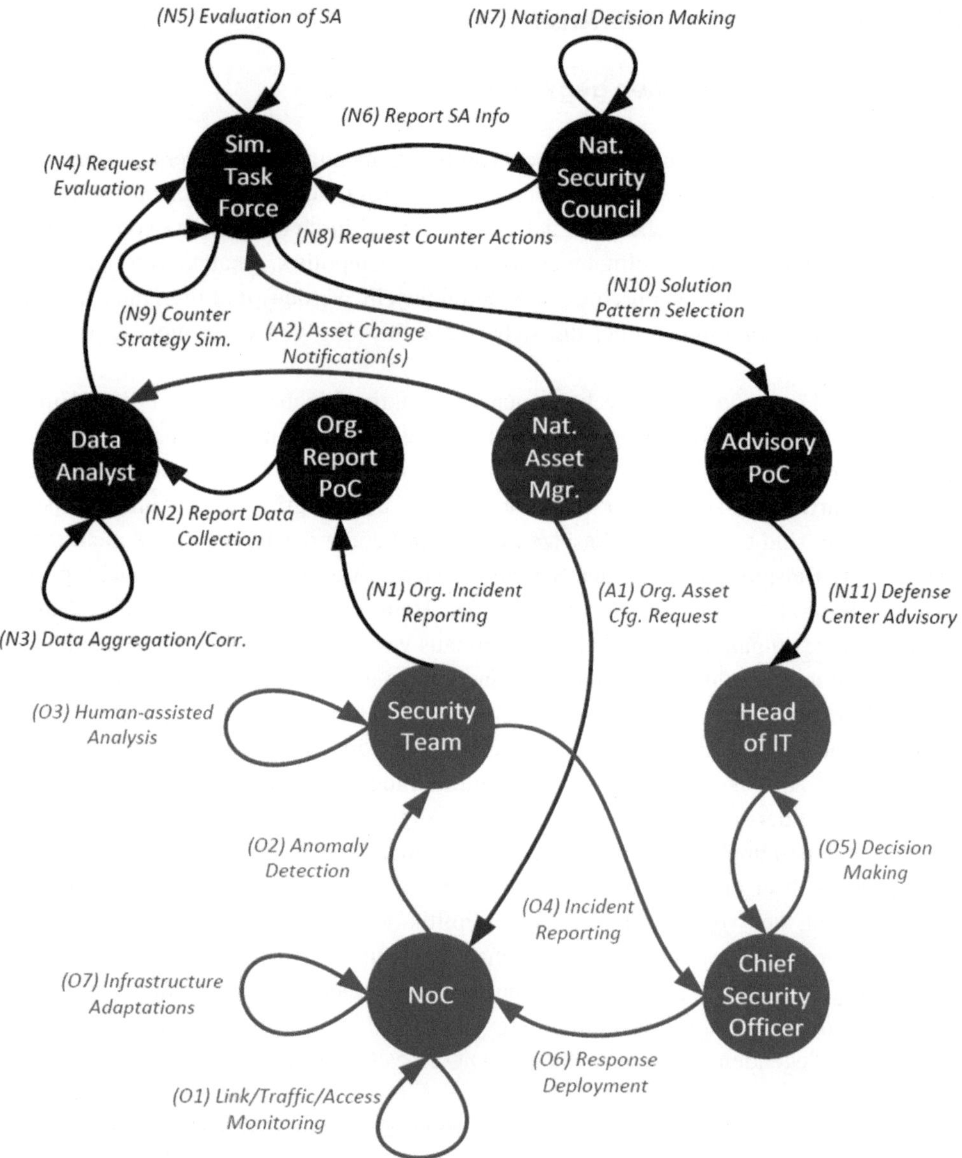

Abb. 3.3 Sequentielle Schritte zur Behandlung von Sicherheitsvorfällen: (O)rganisationsebene, (N)ationale Ebene, (A)sset Management

3.5 Anwendung des CAIS-Ansatzes

3.5.1 Schutzmechanismen gegen Cyber-Angriffe

Heute werden hauptsächlich zwei Formen von Schutzmechanismen unterschieden: Erstens, proaktive Mittel zielen auf die Vermeidung von erfolgreichen Attacken und Malware-Infektionen ab, so weit dies eben möglich ist. Dies wird durch den Einsatz von Firewalls und Filtern, Implementierung effizienter Software-Updatepolitik, Analyse von Frühwarninformationen (welche z. B. durch CERTs bereitgestellt werden) und die Durchführung von Endbenutzer-Schulungen über die sichere Handhabung von Computersystemen ermöglicht.

Die zweite Form von Schutzmechanismen sind reaktive Mechanismen, wie Anti-Viren-Programme und Intrusion Detection-Systeme, welche versuchen bereits erfolgreiche Einbrüche oder Infektionen mit Malware zu erkennen. Beide Schutzformen haben sich bisher bewährt. Da Systeme aber immer komplexer und Angriffe darauf immer ausgefeilter werden, sind traditionelle Ansätze oft für den Schutz der IKT-Systeme nicht mehr ausreichend. Beispielsweise helfen Signatur-basierte Anti-Virus-Systeme nicht gegen Zero-Day-Exploits.[9] Auch mittlerweile gängige Heuristiken können mit maßgeschneiderter Malware umgangen werden. Darüber hinaus werden Firewalls und handelsübliche IDS/IPS Software oft durch Verschleierungsmethoden ausgetrickst – kurz gesagt, gibt es viele Bedrohungen, die nicht vermeidbar sind. Aus diesem Grund ist schon seit einiger Zeit ein Paradigmenwechsel in der IT-Sicherheit zu beobachten, weg von rein präventiven Systemen zu reaktiven Ansätzen. Die zugrundliegende Annahme ist, dass ab einer gewissen Größe der Infrastruktur „erfolgreiche" Angriffe unvermeidbar sind, aber in diesem Fall sollen schnellstmöglich effektive Gegenmaßnahmen ergriffen werden. Dieser Paradigmenwechsel erfordert auch ein massives Umdenken innerhalb der betroffenen Organisationen, weg von einer traditionellen Politik der Vermeidung von Sicherheitsvorfällen zu einer Politik der angemessenen Behandlung zur effektiven Schadensbegrenzung. Neue intelligente Ansätze zur Identifizierung von Anomalien, Zusammenführen und Analyse von Informationen, sowie Etablierung von Prozessen zur angemessenen Reaktion sind die grundlegenden Mechanismen dazu. Diese besitzen folgende Eigenschaften:

- Risiko-basiert: Die wichtigsten Assets müssen vorab identifiziert und klassifiziert werden um darauf aufbauend die schützenswertesten Güter zu bestimmen. Eine Organisation kann aus rein wirtschaftlichen Überlegungen heraus nicht alle Assets gleich gut schützen.
- Kontextuell: Die massive Sammlung von Daten ermöglicht es die Anwendung moderner Mustererkennungsalgorithmen um Anomalien zu identifizieren („big data ana-

---

[9] Crandall, Jedidiah R., et al. „On deriving unknown vulnerabilities from zero-day polymorphic and metamorphic worm exploits." Proceedings of the 12th ACM conference on Computer and communications security. ACM, 2005.

lytics"). Das Wissen um dominierende Ereignisse und relevante Zusammenhänge ist essentiell um mögliche Angriffe frühzeitig erkennen zu können.

- Agil: Gegenmaßnahmen dürfen nicht erst Tage oder Wochen später ergriffen werden, sondern müssen im Falle eines Angriffs unmittelbar erfolgen, um den Schaden so weit als möglich zu begrenzen.

Obwohl zielgerichtete Angriffe mit maßgeschneiderten Werkzeugen meist in jedem Fall anders verlaufen, ist ihre Erscheinung am und Wirkung auf das IKT-Netz oft sehr ähnlich, zum Beispiel beim Initiieren einer „Calling Home Function" können gleichartige Einträge in DNS-Logs in unterschiedlichen Systemen präsent sein. Log Daten-Mining, im Grunde genommen ein reaktiver Ansatz („ein Einbruch in das Netz ist erfolgreich, aber größerer Schaden noch nicht verursacht"), ist ein vielversprechendes Mittel um zielgerichtete Angriffe zu erkennen, insbesondere wenn Anomalien über Systemgrenzen hinweg auftreten und gegeneinander abgeglichen werden können. CAIS verfolgt daher einen Ansatz der es erlaubt, Ereignisse in Netzwerken und daran angeschlossenen Systemen zu klassifizieren, Beziehungen zwischen diesen herzustellen und letztendlich ein Modell der „normalen" Systemnutzung zu generieren. Dies ist die Basis für die Erkennung von Anomalien, d. h. Abweichungen von der „normalen" Systemnutzung. Dieser Ansatz ist nicht dazu gedacht bestehende Sicherheitsmechanismen zu ersetzen, sondern sie sinnvoll zu ergänzen.

3.5.2 Agile und Gemeinschaftliche Anomalieerkennung

3.5.2.1 Anforderungen und Übersicht

Im Gegensatz zu vielen heute üblichen Net-Flow-Analyse-Ansätzen[10], stützt sich der in CAIS eingesetzte Anomalieerkennungsmechanismus auf Logdaten. Hierbei wird nicht nur eine Quelle (eben die an einer Stelle aufgezeichneten Net-Flows) genutzt, sondern eine Vielzahl von in der ganzen Infrastruktur verteilten Quellen, in diesem Fall Logdaten. Das Ziel dieses Ansatzes ist es, zusätzlich zur Entdeckung von Angriffen auf einzelne Geräte, auch verteilte und koordinierte Angriffe zu erkennen, vor allem wenn sie sich in verschiedenen Log-Quellen manifestieren, wie z. B. DNS-Lookups, Firewall-Logs und Applikationsserver-Ereignisse.

Grob dargestellt beinhaltet der CAIS-Ansatz zur Anomalieerkennung innerhalb einer Organisation folgende Schritte:

1. Identifikation von Logdatenquellen kritischer Systeme,
2. Etablierung eines automatischen Analysesystems zum Monitoring der Logdaten,

---

[10] Moore, Andrew W., and Konstantina Papagiannaki. „Toward the accurate identification of network applications." Passive and Active Network Measurement. Springer Berlin Heidelberg, 2005. 41–54.

3. Kontinuierliche Auswertung der Monitoringergebnisse und Analyse erkannter Anomalien,
4. Berichterstattung über relevante Anomalien und schwerwiegender Angriffe an ein Lagezentrum,
5. Sammlung und strategische Bewertung dieser Berichte auf nationaler Ebene,
6. Periodisches Anpassen der eingesetzten Sicherheitslösungen an aktuelle Erfordernisse (Bedrohungen, Risiken).

Daraus abgeleitet ergeben sich die folgenden Anforderungen an eine CAIS Systemimplementierung auf **Organisationsebene** (vgl. dazu auch Abb. 3.2):

Log-Daten-Management effizientes Zusammenführen von Log-Daten in unterschiedlichen Formaten, zeit- und quellbasierte Zusammenführung von Ereignissen, Zeitstempelkorrekturen um eine konsistente Zeitbasis zu gewährleisten; konfigurierbare Datenkompression aufgrund hohen Datenaufkommens.

Daten-Analyse adaptive Ereignisklassifizierung mit dynamischen Ereigniskategorien (nicht nur vordefinierte Ereignisse, sondern Anwendung von Machine Learning Algorithmen), Ereignis-Clustering (Korrelation, Gemeinsamkeiten) und Bewertung, regelbasierte Anomalieerkennung mit einer Mischung aus statischen benutzerdefinierten Regeln und dynamischen zur Laufzeit erstellten Regeln.

Bewertung und Berichterstattung menschliche Bewertung und Priorisierung von erkannten Anomalien; Abstraktion der Daten zum Schutz der Privatsphäre und für effiziente Berichtsübermittlung an ein Cyber-Lagezentrum.

Auf **nationaler Ebene** wurden die folgenden Anforderungen an CAIS ermittelt:

Daten-Aggregation skalierbare Sammlung von Berichten der Einzelorganisationen, zentralisiertes Berichtsmanagement, anwendbare Datenfusionstechniken.

Simulation und Evaluierung angemessene Infrastrukturmodelle für die Simulation, möglichst Tool-optimierte Dateneingabe um die Simulation zu parametrisieren, leistungsstarke aber v. a. realitätsgetreue agentenbasierte Simulation.

Unterstützung und Handlungsempfehlungen Entscheidungsfindung im Falle eines großflächigen Angriffs auf nationaler Ebene, schnelle aber koordinierte Verständigung/Vorwarnung von Einzelorganisationen im Falle einer Attacke und Übermittelung von Handlungsempfehlungen, Hilfestellung um Auswirkungen eines Angriffs zu lindern, z. B. durch gegenseitige Hilfeleistung.

3.5.2.2 Incident-Response-Prozess auf Organisationsebene

Die Features des CAIS-Ansatzes zum Erkennen von Anomalien auf Organisationsebene (vgl. Kap. 5) können entsprechend der zuvor beschriebenen fundamentalen Anforderungen wie folgt gruppiert werden:

1. **Log-Daten-Management und Aufbereitung** beinhaltet das Sammeln von Log-Informationen aus zahlreichen Quellen mit einer Vielzahl von Protokollen und Formaten, sowie das Ablegen in einer konsistenten Form in einer zentralen Log-Datenbank.
2. **Anomalieerkennung** beschäftigt sich mit der eigentlichen Entdeckung von Situationen bzw. zugrundeliegender Ereignisse, die sich von alltäglichen Situationen unterscheiden. Die Anomalieerkennung sollte im Sinne eines effektiven und kostengünstigen Betriebs mit minimalem menschlichem Aufwand arbeiten und auch bei der Inbetriebnahme/Wartung nur wenig Konfigurationsaufwand verursachen.
3. **Berichterstattung und Konfiguration** implementiert eine Administrationsoberfläche, die die Abstimmung des gesamten Systems auf der einen Seite, und die Entgegennahme der Berichte über wichtige Ereignisse auf der anderen Seite ermöglicht.

Die Umsetzung auf Organisationsebene folgt dem Prozess in Abb. 3.4. Jede Einzelorganisation durchläuft dabei fünf essentielle Schritte um wertvolle Informationen über ihre IKT-Assets und deren Zustand zu sammeln. Damit wird Situationsbewusstsein auf Organisationsebene hergestellt. In aller Kürze gesagt, manifestieren sich signifikante Ereignisse in Log-Daten, wie z. B. Login-Versuche, Service-Aufrufe, Ressourcenzuteilungen etc. Diese Ereignisse werden extrahiert, bewertet und zueinander in Beziehung gesetzt. Letztendlich wird daraus ein Report erstellt, welcher – grob gesagt – einen Überblick über aufgetretene (interessante) Ereignisse in einer gewissen Zeitspanne (etwa an einem Tag) beinhaltet. Dieser Bericht kann in Folge interpretiert und mit historischen Daten verglichen werden um so Abweichungen im Nutzungsverhalten einer IKT-Infrastruktur zu ermitteln. Hier setzt dann der eigentliche (klassische) organisationsinterne Incident-Response-Zyklus an. Zusätzlich wird ein Auszug dieses Statusreports, insbesondere im Falle eines schwerwiegenden Angriffs, an das Cyber-Lagezentrum übermittelt, wo dieser

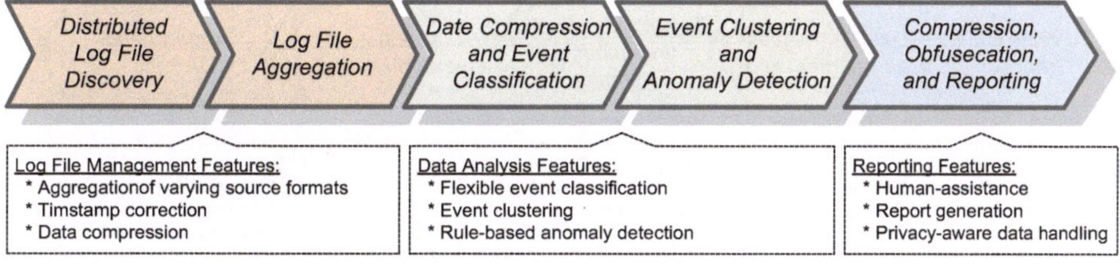

Abb. 3.4 Anomalieerkennungsprozess innerhalb einer Organisation

weiteren Analysen unterzogen wird. Wichtig dabei ist auch anzumerken, dass das System weder feingranulare Log-Daten über Organisationsgrenzen hinweg weitergibt, noch vollautomatisch Bericht erstattet. In letzter Instanz hat immer der Mensch die Kontrolle darüber, welche Sicherheitsvorfälle an das Cyber-Lagezentrum gemeldet werden sollen.

3.5.2.3 Incident-Response-Prozess im Nationalen Cyber-Lagezentrum

Auf nationaler Ebene innerhalb des Cyber-Lagezentrums müssen entsprechend dem CAIS Ansatz die folgenden Features implementiert werden:

1. **Datenaggregation** befasst sich mit dem Sammeln und Verwalten von Statusmeldungen der Einzelorganisationen. Skalierbare Systeme müssen hierfür eingesetzt werden, welche die zu erwartenden hohen Datenaufkommen handhaben können.
2. **Simulation und Evaluierung** (vgl. Kap. 4) wird zur Analyse der aktuellen Bedrohungslage aus einer nationalen Perspektive angewendet. Durch Korrelation und Vergleich der übermittelten Statusreports können auf staatlicher Ebene auch Gemeinsamkeiten von Sicherheitsvorfällen eingesehen und so auch verteilte Attacken bzw. gleichzeitig stattfindende Angriffe, potentiell das Ergebnis eines Zero-Day-Exploits, identifiziert werden.
3. **Unterstützung und Empfehlungen:** Ohne aktive Zusammenarbeit und Koordination durch das Cyber-Lagezentrum müsste jede betroffene Organisation auf sich alleine gestellt mit einem koordinierten Angriff umgehen. Jedoch, mit einem etablierten Lagezentrum können Angriffe schneller erkannt und effektivere – und v. a. nachhaltige – Gegenmaßnahmen geplant und realisiert werden, sowie Erfahrungen im Umgang mit Incidents ausgetauscht werden.

Wie in Abb. 3.5 dargestellt sammelt das Cyber-Lagezentrum Statusmeldungen von Einzelorganisationen, bewertet und vergleicht diese – im Speziellen von Organisationen die in der gleichen Domäne angesiedelt sind. Auf diese Weise kann das Lagezentrum die Situation über Organisationsgrenzen hinweg aus nationaler Sicht bewerten. Das Resultat dieser Bewertung kann auch in eine Simulation potentieller oder sogar bereits stattfindender Angriffe einfließen, um so effektive Gegenmaßnahmen zu ermitteln. In diesem Schritt kommt das Modellierungs- und Simulationswerkzeug, welches in CAIS entwickelt wurde

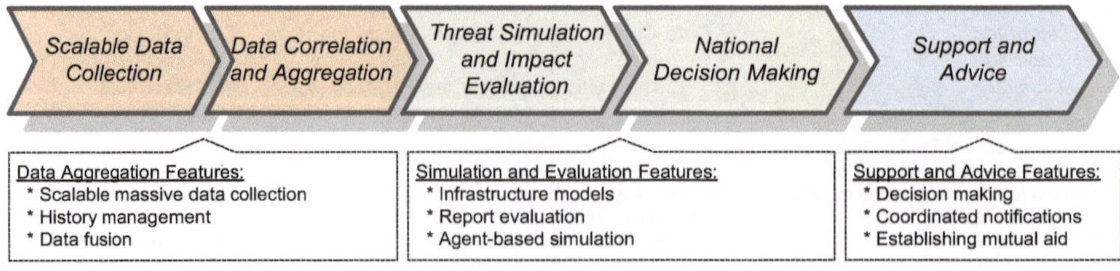

Abb. 3.5 Incident-Response auf nationaler Ebene

(vgl. Kap. 4) zum Einsatz. Mit dessen Hilfe kann, neben möglichen Gegenmaßnahmen, auch der weitere Verlauf eines großflächigen Angriffs besser vorhergesagt/hochgerechnet werden, sofern der genaue Angriffsvektor ermittelt werden konnte. Die gewonnenen Erkenntnisse fließen in den nationalen Entscheidungsprozess zur Bewältigung eines großangelegten Angriffs ein, und gezielte Gegenmaßnahmen, die Einzelorganisationen bei ihren jeweiligen IKT-Infrastrukturen zu treffen haben, werden mit diesen gemeinsam erarbeitet und kommuniziert.

Modellierung und Simulation kritischer IKT-Infrastrukturen und deren Abhängigkeiten

4

Simon Tjoa und Marlies Rybnicek

4.1 Einleitung

Mehr denn je zuvor hängen Staaten von der korrekten Funktionsweise kritischer Infrastrukturen ab. Um die erforderlichen Dienstleistungen zu erbringen, sind kritische Infrastrukturanbieter zunehmend auf Informations- und Kommunikationstechnologien angewiesen.

Das persönliche, soziale und wirtschaftliche Wohl unserer Gesellschaft ist stark durch die erbrachten Dienstleistungen kritischer Infrastrukturen geprägt.[1] Das Bundesamt für Sicherheit in der Informationstechnik (BSI) definiert den Begriff kritische Infrastruktur als „… *Organisationen und Einrichtungen mit wichtiger Bedeutung für das staatliche Gemeinwesen, bei deren Ausfall oder Beeinträchtigung nachhaltig wirkende Versorgungsengpässe, erhebliche Störungen der* öffentlichen *Sicherheit oder andere dramatische Folgen eintreten würden.*"[2]

Um trotz der stetig steigenden Bedrohungen Dienstleistungen in der geforderten Qualität und Zuverlässigkeit zu erbringen, ist es unabdingbar ein ausgezeichnetes Verständnis über interne und externe Verbindungen/Abhängigkeiten zu haben. Dadurch ist es möglich die Auswirkungen von Bedrohungen auf die nationale kritische Infrastrukturlandschaft (z. B.: ökonomische Schäden) zu analysieren und entstehende Kaskaden- und Dominoeffekte zu bewerten.

In diesem Kapitel wird ein Ansatz – welcher im Rahmen des KIRAS-Forschungsprojekts Projekt CAIS entwickelte wurde – vorgestellt. Dieser Ansatz verwendet agentenba-

Simon Tjoa · Marlies Rybnicek ✉
Fachhochschule St. Pölten GmbH, St. Pölten, Österreich

[1] Mansfield, N. (2007) Development of policies for protection of critical information infrastructures, Technical report, Organisation for Economic Co-operation and Development (OECD).

[2] BSI – Bundesamt für Sicherheit in der Informationstechnik (2013) Schutz Kritischer Infrastrukturen, https://www.bsi.bund.de/DE/Themen/KritischeInfrastrukturen/kritischeinfrastrukturen_node.html, letzter Zugriff: 1. November 2014.

© Springer-Verlag Berlin Heidelberg 2015
H. Leopold et al. (Hrsg.), *Cyber Attack Information System*, Xpert.press,
DOI 10.1007/978-3-662-44306-4_4

sierte Modellierungs- und Simulationstechniken, um neues sicherheitsrelevantes Wissen für Infrastrukturanbieter zu generieren. Der Fokus liegt dabei in der Analyse von Cyber-Abhängigkeiten kritischer Infrastrukturen.

In den letzten Jahren demonstrierten Fehlfunktionen und Ausfälle eindrucksvoll die Konsequenzen, welche Schwachstellen in kritischen Infrastrukturen verursachen können. Die auftretenden Ereignisse, welche eine Vielzahl von Auslösern (z. B.: gezielte Angriffe wie Stuxnet, menschliches Versagen oder höhere Gewalt) hatten, zeigten das Ausmaß von kritischen Infrastrukturausfällen. Ein Beispiel für einen solchen Ausfall bildeten die Denial of Service Angriffe auf Estland im Jahr 2007, welche das Parlament, Kommunikationsinfrastrukturen, Banken sowie Ministerien lahmlegten.[3]

Der Grund für die Zunahme von Cyber-Attacken lässt sich laut BSI[4] aufgrund folgender Eigenschaften erklären: Cyber-Angriffe unterliegen keinen geographischen Barrieren, können von „zu Hause" aus durchgeführt werden und laufen durch vielfältige Tarnungsmöglichkeiten größtenteils anonym ab. Des Weiteren ist es möglich Attacken parallel auf mehrere Ziele auszuführen und dadurch den Nutzen des Angreifers zu maximieren. Die hohe Verfügbarkeit von Angriffswerkzeugen und -methoden sowie die Komplexität eingesetzter Technologien erschweren den Schutz der Systeme.

Um sich gegen neue Cyber-Angriffe und damit verbundenen Gefahren vorzubereiten, ist es notwendig die Verwundbarkeit zentraler Infrastrukturen zu minimieren und die Resilienz sowie Resistenz kritischer Organisationen zu verbessern. Um dies zu erreichen, ist es notwendig die Prioritäten für die Absicherung kritischer Infrastrukturen richtig zu setzen und ein klares Verständnis über die Abhängigkeiten zwischen einzelnen Infrastrukturen zu besitzen. Die Herausforderung dabei liegt in der Abbildung der stark vernetzten kritischen Infrastrukturen sowie der Abbildung neuer Technologien und Angriffe. Eine weitere Anforderung ist die Berücksichtigung unterschiedlicher (öffentlichen und privaten) Anbieter, welche oftmals unterschiedliche Organisationskulturen, Geschäfts- und Risikostrategien verfolgen.[5]

Min et al. heben in ihrer Arbeit[6] die Wichtigkeit der Analyse von Interdependenzen und Auswirkungen von Ausfällen kritischer Infrastrukturkomponenten hervor. Allerdings weisen die Autoren auch darauf hin, dass die Erstellung geeigneter Modellen aus nachfolgenden Gründen ein äußerst schwieriges Unterfangen ist:

---

[3] Spiegel Online (2007): Russland unter Verdacht: Cyber-Angriffe auf Estland alarmieren EU und NATO, http://www.spiegel.de/netzwelt/web/russland-unter-verdacht-cyber-angriffe-auf-estland-alarmieren-eu-und-nato-a-483416.html, letzter Zugriff: 1. November 2014.

[4] BSI – Bundesamt für Sicherheit in der Informationstechnik (2012): Register aktueller Cyber-Gefährdungen und -Angriffsformen, https://www.allianz-fuer-cybersicherheit.de/ACS/DE/_downloads/angriffsmethoden/statistiken/BSI-CS_026.pdf?__blob=publicationFile, letzter Zugriff: 1. November 2014.

[5] Hellström, T. (2007) Critical infrastructure and systemic vulnerability: towards a planning frame, Safety Science, Vol. 45, No. 3, pp. 415–430.

[6] Min, H., Beyeler, W., Brown, T., Son, Y. and Jones, A. (2007) Toward modelling and simulation of critical national infrastructure interdependencies, IIE Transactions, Vol. 39, No. 1, pp. 57–71.

- Die Datenbeschaffung ist schwierig.
- Jede einzelne Infrastruktur ist komplex.
- Die Infrastrukturen entwickeln sich ständig weiter.
- Rechtliche und regulative Rahmenbedingungen verändern sich.
- Die Erstellung des Modells erfordert die Zusammenarbeit von öffentlichen/behördlichen, akademischen und privaten Einrichtungen.

Zusätzlich zu den oben genannten Herausforderungen müssen verschiedene Arten von Abhängigkeiten berücksichtigt werden. Rinaldi et al.[7] kategorisiert Interdependenzen in geographische, physische, logische und Cyber-Abhängigkeiten.

Cyber-Abhängigkeiten umfassen alle Interdependenzen zwischen (Informations-) Infrastrukturkomponenten, welche mittels elektronischen Kommunikationsmitteln verbunden sind. Abhängigkeiten, welche auf der räumlichen Nähe basieren, werden zu geographische Interdependenzen gezählt. Physische Interdependenz besteht, wenn Infrastrukturen auf physische Outputs anderer Infrastrukturen angewiesen sind. Alle Interdependenzen, welche durch die vorherige Einteilung nicht abgedeckt werden, wie beispielsweise politische Abhängigkeiten oder sich ändernde Gesetzeslagen, werden als logische Interdependenzen klassifiziert.

Die Bedeutung der Analyse von Informations- und Kommunikationstechnologienabhängigkeiten wird auch durch die Information Security Breaches Survey 2012[8] bestätigt, welche zu dem Schluss kommt, dass immer mehr Geschäftsprozesse ausgelagert werden. Es ist daher keine große Überraschung, dass Experten übereinstimmen, dass die Notwendigkeit für Organisationen besteht Abhängigkeiten zu identifizieren, analysieren und zu bewerten. In einem kürzlich veröffentlichen Bericht von Chatham House wird die Bedeutung einer tiefgreifenden Analyse von Abhängigkeiten und Schwachstellen in anderen Organisationen nochmals hervorgehoben.[9]

4.2 Anforderungen

Diese Kapitel behandelt Anforderungen, welche kritische Infrastrukturanbieter an Modellierungs- und Simulationswerkzeuge stellen, um für den praktischen Einsatz geeignet zu sein. Als Grundlage für die Erhebung dienten neben der Analyse wissenschaftlicher Literatur, Interviews bzw. Workshops mit Stakeholdern.

---

[7] Rinaldi, S.M., Peerenboom, J.P. and Kelly, T.K. (2001), Identifying, understanding and analyzing critical infrastructure inderdependencies, IEEE Control Systems Magazine, Vol. 21, No. 6, pp. 11–25.

[8] Potter, C. and Waterfall, G. (2012) Information security breaches survey 2012, Technical report, PwC.

[9] Cornish, P., Livingstone, D., Clemente, D. and Yorke, C. (2011) Cyber security and the UK's critical national infrastructure, Technical report, Chatham House.

Eines der Kernziele kritischer Infrastruktursimulationen ist die Analyse und Bewertung dynamischer Effekte, welche durch verschiedene Angriffe, Störungen oder Unterbrechungen von Services kritischer Infrastrukturen zu Stande kommen. Dabei unterstützen die, durch Simulation ermöglichten, Auswertungen das Verständnis von Kaskaden und Dominoeffekten bei komplexen Netzwerken zu verbessern. Da die Services oftmals nur von einem bestimmten Anbieter erbracht werden, kann ein hoher Abhängigkeitsgrad zwischen kritischen Infrastrukturanbietern beobachtet werden. Aus diesem Grund kann der Ausfall eines einzigen Anbieters zu weitreichenden Konsequenzen führen. Simulationswerkzeuge liefern dabei wichtige Kennzahlen für die Risikobewertung und helfen Sicherheitsexperten bei der Planung und dem Ausbau von Sicherheitsmechanismen und -strategien.

Abgeleitet von den oben angeführten Zielen wurden für die Simulation folgende Anforderungen identifiziert. Um die Betrachtung verschiedener Blickwinkel gewährleisten zu können, muss die Granularität der Modellierung flexibel auf die Bedürfnisse der Infrastrukturanbieter anpassbar sein. Der Modellierungsansatz muss die Abbildung von Dienstleistungen, darunterliegende Systeme und die Verbindungen kritischer Infrastrukturanbieter verschiedener Anwendungsfelder (z. B.: Wasserversorgung, Energieversorgung, Informations- und Kommunikationsinfrastruktur) ermöglichen.

Des Weiteren ist es wichtig, dass verschiedene Schadenskategorien und Bewertungszeiträume gewählt werden können, um eine Integration mit vorhandenen Risiko- und Notfallmanagementansätzen innerhalb der Organisation zu vereinfachen. Auf staatlicher Ebene müssen ebenso Auswirkungen, welche kritische Infrastrukturausfälle mit sich bringen können, definiert werden. Dies umfasst beispielsweise die Schadenskategorien nationale Wirtschaft, öffentliche Ordnung, soziales Wohl, nationale Sicherheit oder Gesundheit und Leben.[10, 11]

Für die Charakterisierung von Sicherheitsbedürfnissen kritischer Infrastrukturanbieter ist es notwendig Kriterien festzulegen. Für diesen Zweck wurde auf einen der häufigsten verwendeten Ansätze (das CIA Triad) zur Bestimmung der Informationssicherheitsanforderungen zurückgegriffen.[12] CIA steht dabei für die Informationssicherheitsprinzipien Confidentiality (Vertraulichkeit), Integrity (Integrität) und Availability (Verfügbarkeit).

Obwohl Verfügbarkeit, Integrität und Vertraulichkeit eine solide Grundlage für die Analyse unterschiedlichster Szenarien bildet, wurde für die Modellierung und Simulation die Möglichkeit geschaffen zusätzliche Kriterien, wie beispielsweise die Dependability-

---

[10] Boin, A. and McConnell, A. (2007) ‚Preparing for critical infrastructure breakdowns: the limits of crisis management and the need for resilience', Journal of Contingencies and Crisis Management, Vol. 15, No. 1, pp. 50–59.

[11] Moteff, J. and Parfomak, P. (2004) ‚CRS report for congress – critical infrastructure and key assets: definition and identification', Technical report, Congressional Research Service [online] http://www.fas.org/sgp/crs/RL32631.pdf, letzter Zugriff: 1. November 2014.

[12] Harris, S. (2010) CISSP All-in-One Exam Guide, 5th ed., Mcgraw-Hill Professional.

Kriterien[13] Reliability (Zuverlässigkeit), Safety (Sicherheit) und Maintainability (Wartbarkeit), aufzunehmen.

Da innerhalb der Simulation Informationen über Unternehmensabhängigkeiten erhoben wurden, bestand die Notwendigkeit vertrauliche Informationen nur innerhalb der Organisationen zu simulieren. Dadurch ist es möglich die internen Abläufe und Abhängigkeiten für Konkurrenten zu verbergen. Um zusätzlich zu verhindern, dass Teilnehmer mehr Informationen als notwendig einsehen können, bestand die Anforderung alle abonnierten Serviceabhängigkeiten durch den Anbieter selbst bestätigen zu lassen, sodass Unbefugte keine Einsicht in firmeninterne Abläufe erhalten.

Je nach Einsatzgebiet entstanden dadurch unterschiedliche Möglichkeiten die Simulation zu verwenden:

- **Simulation interner Organisationsstrukturen:** Jede teilnehmende Organisation kann intern Simulationen von unterschiedlichen Angriffen ablaufen lassen, um im Vorfeld mögliche Schwachstellen zu identifizieren bzw. Gegenmaßnahmen zu testen. Dabei handelt es sich um eine *lokale* (nichtverteilte) Organisationssimulation.
- **Simulation des nationalen Lagebildes:** Um die Stabilität kritischer Infrastrukturen landesweit in regelmäßigen Abständen zu überprüfen, wird einmal jährlich ein Übungstag festgelegt. Alle Organisationen werden informiert und aufgefordert ihre Prozesse und Services zu aktualisieren. Danach werden mögliche Angriffe simuliert, um Informationen über die Robustheit der kritischen Infrastrukturen im Angriffsfall zu prüfen und möglichen Input bzw. Maßnahmen für nationales Risikomanagement zu erhalten. Dabei handelt es sich um eine *verteilte* Simulation.
- **Simulation während eines aktuell und real stattfindenden Angriffs:** Findet ein Angriff statt, kann eine Simulation des nationalen Lagebildes Ausfälle bzw. abhängige Organisationen frühzeitig prognostizieren bzw. identifizieren. Dabei handelt es sich ebenfalls um eine *verteilte* Simulation.

---

[13] Avizienis, A., Laprie, J.C., Randell, B. and Landwehr, C. (2004) ‚Basic concepts and taxonomy of dependable and secure computing', IEEE Transactions on Dependable and Secure Computing, Vol. 1, No. 1, pp. 11–33.

4.3   Ansatz zur Modellierung und Simulation von Cyber-Abhängigkeiten kritischer Infrastrukturen

Zahlreiche nationale Programme[14] bestätigen die Notwendigkeit und Eignung von Simulationen zur Risikobewertung. Weit verbreitete Modellierungsansätze[15,16,17] (im Speziellen: Agent-based Modeling, Input-Output Modeling, Unified Modeling Language, Graphical Modeling, Ontology-based Modeling sowie Hybrid Approaches) wurden im Rahmen des Projektes auf deren Einsatzmöglichkeiten und Eignung zur Analyse von Interdependenzen evaluiert. Dies führte zu der Entscheidung, dass für die oben angeführten Rahmenbedingungen agentenbasierte Modellierung und Simulation der geeignetste Ansatz[18,19] zur Simulation von Attacken auf kritische Infrastrukturen ist.

Dabei wird jede kritische Infrastrukturkomponente sowie mögliche Angreifer als eigener Agent definiert. Ein Agent[20] ist ein eigenständiges Objekt, der einerseits mit seiner Umgebung und andererseits mit anderen Agenten interagieren kann. Ein Agent hat individuelle Eigenschaften und ist fähig auf Grund seiner Erfahrungen zu lernen. Dieser Modellierungs- und Simulationsansatz ermöglicht Simulationen, die der Wirklichkeit sehr nahe kommen.

Um den Ablauf von Cyber-Angriffen zu verstehen und Aktionen zu definieren, die Angreifer bzw. Verteidiger ausführen können, wurde der Einsatz von Attack Counter-

---

[14] P. Pederson, D. Dudenhoeffer und S. Hartley (2006), „Critical infrastructure interdependency modeling: a survey of US and international research," Idaho National Laboratory, http://www.inl.gov/technicalpublications/Documents/3489532.pdf, letzter Zugriff: 1. November 2014.

[15] C. M. Macal und M. J. North (2006), „Tutorial on agent-based modeling and simulation part 2: how to model with agents," in Proceedings of the 38th Conference on Winter Simulation Conference, IEEE.

[16] S. Luke, C. Cioffi-Revilla, L. Panait, K. Sullivan und G. Balan, „MASON: A multiagent simulation environment," SAGE Journals: Simulation, Vol. 81, Nr. 7, pp. 517–527, 2005.

[17] H. Richter, L. Marz (2000), „Toward a standard process: the use of UML for designing simulation models," Proceedings of the 32nd conference on Winter simulation, pp. 394–398, IEEE.

[18] C. M. Macal und M. J. North (2006), „Tutorial on agent-based modeling and simulation part 2: how to model with agents," in Proceedings of the 38th Conference on Winter Simulation Conference, IEEE.

[19] R. Allan (2009), „Survey of Agent Based Modelling and Simulation Tools," Engineering, Vol. 501, pp. 57–72.

[20] C. M. Macal und M. J. North (2006), „Tutorial on agent-based modeling and simulation part 2: how to model with agents," in Proceedings of the 38th Conference on Winter Simulation Conference, IEEE.

measure Trees bzw. Attack Countermeasure Graphs[21, 22, 23, 24] evaluiert. Da es sich bei Cyber-Angriffen um strategische Handlungsabläufen zwischen zwei Akteuren (Angreifer/Verteidiger) handelt, wurden zusätzlich Ansätze der Spieltheorie auf ihre Verwendbarkeit beleuchtet (Spiele mit perfekten Informationen vs. Spiele mit imperfekten Informationen, stochastische Spiele, Bayes-Spiele, usw.).

Eine Verknüpfung von Attack Countermeasure Graphs und Spieltheorie gelingt mit Hilfe sogenannter Anticipation Games[25, 26] welche die Grundlage für die erste Umsetzung von Cyber-Attacken bildet. Eigenschaften von Spieler sowie deren Startzustände werden festgelegt. Beispiele für solche Charakteristika sind Erfahrung eines Angreifers/Verteidigers oder zur Verfügung stehende finanzielle Mittel. Mit Hilfe von Regeln und Strategien werden unterschiedliche Charaktere der Spieler umgesetzt.

Die Regeln Γ_x werden wie folgt festgelegt:

$$\Gamma_x : PreF \xrightarrow{\Delta,p,a,c,e} P$$

$PreF$ ist ein Set an Vorzuständen, P beschreibt einen Folgezustand, der mit Hilfe von Δ, p, a, c und e erreicht wird. Δ beschreibt die Zeit, die für eine Aktion benötigt wird, p den Spieler, a die gewählte Aktion, c die Kosten einer Aktion und e beschreibt die Erfahrung des jeweiligen Spielers/der jeweiligen Spielerin.

Interaktionen zwischen Angreifern und Verteidigern basieren auf ihren Eigenschaften, ihren Stati und Aktionen, die auf Grund vordefinierter Entscheidungsfunktionen ausgewählt werden. Aktionen führen zu Vorzuständen bzw. Postzuständen einzelner Spieler. Abhängig von den Strategien versuchen die Spieler ihr vordefiniertes Ziel zu erreichen. Um die Simulation noch realistischer zu gestalten wurde ein zusätzliches zufälliges bzw. unvorhergesehenes „Überraschungselement" implementiert.

Strategien setzen sich wie folgt zusammen:

$$S = (name, player, objectives, objectivesorder, constraints, location)$$

[21] K. Edge, G. Dalton, R. Raines und R. Mills, „Using Attack and Protection Trees to Analyze Threats and Defenses to Homeland Security," in Proceedings of IEEE Military Communications Conference, 2006.

[22] S. Mauw und M. Oostdijk (2005), „Foundations of Attack Trees," in Proceedings of International Conference on Information Security and Cryptology.

[23] B. Kordy, S. Mauw, S. Radomirovic und P. Schweitzer (2011), „Foundations of attack-defense trees," in Proceedings of the 7th International conference on Formal aspects of security and trust, Springer.

[24] E. Bursztein und J. Goubault-Larrecq (2007), „A Logical Framework for Evaluating Network Resilience Against Faults and Attacks," in Proceedings of the 12th Asian Computing Science Conference, Springer.

[25] E. Bursztein (2009), „Extending Anticipation Games with Location, Penalty and Timeline" in Formal Aspects in Security and Trust, Springer.

[26] E. Bursztein (2008), „NetQi: A Model Checker for Anticipation Game" in Proceeding of 6th International Symposium on Automated Technology for Verification and Analysis, Springer.

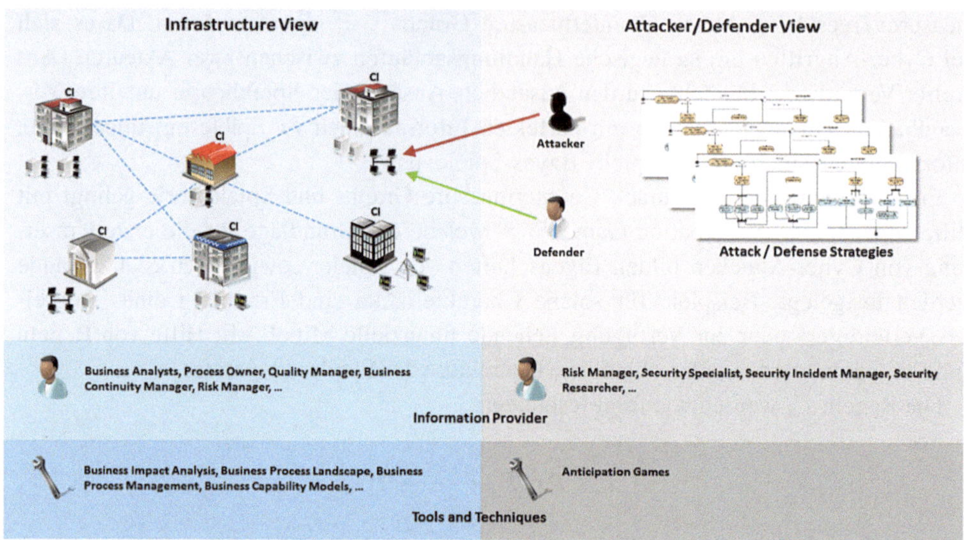

Abb. 4.1 Modellierungs- und Simulationskonzept

Um Kaskadeneffekte bei Ausfällen und deren Auswirkungen innerhalb der eigenen Infrastruktur aufzuzeigen, wurden zusätzlich Elemente der Business Impact Analyse (BIA) aus dem BSI-Standard 100-4 Notfallmanagement mit in die Simulation aufgenommen.

Die fertige Simulation ist zusammenfassend in die zwei Bereiche Attacker/Defender View, Infrastructure View unterteilt (siehe Abb. 4.1), welche es erlauben, das Simulationstool für unterschiedliche Zwecke einzusetzen.

Der Attacker/Defender View erlaubt es, mit Hilfe des spieltheoretischen Ansatzes (Anticipation Games)[27, 28, 29], eine Modellierung von Cyber-Attacken sowie möglicher Schutzmaßnahmen durchzuführen. Das Festlegen von Regeln und Strategien unterschiedlicher Mitspieler ermöglicht den Benutzer unterschiedliche Szenarien vergangener sowie zukünftiger Angriffe zu formalisieren und in die Simulation einzupflegen.

Als motivierendes Beispiel wurde im Rahmen des Projekts ein erstes Set an Regeln für die Simulation von DDoS-Angriffen erstellt. Der Grund für die Auswahl dieses Angriffs war die UK Information Security Breaches Survey 2012[30] welche angibt, dass ein Drittel der Großunternehmen, darunter auch kritische Infrastrukturbetreiber wie Telekommuni-

---

[27] E. Bursztein und J. Goubault-Larrecq (2007), „A Logical Framework for Evaluating Network Resilience Against Faults and Attacks," in Proceedings of the 12th Asian Computing Science Conference, Springer.

[28] E. Bursztein (2009), „Extending Anticipation Games with Location, Penalty and Timeline" in Formal Aspects in Security and Trust, Springer.

[29] E. Bursztein (2008), „NetQi: A Model Checker for Anticipation Game" in Proceeding of 6th International Symposium on Automated Technology for Verification and Analysis, Springer.

[30] PwC (2012), „Information security breaches survey – Technical report".

kationsunternehmen, besonders von Denial of Service (DoS) Attacken betroffen sind. Die Mehrheit der Befragten, rechnete weiters mit einem Anstieg von Cyber-Attacken in den nächsten Jahren.

Das Ziel von Denial of Service Angriffen ist die Verhinderung von Zugriffen auf einen bestehenden Dienst. Eine Distributed Denial of Service (DDoS) Attacke ist eine besondere Ausprägung eines DoS Angriffs bei der eine Vielzahl infizierter Rechner, auch Zombies genannt, zum Einsatz kommt.[31]

Um Angriffe und Verteidigungsmaßnahmen beschreiben zu können, werden bereits zahlreiche Taxonomien und Ontologien mit unterschiedlichen Schwerpunkten zur Verfügung gestellt. Die Basis für die Formalisierung von DDoS Angriffen für die Simulation bildeten daher die etablierten DDoS-Taxonomien von Specht und Lee[32] sowie Mirkovic.[33]

Der Infrastructure View der Simulation ermöglicht das Einpflegen unterschiedlicher Organisationen und deren Abhängigkeiten auf Basis einer Business Impact Analyse (BIA).

Eine besondere Herausforderung, die sich bei der Risikoanalyse kritischer Infrastrukturen ergibt, ist das Fehlen zuverlässiger Statistiken, um eine Einschätzung von Ereignissen mit niedriger Eintrittswahrscheinlichkeit und hohem Schadenspotential vornehmen zu können.[34]

Nachdem die Prozess/Services, deren Abhängigkeiten sowie Auswirkungen erhoben und modelliert sind, können modellierte Angriffe mit unterschiedlichen Teilnehmer durchgespielt werden. Möchte man nur mögliche Kaskadeneffekte kritischer Infrastrukturen untersuchen, kann auf den Einsatz vormodellierter Angriffe verzichtet werden.

Konkret orientiert sich der Ansatz an der Analysephase des Standards *BSI-Standard 100-4: Notfallmanagement, British* Standard *25999 – Business Continuity, NIST 800-34,* sowie des internationalen Standards *ISO 22301:2012 Societal security – Business continuity management systems – Requirements.*

Das zentrale Element der Analyse stellt die Business Impact Analyse (BIA, auch Folgeschädenabschätzung genannt)[35] dar. Eine BIA untersucht dabei Prozesse und Ressourcen mit dem Ziel wichtige Informationen für weitere Notfallplanungsprozesse bereitzustellen. Im Fokus stehen dabei vor allem zeitkritische Geschäftsprozesse sowie -aktivitäten.

Die Business Impact Analyse (BIA) ist die wichtigste Analysetechnik des Notfallmanagements. Sie bildet die Grundlage für die Auswahl von Strategien, Erstellung von Not-

---

[31] J. Mirkovic und P. Reiher (2004), „A Taxonomy of DDoS Attack and DDoS Defense Mechanisms," *ACM SIGCOMM Computer Communication Review,* Vol. 34, Nr. 2, pp. 39–53.

[32] S. M. Specht und R. B. Lee (2004), „Distributed Denial of Service: Taxonomies of Attacks, Tools and Countermeasures" in Proceedings of the 17th International Conference on Parallel and Distributed Computing Systems.

[33] J. Mirkovic und P. Reiher (2004), „A Taxonomy of DDoS Attack and DDoS Defense Mechanisms," *ACM SIGCOMM Computer Communication Review,* Vol. 34, Nr. 2, pp. 39–53.

[34] M. Dunn (2005), „The socio-political dimensions of critical information infrastructure protection (CIIP)," Int. J. Critical Infrastructures, Vol. 1, Nr. 2/3, pp. 258–268.

[35] Bundesamt für Sicherheit in der Informationstechnik, BSI 100-4 Notfallmanagement, 2008.

fallplänen und als Entscheidungsgrundlage während der Reaktion auf einen Notfall/Krise. Somit kann die Business Impact Analyse als Business Plan der Notfallplanung gesehen werden.

Je nach Betrachtungsfokus können folgende Arten von Business Impact Analysen[36, 37] unterschieden werden:

- Erst-BIA (Initial BIA),
- Strategische BIA (Strategic BIA),
- Taktische BIA (Tactical BIA) und
- Operationelle BIA (Operational BIA).

Im Rahmen der Business Impact Analyse wird für jeden Prozess die maximal tolerierbare Ausfallszeit (MTPD – maximum tolerable period of disruption) sowie der maximal tolerierbare Datenverlust (RPO – recovery point objective) erhoben.

Um die Entwicklung detaillierter Notfallstrategien zu gewährleisten, ist es notwendig weitere Unternehmensaspekte einzubeziehen. Dazu zählen beispielsweise:

- Saisonale Trends, kritische Zeitabschnitte (Peak Periods),
- (Detaillierte) Informationen über Prozesse (z. B.: Key Stakeholder, Beschreibung, strategische und operative Bedeutung, Stammdaten wie beispielsweise Prozessverantwortlichkeiten, …),
- Interne Abhängigkeiten (z. B.: zu anderen Prozessen, Ressourcen [Personal, Gebäude, Daten und Applikationen, etc.], …),
- Externe Abhängigkeiten (z. B.: zu Lieferanten; oft auch als Supply Chain Continuity bezeichnet),
- Ermittlung von Konsequenzen/Auswirkungen von Ausfällen auf Unternehmen bzw. Unternehmensteilen (setzt Kriterien der Schadensbewertung voraus),
- Informationen über Notbetrieb über die Zeit.

Für die Durchführung von Business Impact Analysen wird zukünftig von Workshops und Interviews mit jedem kritischen Infrastrukturbetreiber ausgegangen, um wichtige Prozesse und Services zu erheben. Um die Erhebungen zu erleichtern, werden einheitliche Vorlagen zur Verfügung gestellt, welche einfach in die Simulation überführt werden können.

Für den Einsatz des Simulationstools muss erwähnt werden, dass sich die Notwendigkeit zur Erstellung eines einheitlichen Servicekatalogs herausgestellt hat. Solch eine Taxonomie umfasst die einheitliche Benennung von Prozessen und Services in Form eines Erhebungskatalogs und erleichtert dadurch eine einheitliche Akquise dieser. Zwei

---

[36] Business Continuity Institute: Good Practice Guidelines 2013 Global Edition.
[37] International Standards Organization: ISO 22301:2012 – Societal security – Business continuity management systems – Requirements.

Bildungsinstitute könnten beispielsweise im internen Betrieb unterschiedliche Bezeichnungen für dieselbe Tätigkeit verwenden (z. B.: Lehre vs. Wissensvermittlung). Um die Auffindbarkeit abhängiger Services zu gewährleisten, wäre solch ein einheitlicher Katalog von Bezeichnung und Synonymen unumgänglich.

Für eine unternehmensübergreifende Analyse sind vor allem jene Prozesse/Services von Bedeutung die entweder der Versorgung der Bevölkerung dienen (z. B.: medizinische Versorgung) oder jene Prozesse/Services welche von anderen kritischen Infrastrukturanbietern benötigt werden, um ein kritisches Service zu erbringen (*„Kritische Infrastrukturen sind jene Infrastrukturen oder Teile davon, die eine wesentliche Bedeutung für die **Aufrechterhaltung wichtiger gesellschaftlicher Funktionen** haben und deren Störung oder Zerstörung schwerwiegende **Auswirkungen** auf die **Gesundheit, Sicherheit** oder das **wirtschaftliche und soziale Wohl** der Bevölkerung oder die effektive **Funktionsweise von Regierungen** haben würde.“*[38]).

Definierte Bewertungskriterien bilden eine wichtige Grundlage für eine transparente und vergleichbare Analyse. Da in der Praxis vermehrt auf qualitative Bewertungsansätze gesetzt werden, wurde *beschlossen*, als Input für die Simulation, auch qualitative Daten heranzuziehen.

Im ersten Schritt ist es notwendig festzulegen, welche Skalen für die Bewertung von Schäden herangezogen werden sollen (vgl. Tab. 4.1). Für alle Ausprägungen der Skala muss eine verbale Beschreibung, welche *idealerweise* in einer unternehmensweit gültigen Richtlinie verabschiedet ist, existieren. Auf jeden Fall ist es notwendig, Beschreibungen für die Ausprägungen der Schadenskategorien zu erstellen um eine objektive Beurteilung von Schäden zu gewährleisten.

Die Bewertung von Schäden über einen Zeitraum benötigt die Festlegung von Zeitintervallen. Gemäß der Empfehlung von Standards und Best Practices (z. B.: BSI 100-4) sind in den meisten Fällen vier bis zehn Intervalle über einen Zeitraum von ca. ein Monat ausreichend. Da Aktivitäten des Notfallmanagements und die Ausbreitung von Schäden stark vom Geschäftsfeld eines Unternehmensbereichs abhängen, bietet der Modellierungs- und Simulationsansatz die Möglichkeit die Eingabe an die Vorgaben der Institution anzupassen, um Zusatzbelastungen kritischer Infrastrukturanbieter gering zu halten. Mögliche Fragestellungen, um geeignete Zeitintervalle und Schadenskategorien zu bestimmen, inkludieren:

- Welche internen Vorgaben bezüglich der Verwendung von Zeitintervallen zur Schadensbewertung bzw. Schadenskategorien sind schon vorhanden?
- Welche direkten und indirekten Schäden können dadurch entstehen? Welches Ausmaß können die Schäden erreichen und ab wann ist die Organisation irreversibel geschädigt?
- Wie schnell kann sich die Kritikalität von Auswirkungen ändern?

---

[38] Bundeskanzleramt, Bundesministerium für Inneres: Das österreichische Programm zum Schutz kritischer Infrastrukturen, Masterplan APCIP, http://www.kiras.at/uploads/media/MRV_APCIP_48_17_2_4_2008_FINAL.pdf, letzter Zugriff: 1. November 2014.

Tab. 4.1 Mögliche Fragestellungen für die Ermittlung von Schadenskategorien für Organisationen[39]

Welche internen Vorgaben bezüglich Schadenskategorien sind anwendbar?

- Schadenskategorien, wie beispielsweise:

    o **Leben und Gesundheit:** Welche Auswirkungen hat die Beeinträchtigung des Prozesses auf Leben und Gesundheit von Menschen?

    o **Vertragliche, ordnungspolitische oder gesetzliche Relevanz:** Welche vertraglichen, ordnungspolitischen oder gesetzlichen Folgen hat eine Beeinträchtigung des betrachteten Prozesses für die Einrichtung?

    o **Wirtschaftliche Schäden:** Wie hoch können die wirtschaftlichen Schäden eingeschätzt werden, die der Einrichtung durch die Beeinträchtigung des betrachteten Prozesses entstehen?

    o **Umweltschäden:** Welche Konsequenzen können Beeinträchtigungen des Prozesses auf die Umwelt haben?

    o **Ruf und Marke:** Welche Schadenskategorien existieren für die Bewertung von Schäden an Ruf und Marke.

- Skala

    o Wie viele Ausprägungen existieren für die Schadensbewertung?

    o Beispiel: vierstufig (z.B.: Niedrig, Mittel, Hoch, Kritisch)

Der oben beschriebene Prozess zur Definition von Schadenskategorien und Zeitintervallen wird durch Excel Vorlagen des entwickelten Prototyps unterstützt. Da Excel in fast allen Unternehmen standardmäßig verwendet wird, wurde beschlossen dieses Tool zur Dateneingabe zu verwenden. Abbildung 4.2 zeigt wie Zeitintervalle und Schadenskategorien (z. B.: finanziell, …) für spätere Simulationen festgelegt und beschrieben werden können.

Abbildung 4.3 gibt einen Einblick wie die Modellierung des Schadensverlaufs von Prozessen innerhalb des CAIS Modellierungsansatzes aussehen kann. Dabei zeigt die Abbildung die Schadensbewertung des finanziellen Schadens sowie Personenschadens.

Obwohl für die Simulation nur der Schadensverlauf und Abhängigkeiten zu Services benötigt werden, empfiehlt es sich weitere Informationen wie beispielsweise Prozessver-

---

[39] Bundesministerium des Innern: Schutz kritischer Infrastrukturen – Risiko und Krisenmanagement – Leitfaden für Unternehmen und Behörden, http://www.bmi.bund.de/ SharedDocs/Downloads/DE/Broschueren/2008/Leitfaden_Schutz_kritischer_Infrastrukturen. pdf?__blob=publicationFile, letzter Zugriff: 1. November 2014.

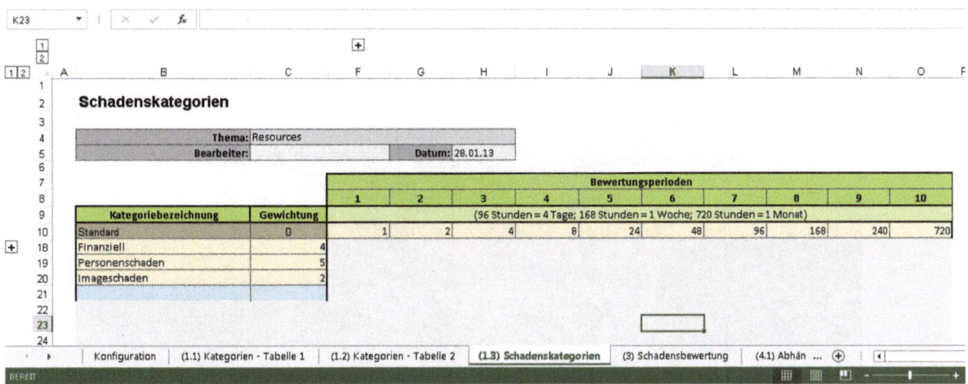

Abb. 4.2 Bewertungsperioden und Schadenskategorien

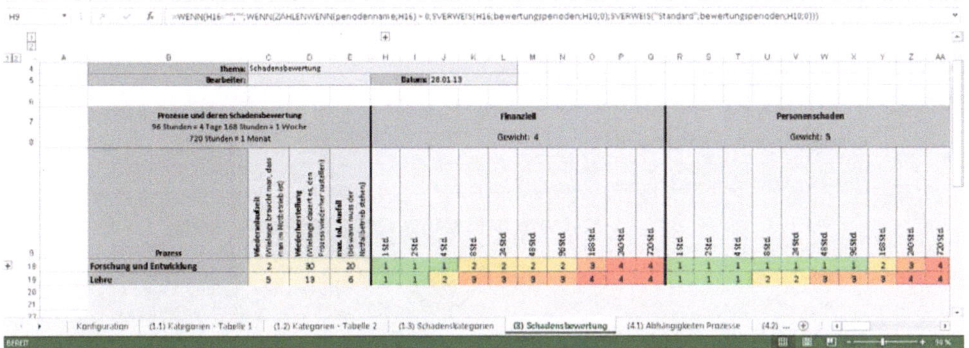

Abb. 4.3 Schadensbewertung

antwortlichkeiten, Kundensichtbarkeit, Governance- und Complianceanforderungen usw. mitzuerheben.

Neben Informationen über den möglichen Schaden bei Ausfall eines Prozesses oder Services benötigt die Simulation Informationen zu internen Abhängigkeiten zu Ressourcen und Services. Analog zu den anderen Eingabemethoden wurde auch hier auf Verfahren, welche im Notfallmanagement breite Anwendung finden, aufgebaut. Abbildung 4.4 zeigt dabei wie der Grad der Abhängigkeit zwischen Ressourcen mit Hilfe einer vierstufigen Skala (1 … niedrig bis 4 … kritisch) abgebildet werden kann. Die Anzahl der Skalenwerte sowie deren Bedeutung für die Simulation kann in einem eigenen Konfigurationsarbeitsblatt festgelegt werden.

Die Konfiguration externer Abhängigkeiten (im Falle einer Einbeziehung verteilter Simulationsergebnisse) folgt dem gleichen Schema. Der wesentliche Unterschied besteht in der Festlegung des Services. Um die Ergebnisse weiterer Teilnehmer miteinzubeziehen, muss der absolute Pfad des Services angegeben werden. Dieser Pfad muss eindeutig sein. Zu diesem Zweck wurde eine, an das Domain Name Service (DNS) angelehnte, Notati-

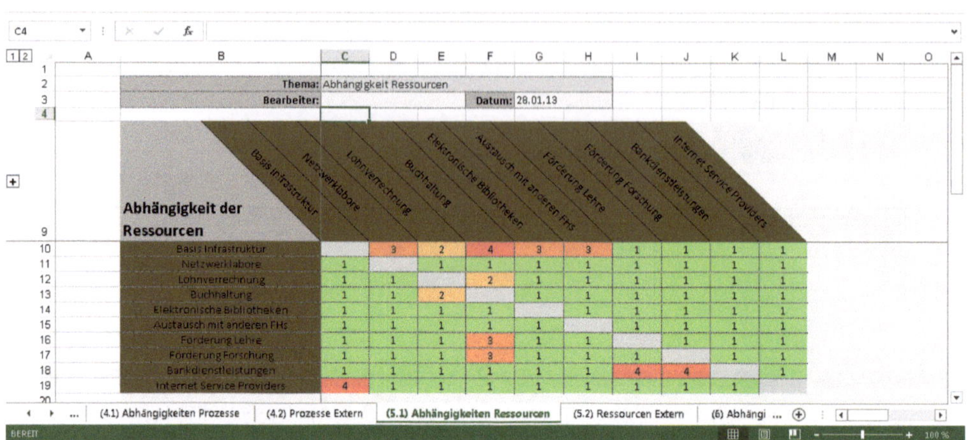

Abb. 4.4 Abhängigkeiten zw. Ressourcen

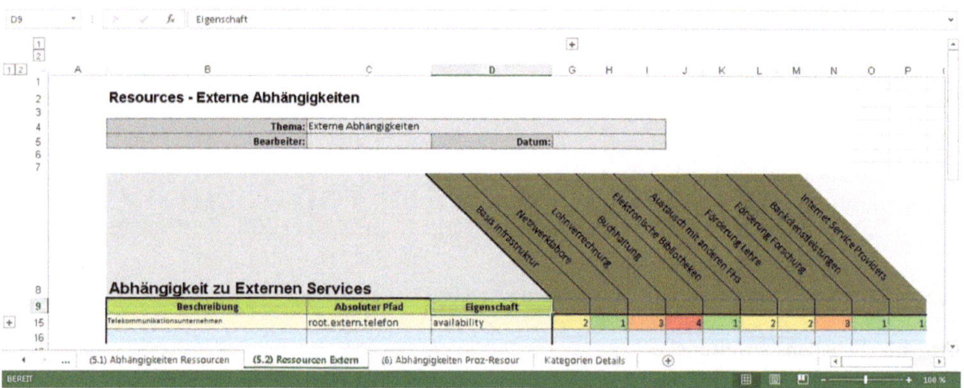

Abb. 4.5 Abhängigkeiten zu externen Ressourcen

on verwendet. Abbildung 4.5 demonstriert wie ein externes Service (root.extern.telefon) angegeben werden kann.

4.3.1 Beispielszenario „Distributed Denial of Service (DDoS)"

Gezielte Angriffe, Drive-by-Exploits, Social Engineering, Malwareinfiltrationen mittels e-Mail sowie Distributed Denial of Service (DDoS) Angriffe werden laut BSI als besonders relevant und gefährlich für kritische Infrastrukturanbieter eingestuft.

Gemäß CERT/CC[40] verhindert ein Denial of Service Angriff, dass rechtmäßige Benutzer des Services, dieses nutzen können. Im Vergleich zu anderen Angriffsarten ist diese

---

[40] CERT, Denial of Service Attacks (2014), http://www.cert.org/historical/tech_tips/denial_of_service.cfm, letzter Zugriff: 1. November 2014.

Form des Angriffs auch möglich ohne in das Zielnetz einzudringen und wird meist mit Hilfe einer Vielzahl ferngesteuerter Rechnern, auch Zombies oder Bots genannt, durchgeführt.[41]

Im Allgemeinen umfasst eine DDoS Attacke gemäß TISN[42] folgende Phasen:

- Angreifer kompromittiert eine Vielzahl von Rechnern mit Schadsoftware, um Kontrolle über die Computer zu erhalten. Hierfür werden meist automatisierte Angriffsformen wie Würmer verwendet.
- Sobald das Botnetz groß genug ist, um den Angriff gegen das Zielsystem durchzuführen, attackieren alle Bots zeitgleich.
- Durch die hohe Ressourcenkonsumierung der Bots, bricht das Zielsystem zusammen.

Für detaillierte Informationen über den Botnetz-Lifecycle und verschiedene Topologien, möchten wir interessierte Leser auf Hachem et al.[43] verweisen. Für das beschriebene Szenario orientieren wir uns an der Kategorisierung von Specht et al.[44] welche DDoS Angriffe in bandwidth depletion (flooding & amplification attacks) und ressource depletion (protocol exploit & malformed packet attacks) einteilen. Abbildung 4.6 zeigt eine graphische Repräsentation des Attack/Defense Graphs.

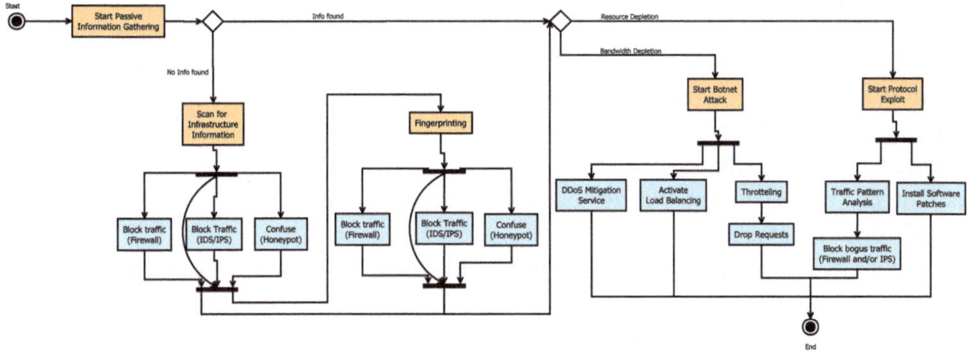

Abb. 4.6 DDoS Attack/Defense Graph

[41] V. Igure and R. Williams, „Taxonomies of attacks and vulnerabilities in computer systems," Communications Surveys & Tutorials, IEEE, vol. 10, no. 1, pp. 6–19, 2008.

[42] Trusted Information Sharing Network (TISN) for Critical Infrastructure Protection, „Denial of Service/Distributed Denial of Service – Managing DoS Attacks," Trusted Information Sharing Network (TISN), Tech. Rep., 2006.

[43] N. Hachem, Y. Ben Mustapha, G. Granadillo, and H. Debar (2011), „Botnets: Lifecycle and Taxonomy," in Conference on Network and Information Systems Security, pp. 1–8.

[44] S. Specht and R. Lee (2004), „Distributed denial of service: Taxonomies of Attacks, Tools, and Countermeasures," in Proceedings of the 17th International Conference on Parallel and Distributed Computing Systems, pp. 543–550.

4.3.2 Prototypische Implementierung

Die prototypische Implementierung, der in diesem Kapitel vorgestellten Simulation, ist in folgende vier Komponenten gegliedert: Eingabe, Simulation, Persistenz und Visualisierung.

Die **Eingabekomponente** verwendet standardmäßig Excel Arbeitsblätter um allgemeine und spezifische Daten zu erfassen. Allgemeine Daten umfassen unter anderem Werte und Einstellungen wie Datenbankverbindung, Anzahl der Simulationsrunden bzw. Werte über Agenten, welche für mehrere Simulationen Gültigkeit besitzen. Spezifische Szenarioinformationen auf der anderen Seite enthalten Daten, welche für ein bestimmtes Szenario Gültigkeit besitzen, wie beispielsweise Ausprägungen und Strategien von Agenten.

Um die Arbeitsblätter einzulesen und zu verarbeiten verwendet der Prototyp das OpenL Tablets[45] Framework. Mit Hilfe dieser Bibliothek ist es möglich die Logik bzw. das Verhalten der Agenten mit Regeln in Excel zu definieren. Weiters ist es möglich die Eingabe auch direkt über Java Programme durchzuführen. Dies ist vor allem bei komplexeren und größeren Szenariodefinitionen sinnvoll.

Die **Simulationskomponente** basiert auf der MASON[46] Bibliothek, welche Funktionalität für die diskrete Ereignissimulation von agentenbasierten Modellen in Java zur Verfügung stellt. Im Prototyp verfügt diese Bibliothek über Basisfunktionalitäten, wie beispielsweise Simulationsdatentypen, sowie das effiziente Rundenmanagement.

Die **Persistenzkomponente** speichert die Ergebnisse für spätere Analyse- und Visualisierungszwecke. Dabei werden die Zustände aller Agenten in jeder Runde abgespeichert.

Um die Ergebnisse aufzubereiten, stellt der Prototyp mit Hilfe der **Visualisierungskomponente** zwei Arten der Visualisierung zur Verfügung: Einerseits bietet eine SWING-basierte Java Oberfläche die Möglichkeit Daten unter Verwendung verschiedener Diagrammtypen zu visualisieren, andererseits können mit Hilfe der JFreeChart[47] Bibliothek vordefinierte Berichte generiert werden.

Die Simulationssoftware unterstützt unterschiedliche Simulationsverfahren (lokal/remote). Bei der Erstellung einer Simulation muss darauf geachtet werden, das richtige Verfahren auszuwählen und zu konfigurieren.

Eine lokale Simulation wird verwendet, um ein Szenario in einer einzelnen Simulationsumgebung auszuführen. In diesem Verfahren ist der Simulation das gesamte Szenario bekannt.

Im Gegensatz dazu können Remote Simulationen verwendet werden, um eine Simulation mit mehreren Teilszenarien auszuführen. Eine Teilsimulation stellt dabei nur einen kleinen Teil der gesamten Simulation dar. Das Szenario wird durch die Summe aller an der Simulation teilnehmenden Teilsimulation definiert. Es ist jedoch immer nur ein Teil des gesamten Szenarios bekannt.

---

[45] OpenL Tablets, http://openl-tablets.sourceforge.net/, letzter Zugriff: 1. November 2014.

[46] MASON, http://cs.gmu.edu/~eclab/projects/mason/, letzter Zugriff: 1. November 2014.

[47] JFreeChart, http://www.jfree.org/jfreechart/, letzter Zugriff: 1. November 2014.

4.4   Ergebnisse, Schlussfolgerungen und Ausblick

Unser soziales und wirtschaftliches Leben hängt stark von der zuverlässigen Funktionsweise kritischer Infrastrukturen ab. Wechselseitige Abhängigkeiten und eine Vielzahl von Interaktionen erschweren eine Analyse der Risiken. Aus diesen Gründen ist es notwendig Simulationsfähigkeiten zu schaffen, welche ein tiefes Verständnis dieser vernetzten Infrastrukturen zu Verfügung stellt.

Nach der Erhebung der spezifischen Anforderungen, welche ein Ansatz zur Risikobewertung erfüllen muss, wurde ein verteilter Modellierungs- und Simulationsansatzes geschaffen. Die Vorteile des Ansatzes liegen vor allem in der Verknüpfung vorhandener Daten aus dem Notfallmanagement und dem Schutz vor Preisgabe von internen Abläufen durch die verteilte Simulation. Des Weiteren ist es möglich Abhängigkeiten und Wechselwirkungen auf verschiedene Abstraktionsstufen zu simulieren sowie verschiedene Angriffs- und Verteidigungsstrategien mit Hilfe regelbasierter Programmierung abzubilden.

Dabei wurde auch auf den zeitlichen Verlauf von Ausfällen oder Servicereduktionen und deren Auswirkungen Rücksicht genommen. Die Herausforderungen, die sich während des Projekts gestellt haben, lagen in der Verringerung der Komplexität kritischer Infrastrukturproviderprozesse und deren Abhängigkeiten ohne dabei auf wichtige Informationen zu verzichten. Besonders erschwerend kam hinzu, dass es sich bei den Abhängigkeiten um besonders schützenswerte Informationen handelte, welche nur legitimierten Partnern zur Verfügung gestellt werden dürfen. Fehlende Informationen wurden durch plausible Annahmen kompensiert.

Bei der Modellierung einzelner Prozesse und Services stand die korrekte Formalisierung von Regeln und Strategien im Vordergrund, um Handlungsweisen realitätsnah umzusetzen. Dafür wurde Literatur sowie Erfahrungen von realen Angriffen analysiert und in Regeln überführt.

Die Unterteilung der Simulation in zwei Perspektiven ermöglicht es Angreiferstrategien und Abhängigkeitszustände getrennt zu modellieren. Neue Angriffe können in die Simulation eingebunden werden ohne, dass Firmeninformationen neu erhoben werden müssen. Dadurch wurde sichergestellt, dass die Simulation einfach aktuell gehalten werden kann.

Das, in diesem Kapitel vorgestellte Simulationsframework, wurde von einem Projektpartner auf dessen Einsatzfähigkeit positiv evaluiert.

Erkennen von Anomalien und Angriffsmustern

Roman Fiedler, Florian Skopik, Thomas Mandl und Kurt Einzinger

5.1 Einleitung[1]

Die Verwendung von automatischen Analysetools zur Identifikation von (noch unbekannter) Malware ist in der Antivirus (AV) Industrie zu einer Standardmethode geworden. Unterschiedliche Systeme mit verschiedensten Technologien wurden entwickelt. Viele der großen AV Hersteller setzen ihre eigenen automatischen Analysesysteme ein, um die unglaublich große Anzahl von bis zu 200.000 Samples pro Tag[2] analysieren zu können.

Und dennoch haben diese automatischen Analysetools gravierende Schwächen, die bei einer Integration in das CAIS Umfeld berücksichtigt werden sollten. Zum einen sind diese Analysetools primär darauf angewiesen, dass zuerst das Malware Sample isoliert wurde, um es anschließend analysieren zu können. Dies ist eine eindeutig reaktive Maßnahme, die in einem proaktiven Umfeld wie CAIS es darstellt, nur nach einem Incident hilfreich sein kann, bzw. falls man in der Lage ist vorher ein malicious Sample aus einem Datenstrom zu extrahieren, kann es auch als unterstützende, proaktive Maßnahmen gesehen werden.

Unabhängig davon ist auch die tatsächliche Erkennungsrate von Malware durch die automatischen Analysetools unbekannt. Es gibt keine öffentlichen Statistiken oder Messungen, die belegen, wie gut (oder schlecht) die automatische Erkennung von Malware mit diesen Analysetools funktioniert. Daher kann man hier nur Erfahrungswerte anwen-

Roman Fiedler · Florian Skopik ✉
AIT Austrian Institute of Technology GmbH, Wien, Österreich
e-mail: roman.fiedler@ait.ac.at, florian.skopik@ait.ac.at

Thomas Mandl · Kurt Einzinger
Netelligenz e.U., Wien, Österreich

[1] Teile dieses Kapitels basieren auf: Skopik F., Fiedler R. (2013): Intrusion Detection in Distributed Systems using Fingerprinting and Massive Event Correlation. *43. Jahrestagung der Gesellschaft für Informatik e. V. (GI) (INFORMATIK 2013)*, September 16–20, 2013, Koblenz, Germany. GI.

[2] Ask the Expert: Roel Schouwenberg Explains the State of Malware Threats: http://blog.kaspersky. com/ask-the-expert-roel-schouwenberg/, 2013, letzter Zugriff: 1. November 2014.

© Springer-Verlag Berlin Heidelberg 2015
H. Leopold et al. (Hrsg.), *Cyber Attack Information System*, Xpert.press,
DOI 10.1007/978-3-662-44306-4_5

den, und auf Grund dieser Erfahrungswerte abschätzen, wann durch diese Analyse-Tools bei „Standard-Malware" einen Vorteil gegeben ist.

Für „Standard-Malware" die keine zusätzlichen Verschleierungstechniken oder Anti-Sandbox Techniken benutzen, kann der Einsatz dieser Analyse-Tools durchaus wertvoll sein. Jedoch muss auch klar sein, dass es eine Vielzahl von bereits bekannten und publizierten Methoden gibt, sich der Analyse in einer automatischen Analyseumgebung zu entziehen. Eine der einfachsten und effektivsten Methoden ist es, nach der Infektion eine gewisse Zeit zu warten, und erst nach Ablauf dieser „Frist" die eigentlichen „malicious" Aktivitäten durchzuführen. Unter der Annahme, dass die automatischen Analyse-Tools durch derart einfache Methoden zu umgehen sind (außer es wurden gezielte Trigger für diese Art des Bypasses implementiert), sollte man nicht allzu viel Hoffnung auf vollautomatische Analysewerkzeuge legen.

Betrachtet man jedoch speziell entwickelte APT Malware, und untersucht deren Methoden, so wird rasch klar, dass dieser Malware-Typus vermutlich kaum erfolgreich mit automatisierten Analysetools untersucht und bewertet werden kann. Dies hat z. B. auch Costin Raiu, Global Research Director von Kaspersky Lab auf der CARO 2013 Konferenz angemerkt, als er über die Erkennung der APT Kampagne „Red October"[3] sprach. Kaspersky hatte die ersten Malware Samples von „Red October" bereits ca. Mitte 2011 erhalten, aber erst im Oktober 2012 war klar, worum es sich wirklich handelte, und in welchem Umfang die Malware „in the Wild" vertreten war, bzw. zu welchem Zweck sie diente. Durch die ständigen Mutationen und Anti-Analyse-Methoden von APT Malware und durch ihre „Stealthiness" die sie bei der Kommunikation mit den C2 Servern und dem „Mutterschiff" anwenden (covert channels) muss man davon ausgehen, dass eine Früherkennung im Sinne von CAIS mit den derzeitigen Analyse-Tools (Sandbox Tools, ANUBIS[4], etc. ...) nur unzureichend möglich wäre. Auch die Analyse von 0-day Exploits ist nur bedingt sinnvoll und möglich, hierzu können kaum öffentlichen Daten gefunden werden, die die Effektivität von automatischen Analyse-Tools in Verbindung mit 0-day Exploits zeigen. Einzig ein Testbericht[5] benutzte einen 0-day Exploit zum Testen einiger ausgewählter Sandbox Systeme.

Zusätzlich zu den Problemen bei der Erkennung von neuer beziehungsweise nicht weit verbreiteter Malware, kommt noch hinzu, dass diese Werkzeuge praktisch ausschließlich zum Schutz von häufig verwendeten Officeplattformen – entweder durch Scanner direkt am System oder Firewalls, Mailfilter, IDS zur Prüfung des Officedatenverkehrs – zur Verfügung stehen. Deshalb bleibt aber gerade die übrige IKT-Infrastruktur bei der Überwachung oft außen vor, wie z. B. Router, Switches, IP-Telefone, Drucker, Applian-

---

[3] Kaspersky Lab Identifies Operation „Red October", an Advanced Cyber-Espionage Campaign Targeting Diplomatic and Government Institutions Worldwide: http://www.kaspersky.com/about/news/virus/2013/Kaspersky_Lab_Identifies_Operation_Red_October_an_Advanced_Cyber_Espionage_Campaign_Targeting_Diplomatic_and_Government_Institutions_Worldwide, letzter Zugriff: 1. November 2014.

[4] https://anubis.iseclab.org/, letzter Zugriff: 1. November 2014.

[5] Heise Zeitschriftenverlag, Darren Martyn: Schädlinge im Sandkasten, c't 18/2013.

ces. Besonders schlecht ist die Unterstützung bei Spezialsystemen, die allerdings gerade in kritischer Infrastruktur essentielle Aufgaben erfüllen, z. B.

- Steueranlagen in Produktion, Wasser- und Stromversorgung,
- Software im Gesundheitssystem, z. B. Krankenhausinformationssysteme (KIS), elektronische Gesundheitsakten,
- Behördlich genutzte Spezialsoftware, z. B. zur Kommunikation und Dokumentation bei der Polizei, Meldewesen, Finanzverwaltung.

Damit existieren für den Betreiber solcher Infrastrukturen große blinde Flecken, an denen er zur Entdeckung von Angriffen auf Zufallsfunde, z. B. durch Untersuchungen von angriffsverursachten Fehlfunktionen, angewiesen ist.

Zusätzlich erschwert wird die Suche noch dadurch, dass sich bei weitem nicht jeder Angriff durch die Verwendung von eindeutig als bösartig zu klassifizierenden Daten oder Software zu erkennen gibt, sondern dass Angriffe durchaus nur in der untypischen Verwendung und Interaktion von regulärer Software zu erkennen sein können. So ist z. B. die Abfrage einer Firmenintranetseite völlig legitim, genauso wie die Anmeldung an einem Switch derselben Firma über SSH beziehungsweise die Verwendung des dort zu Testzwecken vorliegenden Telnet-Clients. Allerdings stellt die Anmeldung am Switch mit gestohlenen Zugangsdaten und die von dort mit Hilfe des Telnet-Clients durchgeführte Abfrage der Intranetseite definitiv eine grobe Abweichung vom normalen Nutzungsverhalten dar.

Um also schwer zu erkennende Malware und sicherheitsrelevante atypischer Verschaltung von Komponenten zu erkennen und so das CAIS Projekt im eigentlichen Sinne (als proaktive Form wie z. B. bei einem Frühwarnsystem) unterstützen zu können sind zusätzliche Analysemethoden erforderlich, die in diesem Kapitel beschrieben werden.

5.2 CAIS-Ansatz zur Erkennung von Cyber-Angriffen

Die größte Herausforderung für zukünftige IKT Schutzsysteme wird die Abwehr von gezielten, hochspezialisierten und oft koordinierten Angriffen sein, welche nicht nur ein einzelnes System, sondern eine ganz vernetzte Infrastruktur beeinträchtigen. Dabei ist jedes einzelne System oft nur geringfügig beeinflusst und daher der Einzelangriff nur schwer zu erkennen (v. a. wenn sich ein Angreifer sehr vorsichtig bewegt), aber in ihrer Gesamtheit kann die Summe dieser Veränderungen auf eine ernsthafte Sicherheitsbedrohung hinweisen. Darüber hinaus nimmt die Anwendung von „social engineering"-Attacken[6] zu, bei denen keine technischen Lücken ausgenutzt werden, sondern Angreifer mittels gestohlener Identitäten in fremde Systeme eindringen. Daher sieht der CAIS-Ansatz vor, nicht nur auf einzelne isolierte System bzw. einzelne Punkte im Gesamtsystem zu ach-

---

[6] Leyla Bilge, Thorsten Strufe, Davide Balzarotti, and Engin Kirda. All Your Contacts Are Belong toUs: Automated Identity Theft Attacks on Social Networks. In WWW, pages 551–560. ACM, 2009.

ten (z. B. mittels Virenscanner oder Firewalls), sondern eine gesamtheitliche Sicht auf ein IKT System zu etablieren.

5.2.1 Fundamentaler Ansatz

Der in CAIS verfolgte Lösungsweg sieht die Etablierung einer zusätzlichen Sicherheitsschicht vor, welche sich über alle relevanten Dienste und Systeme – potentiell auch über Organisationsgrenzen hinweg – erstreckt. Diese Sicherheitsschicht macht sich Log-Daten von Firewalls, Intrusion Detection Systemen, Anwendungsserver, Leistungsmessungen usw. zu Nutze um die folgenden Ziele zu erreichen:

- Erkennen von koordinierten Attacken auf multiple Ziele, insbesondere durch Erkennen angriffsbedingter Änderungen im Interaktionsverhalten verteilter Systeme.
- Erkennen von Angriffen, welche mehrere unterschiedliche Angriffsvektoren und -wege nutzen, ohne dass jede der einzelnen Methoden gesetzte Schwellwerte überschreiten.
- Erkennen von „Advanced Persistent Threats".

Im Gegensatz zu vielen heute üblichen Netzwerkfluss-Analyse-Ansätzen, macht sich die in CAIS verwendete Anomalieerkennung Informationen aus Log-Daten zu Nutze. Dabei wird nicht nur eine Log-Daten-Quelle verwendet, sondern zahlreiche im verteilten System vorhandene Quellen (als Teil der vorher angesprochenen Sicherheitsschicht), um mit deren Hilfe ein Gesamtbild des technischen Zustandes zu erlangen. Zusätzlich zu Angriffen auf einzelne Dienste, ist dieser Ansatz sehr vielversprechend in der Erkennung von verteilten und koordinierten Angriffen, im Speziellen dann, wenn sich diese Angriffe in unterschiedlichen Log-Daten-Quellen widerspiegeln. Grob gesagt, beinhaltet der in CAIS eingesetzte Ansatz zum Erkennen von Angriffen die folgenden Schritte:

1. Identifizierung der Log-Datenquellen kritischer Dienste.
2. Echtzeit-Sammlung und Aggregation der Log-Daten.
3. Erkennen von Angriffen unter Anwendung der im Weiteren vorgestellten Anomalieerkennung.
4. Periodische Anpassung der eingesetzten Log-Mechanismen und Anomalieerkennung um auch neuen Bedrohungen entgegnen und somit Risiken minimieren zu können.

5.2.2 Anomalieerkennung – Ansätze aus der Bioinformatik

Die grundsätzliche Funktionsweise der CAIS-Anomalieerkennung ist die Erkennung korrelierter Ereignissen aus aufgezeichneten Log-Daten, und die Bewertung des dadurch charakterisierten Systemverhaltens. Nach längerer Beobachtungszeit gibt der Algorithmus darüber Auskunft ob das Systemverhalten innerhalb des erwarteten Rahmens liegt, oder potentiell abnormal ist. Aufgrund der Komplexität heutiger großer IKT-Netze und ihrer sich kontinuierlich ändernden Einsatzbedingungen, baut die CAIS-Anomalieerkennung nicht auf vordefinierten Regeln, Signaturen und manuell gepflegten Parametern auf, sondern kann signifikantes System-Nutzungsverhalten selbst bestimmen und Änderungen erkennen. Im Grunde ist dieser Ansatz von Algorithmen inspiriert, die auch in der Bio-Informatik zum Einsatz kommen, wo Werkzeuge zum Verarbeiten großer Datenmengen unbekannter Struktur (z. B. Gensequenzen) Verwendung[7, 8] finden. Damit können abnormale (Log-)Sequenzen erkannt werden, indem das folgende Modell durchlaufen wird:

1. Systemzustandsmodell aus Referenzdaten aufbauen,
2. Aktuelle Daten mit Systemzustandsmodell vergleichen, Abweichungen erkennen,
3. Interpretation der Resultate und Herstellen eines Situationsbewusstseins.

Das Systemzustandsmodell wird zum Zweck der Datenreduktion und einfacheren Verarbeitbarkeit statistisch signifikante Muster aus Datenströmen bestimmt um damit in verkürzter Form die charakteristische Attribute der beobachteten Daten zu beschreiben. Im Falle von CAIS beschreibt solch ein Modell also die aktuelle Situation in IKT-Netzen (Ereignisse und deren Zusammenhänge in einem bestimmten Zeitraum) basierend auf Log-Daten. Dieses Modell kann dann im weiteren dazu verwendet werden, um unerwartete Änderungen aus einem aktuellen oder historischen Logdatenstrom herauszufiltern und einer menschlichen Analyse zuzuführen. Erst dadurch kann durch Abstraktion und Vergleich jenes modellunabhängige Wissen generiert werden, das auch über Organisationsgrenzen hinweg geteilt und genutzt werden kann.

Zum Zweck der Filterung und Klassifikation von großen Logdatenmengen können Mechanismen zum Abgleich[9] („alignment") zum Einsatz kommen, um so besonders häufige aber auch seltene Muster in Daten in Beinahe-Echtzeit aufzufinden. Beim Abgleich werden Logdaten so angeordnet und gegeneinander verglichen, sodass Regionen der Gleichartigkeit identifiziert werden können. Diese Gleichartigkeit kann die Konsequenz funktionaler, struktureller oder evolutionsbedingter Beziehungen zwischen Sequenzen sein.[10] Ähnlich der Anwendung der Mustererkennung in der Bioinformatik zum Erkennen von Beziehungen von Gensequenzen, verwendet CAIS hochperformante Algorithmen zur Muster- und Anomalieerkennung in großflächigen verteilten Computernetzen. Nach der Datenanalyse wird das Situationsbewusstsein hergestellt. Dieser Prozess wird durch eine regelbasierte Interpretation und Korrelation unterstützt und beinhaltet als fundamentalen Aktor den Menschen um aus den vorliegenden Daten der Anomalieerkennung durch Interpretation höherwertige Information und Wissen zu generieren.

---

[7] Peng Li, Chaoyang Zhang, Edward J. Perkins, Ping Gong, and Youping Deng. Comparison of probabilistic boolean network and dynamic bayesian network approaches for inferring gene regulatory networks. BMC Bioinformatics, 8(S-7), 2007.

[8] David W. Mount. Bioinformatics: sequence and genome analysis. CSHL press, 2004.

[9] Ebd.

[10] Alignment „[...] is a way of arranging the sequences to identify regions of similarity that may be a consequence of functional, structural, or evolutionary relationships between the sequences".

5.3 Beschreibung des Anomalieerkennungsalgorithmus

Die im Zuge von CAIS entwickelte Anomalieerkennung[11] verwendet einen selbstlernenden Ansatz, welcher kontinuierlich Hypothesen über das Auftreten von Ereignissen und deren Verkettung aufstellt und diese zur Laufzeit prüft. Grundsätzlich ist dabei zwischen einer **Lernphase**, um ein stabiles Modell der Systemverwendung durch legitimierte Benutzer, und einer **Betriebsphase**, um Abweichungen vom etablierten Systemmodell zu bestimmen, zu unterscheiden. Allerdings werden beide Phasen nebeneinander ausgeführt, das heißt, dass in der Betriebsphase das Systemmodell ebenfalls laufend verfeinert wird und hat daher die Fähigkeit, sich neuen Situationen anzupassen.

5.3.1 Basismodell und grundlegende Definitionen

Das System bezieht seine Informationen zur Modellbildung aus Log-Daten. Eine Basiseinheit der Log-Information, z. B. eine Log-Zeile oder ein Daten-Eintrag in einem Binärformat, ist ein sogenanntes Log-Atom L_a und beinhaltet eine Serie aufeinanderfolgender Symbole s (z. B. Buchstaben einer Logzeile).

$$L_a = s_1 \ldots s_n$$

Ein Log-Ereignis L_e ist die Assoziation eines Log-Atoms L_a mit einem Zeitstempel t und beschreibt den Zeitpunkt der Entstehung von L_a.

$$L_e = \langle L_a, t \rangle$$

Ein Suchmuster $\hat{P}_s$ ist eine Teilzeichenkette eines Log-Atoms L_a. Suchmuster werden per Zufall vom System während des laufenden Betriebs generiert (siehe später).

$$\hat{P}_s = s_{1+i} \ldots s_{m+i} \text{ mit } 0 \leq i \text{ und } m + i \leq n$$

Der Prozess der Vektorisierung transformiert ein Log-Atom L_a in einen n-dimensionalen Mustervektor – dem sogenannten Atom-Vektor $\vec{P}_s$. Dieser Schritt reduziert das zu verarbeitende Datenaufkommen massiv und beschleunigt die nächsten Schritte der Anomalieerkennung erheblich. Während dieses Prozesses werden alle bekannten Suchmuster $\hat{P}_s$ in den Log-Atomen gesucht und die Komponenten-Werte $p_i \in \{0, 1\}$ werden abhängig vom Ergebnis der Suche gesetzt (1 heißt gefunden).

$$\vec{P}_s = p_1 \ldots p_n \text{ mit } p_i \in \{0, 1\}$$

---

[11] Auch eingereicht als Patent: ÖPA A 50292 2013 Algorithmus zur Anomaliedetektion.

Beim Anreichern werden Mustervektoren mit zusätzlichen Komponenten versehen, welche weitere Attribute, z. B. von Systemen die nicht direkt unter Überwachung stehen, enthalten. Dieser erweiterte Vektor P' kann auch Kontextinformation beinhalten, z. B. ob eine Wartung durchgeführt wurde, während die zugrundeliegende Log-Zeile geschrieben wurde.

Die Log-Daten Klassifizierung ist jener Prozess, bei welchem bestimmt wird zu welcher Ereignisklasse C ein Log-Atom L_a gehört. Dabei kann ein L_a zu mehreren Klassen gehören, z. B. ein Log-Atom kann der Klasse „eingehende Verbindung", „SSH Dienst Ereignis" und „IP Zone X Service Ereignis" zur gleichen Zeit angehören. Andererseits kann ein Log-Atom auch zu überhaupt keiner Klasse gehören. Zur Klassifizierung wird durch Verwendung von Vektor P' indirekt L_a und nicht L_e verwendet, da dieser Prozess Zeitstempel-unabhängig ist.

Ein Ereignis E ist letztendlich ein Log-Ereignis L_e welches zu einer bekannten (und aussagekräftigen) Klasse C gehört. Nur diese Ereignisse werden mit dem Anomalieerkennungskonzept weiter bearbeitet.

$$E = \langle L_e, \vec{P'}, C \rangle$$

Eine Hypothese H ist eine nicht-validierte Korrelationsregel, die zwei Ereignisse E_1 und E_2 verknüpft. Die Relation $\rightarrow$ ist als Ausdruck der „logischen Konsequenz" zu verstehen (d. h. $E_1 \rightarrow E_2$), während t_w die Zeitspanne zwischen den E_1 und E_2 zugrundeliegenden Log-Ereignissen beschreibt. Der Anomalieerkennungsalgorithmus erzeugt Hypothesen fortlaufend und automatisch. Er testet diese dann laufend auf ihre Gültigkeit um über Abhängigkeiten von Ereignissen zu lernen und damit ein Modell des Systemverhaltens (d. h. eine Regelbasis) zu erhalten. Zeitfenster t_w werden dabei aus einer Liste vordefinierter Werte gewählt, die von der Granularität der Zeitstempel der Logdatenquelle abhängen, also z. B. 1 s und 10 s.

$$H = \langle E_1, E_2, \rightarrow, t_w \rangle$$

Hypothesen werden über ein längeres Zeitfenster t_e evaluiert, d. h. die Anzahl der Regeltreffer und Regelverfehlungen festgestellt (Dabei ist t_e nicht fix sondern es werden verschiedene Intervalllängen parallel evaluiert, um so zwischen den Eigenschaften Ansprechzeit, Selektivität und Sensitivität ausbalancieren zu können.). Wenn über längere Zeit eine Hypothese immer korrekt war oder alternativ die Fehlbewertungen zumindest erkennbaren statistischen Regeln entsprechen, wird eine Hypothese zu einer Prüfregel und damit Teil des eigentlichen Systemmodells M. Falls eine Hypothese nicht haltbar ist, wird die zugrundeliegende Regel verworfen. Die Sammlung aller bestätigten Regeln ergibt das Systemmodell M, welches das „normale" Nutzungsverhalten widerspiegelt.

$$M = \{ H \,\|\, H \; ist \; best\ddot{a}tigt \}$$

Der eigentliche Anomalieerkennungsprozess besteht aus einer fortlaufenden Evaluierung des Systemmodells. Das bedeutet, dass die Stabilität der Anzahl der positiven und negativen Regelevaluierungen aller Hypothesen in M periodisch überprüft werden und statistisch signifikante Abweichungen einen Alarm auslösen. Eine erweiterte Analyse berücksichtigt auch, wenn mehrere Alarme zeitlich eng beieinander liegend ausgelöst werden, da dies den Level des ausgelösten Alarms nochmals erhöht.

5.3.2 Festlegen von Suchmustern zur Log-Zeilen Vektorisierung

Suchmuster $\hat{P}_s$ werden nicht manuell konfiguriert, sondern vom System basierend auf den aktuell prozessierten Log-Atomen L_a bestimmt. Die grundsätzliche Idee dahinter ist, dass das System Suchmuster verwendet um Log-Atome zu indizieren. Daher bildet es Suchmuster für einerseits noch nicht indizierte L_a (z. B. wenn aine neue Log-Quelle mit ins System eingebunden wird, deren Log-Daten-Format noch unbekannt ist), und andererseits für bereits gut abgedeckte L_a um deren Kategorisierung und damit das Systemmodell M laufend zu verfeinern. Um dies zu ermöglichen verwendet CAIS einen simplen aber effektiven „Token Bucket"-Algorithmus. Dabei erhöht jedes prozessierte Log-Atom L_a die Anzahl der Marken („token") im Korb („bucket"). Sobald genug Marken gesammelt wurden um ein neues Suchmuster zu „kaufen", wird dies gemacht. Ein wichtiger Konfigurationsparameter der Anomalieerkennung ist daher der Preis für ein Suchmuster. Dieses Vorgehen ist ein einfaches Mittel um Probleme beim Musterabgleich zu umgehen. Dieses Problem resultiert daraus, dass selten vorkommente Log-Atome (d. h. Log-Zeilen) meist nicht angemessen indiziert werden, während oft vorkommende Log-Atome übermäßig gut indiziert werden. Allerdings steckt gerade in den selten auftretenden Ereignissen hoher Informationsgehalt und sind daher für die Anomalieerkennung von besonderem Interesse, weil sie Ausnahmeereignisse widerspiegeln. Daher haben Versuche gezeigt, dass die Konfiguration eines niedrigen Preises für gar nicht oder kaum mit $\hat{P}_s$ abgedeckte Log-Atome und eines um ein Vielfaches höheren Preises für oft auftretende Log-Atome überaus zweckdienlich ist. Damit werden auch seltene Ereignisse gut von Suchmustern erfasst und so genauer behandelt.

Der Prozess der Vektorisierung von Log-Zeilen verarbeitet L_a byte-weise und erzeugt daraus den Vektor $\vec{P}$ entsprechend zutreffender Suchmuster. Dieser Vorgang lässt auch auf mehrere Prozessoren verteilen, kann gut optimiert werden, und ist damit besonders effizient.

5.3.3 Ereignisklassifizierung

Nach der Vektorisierung eines L_a folgt die Klassifizierung. Eine Ereignisklasse C ist definiert als die Kombination einer Ereignismaske $\vec{C}_m$ und eines Zielwerts $\vec{C}_t$. Die Ereignismaske beschreibt, welche Komponenten eines Vektors $\vec{P}$ im Klassifizierungsprozess berücksichtigt werden.

$$C = \langle \vec{C_m}, \vec{C_t} \rangle$$

Jeder erzeugte Vektor $\vec{P}$ wird unter Berücksichtigung des Ergebnisses folgenden Bitweisen Operation zu einer oder mehreren Klassen C assoziiert.

$$\vec{C_t} \equiv \vec{P} \,\&\, \vec{C_m}$$

Ereignisklassen C werden vom System automatisch nach dem folgenden Schema erzeugt: Jedes Log-Atom L_a wird durch seinen korrespondierenden Vektor $\vec{P}$ charakterisiert. Falls ein $\vec{P}$ zu keiner der vorhandenen Ereignisklassen passt, wird gegebenfalls eine neue Klasse unter Zuhilfenahme des vorher beschriebenen „Token Bucket"-Algorithmus erzeugt.

5.3.4 Evaluierung von Hypothesen und System-Modell Aktualisierung

Hypothesen, welche die Korrelation zweier Ereignisklassen beschreiben, werden laufend erzeugt. Sie setzen dabei zwei Ereignisse (genauer gesagt zwei Klassen und nicht Instanzen) in eine Implikationsbeziehung, d. h. $E_i \rightarrow E_j$ mit $i \neq j$. Diese werden dann laufend evaluiert und können bei Zutreffen über einen längeren Zeitraum Teil des Systemmodells werden. Dieser Evaluierungsprozess sieht eine Ereignis-Warteschlange Q_i für jede existierende Hypothese H (modelliert als Regel) vor. Alle Ereignis-Warteschlagen hören auf Ereignisse welche relevant für die zugrundeliegende Hypothese respektive Regel sind, d. h. es werden alle $\{ E \,|\, E = E_1 \ oder \ E = E_2 \}$ in die Ereigniswarteschlange eingereiht. Ein periodischer Evaluierungsprozess nimmt diese Einträge und agiert wie in Tab. 5.1 zusammengefasst.

Da eine einzelne Evaluierung einer Systemhypothese nicht ausreichend ist, wird eine ganze Reihe dieser Auswertungen vorgenommen und deren Entwicklung statistisch

Tab. 5.1 Mögliche Evaluierungsergebnisse von Hypothesen

Auftreten der Ereignisse	Evaluierungsresultat
E_1 and not E_2	Ein Ereignis ist aufgetreten, das Evaluierungszeitfenster t_w ist verstrichen, aber das implizierte Ereignis steht noch aus. Daher ist das Ergebnis der Evaluierung dieser Hypothese in diesem Fall **falsch**.
E_1 and E_2	Beide Ereignisse einer Hypothese sind erwartungsgemäß aufgetreten. Daher ist das Ergebnis der Evaluierung, dass die Hypothese **richtig** ist.
not E_1	Alle Auftreten des Ereignisses E_2 welche ein korrespondierendes E_1 vermissen, werden gelöscht ohne ein Evaluierungsresultat zurückzuliefern.

untersucht. Jedes Evaluierungsergebnis trägt dazu bei, dass entweder ein korrespondierender „Match"-Zähler $count_{match}$ oder ein „Mismatch"-Zähler $count_{mismatch}$ inkrementiert wird. Letztendlich werden diese Zählstände laufend durch eine Signifikanzfunktion sc ausgewertet, welche darüber entscheidend, ob eine Hypothese zutrifft und damit Teil des Systemmodells M werden sollte – und im Falle, dass H bereits in M ist – ein Alarm ausgelöst werden muss.

$$\vartheta = 1 - sc(count_{match}, count_{mismatch})$$

Da die kontinuierliche Auswertung einer Hypothese einen einfachen binären Strom produziert (Ergebnis ist „wahr" oder „falsch"), kann der gesamte Prozess als Bernoulli-Prozess interpretiert werden, d. h. ein Zeit-diskreter stochastischer Prozess, welcher nur zwei Werte annehmen kann. Die Funktion sc implementiert einen Binomialtest um den binären Strom einer Hypothesenevaluierung zu interpretieren. Falls eine Hypothese bereits Teil des stabilen Systemmodells ist, dann gibt ϑ den Grad der Anomalie an.

Die Anwendung dieser Bewertung berücksichtigt die letzten 10, 100 und 1000 Evaluierungsresultate und beobachtet daher auch die zeitliche Entwicklung. Anomalien, welche über längere Zeiträume erkannt wurden, d. h. 100 oder gar 1000 Evaluierungsschritte lange, lösen Alarme mit höherer Zuverlässigkeit aus, als Beobachtungen über nur wenige, d. h., 10, Evaluierungsschritten. Natürlich kann im Falle eines kürzeren Evaluierungszeitraums aber viel schneller auf Sicherheitsvorfälle reagiert werden – bei gleichzeitig wesentlich höherer „False Positive"-Rate.

5.4 Architektur der Analysesoftware

Im Zuge des Projekts CAIS wurde das zuvor beschriebene Anomalieerkennungsverfahren in einer Prototypen-Software implementiert und evaluiert. Die Architektur, wie in Abb. 5.1 gezeigt, ist in drei Schichten unterteilt. Um Anomalien in den Log-Daten zu erkennen, werden die Komponenten von unten nach oben durchlaufen.

1. **Log-Datenmanagement und Aufbereitung** beinhaltet das Sammeln von Log-Informationen aus zahlreichen Quellen mit einer Vielzahl von Protokollen und Formaten, sowie das Ablegen in einer konsistenten Form in einer zentralen Log-Datenbank.
2. **Anomalieerkennung** beschäftigt sich mit der eigentlichen Entdeckung von Situationen bzw. zugrundeliegender Ereignisse, die sich von alltäglichen Situationen unterscheiden. Die Anomalieerkennung sollte im Sinne eines effektiven und kostengünstigen Betriebs mit minimalem menschlichem Aufwand arbeiten und auch bei der Inbetriebnahme/Wartung nur wenig Konfigurationsaufwand verursachen.
3. **Berichterstattung und Konfiguration** implementiert eine Administrationsoberfläche, die die Abstimmung des gesamten Systems auf der einen Seite, und die Entgegennahme der Berichte über wichtige Ereignisse auf der anderen Seite ermöglicht.

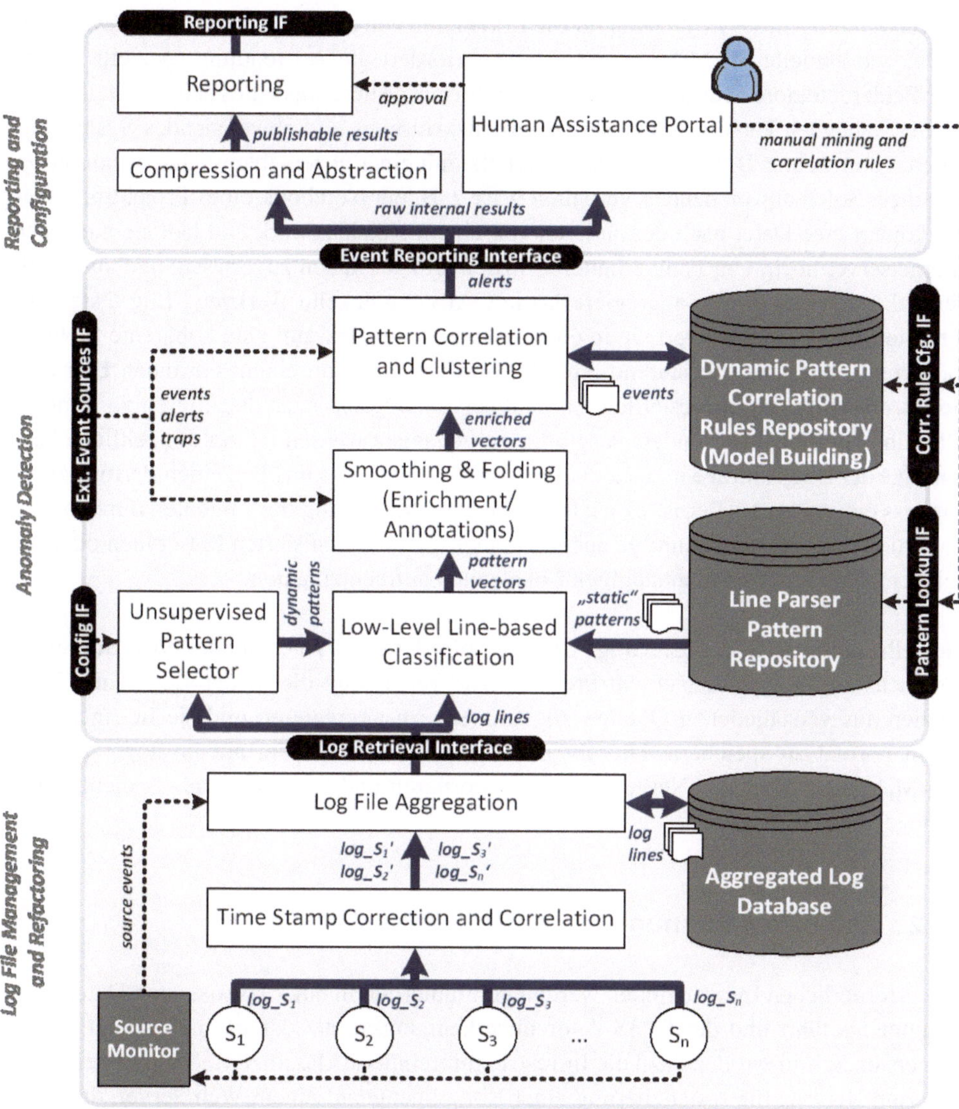

Abb. 5.1 Anomalieerkennung Grobkonzept

5.4.1 Log File Management

Die grundlegende Idee ist, dass die meisten Anwendungen Protokollinformationen über ihren internen Zustand standardmäßig erzeugen. Allerdings werden diese Daten in der Regel nicht für die Überwachung der Sicherheit geschaffen, sondern werden für die Rückverfolgbarkeit (Web-Zugriffe-Logs), Statistik (Netzlast) oder Fehlersuche verwendet. Bei

der Verwendung dieser Log-Daten für die Erkennung von sicherheitsrelevanten Zwischen-
fällen, wie aktuelle SIEM-Lösungen es tun, erfordert die Anwendung spezielle Parser
oder Fehlerdetektoren für jede Art von Datenformat. Allerdings ist es selbst mit zur Verfügung stehenden Parsern schwierig sicherheitskritisches und abweichendes Systemverhalten, verursacht z. B. im Zuge eines Angriffs, mit einer akzeptablen Fehlalarmquote zu
erkennen. Solch abweichendes Verhalten wäre z. B. ein Notebook eines Projektmitarbei-
ters kopiert eine Datei nach der anderen von einem Netzkaufwerk und lädt sie auf einen
Internetserver hoch. Um Fehlverhalten trotzdem einigermaßen zuverlässig und automatisiert erkennen zu können, aggregiert das in CAIS entwickelte Werkzeug Log-Daten aus
verteilten Systemen speichert sie in eine einzige Datenbank, um eine kohärente Sicht zu
etablieren – und später basierend darauf Abweichungen von einem normalen Betriebs-
modus mit Hilfe des vorgestellten Anomalieerkennungsansatzes detektieren zu können.
Allerdings muss hier besonders sorgfältig vorgegangen werden (i) um die zeitliche Reihenfolge der Log-Einträge intakt zu halten, und (ii) um nicht künstlich einen Performance-
Engpass einzuführen. Hier ist es wichtig eine Vorverarbeitung der Logdaten durchzuführen, um die zeitliche Reihenfolge auch bei nicht zeitsynchronisierten Maschinen oder bei
Zeitstempeln in zeitzonenabhängigen Lokalzeiten aufrechtzuhalten.

Aktuelle Technische Realisierung Um die Anforderungen zu erfüllen, stehen zahlreiche
anspruchsvolle Log-Management-Produkte zur Verfügung, die in der Lage sind, Log-
Dateien aus verschiedenen Quellen zu sammeln, zu aggregieren und sie in einem fle-
xiblen Format zu speichern. Die aktuelle Implementierung baut auf rsyslog[12] auf um
Log-Meldungen über das Netzwerk zu transportieren und Graylog2[13] als Speicher- und
Management-Lösung.

5.4.2 Anomalieerkennung

Alle erforderlichen Informationen werden kontinuierlich in einer konsistenten Datenbank
zusammengeführt und der CAIS-Anomalieerkennungsansatz darauf angewendet. In einem ersten Schritt werden dazu die Infrastrukturereignisse klassifiziert. Solche Ereignisse
sind zum Beispiel die Instanziierung einer Komponente auf einem Web Server, das Aufbauen einer Datenbank-Verbindung, die Anmeldung eines Benutzers usw. Dabei ist zu
beachten, dass wenn das System nur mit einem vordefinierten Katalog funktionieren würde, könnte es unflexibel für zukünftige Erweiterungen (oder im Betreib teurer) werden,
und daher leichter zu umgehen sein. Somit werden regelmäßige Updates, unterstützt durch
Maschine-Learning-Konzepte und Heuristiken, benötigt, um wiederkehrende Ereignisse
richtig zu behandeln, die noch keiner Vorklassifikation unterzogen wurden. Unter Be-
zugnahme auf Abb. 5.1 wird eine Log-Zeile durch die Bestimmung passender Muster

---

[12] http://tools.ietf.org/html/rfc5424, letzter Zugriff: 1. November 2014.
[13] http://graylog2.org/, letzter Zugriff: 1. November 2014.

klassifiziert. Hierbei wird gegen einen Katalog von Muster-Vektoren geprüft, ob eine Log-Zeile ein bestimmtes Muster enthält und damit die Art der Log-Zeile (und Ähnlichkeiten zu anderen Zeilen) beschrieben. Die Muster stammen entweder aus einer vorgegebenen Menge (statische Muster) oder von einer intelligenten Muster-Selektion zur Laufzeit (z. B. basierend auf statistische Techniken).

Glätten und Falten ermöglicht dem Framework, den Muster-Vektor mit zusätzlichen Komponenten, die das Ergebnis von Rauschunterdrückung oder ähnlichen Aufbereitungstechniken (refactoring) sind, zu annotieren. Mit Hilfe von Korrelations- und Clusteringmechanismen wird schließlich aus den isolierten Ereignisdaten höherwertige Information generiert, um z. B. das gleichzeitige Auftreten von Ereignissen und damit komplexe Situationen zu erfassen. Ein Beispiel ist, dass ein Aufruf einer bestimmten Seite eines Web-Shops immer die Erstellung einer Datenbank-Verbindung und fünf aufeinanderfolgende Datenbank-Abfragen mit relativ spezifischer Struktur auslösen wird. All diese Ereignisse werden in Log-Dateien erfasst und die Log-Zeilen werden gründlich durch einen entsprechenden Satz von Mustern klassifiziert. Bei einem SQL-Injection-Angriff[14], bei der veränderte oder zusätzliche Datenbankabfragen ohne das dazugehörige Laden der Web-Shop-Seiten in ausgelöst werden, kann die Korrelation dieser Ereignisse vom normalen Verhältnis (1:1:5) abweichen und so entdecken. Nicht nur das Verhältnis, auch die zeitliche Abhängigkeit kann sich ändern: normale Web-Anfragen verursachen kurze Datenbank Zugriffe z. B. 3–50 ms später, Datenbankanfragen des Angreifers können eine abweichende Dauer haben. Zu beachten ist auch, dass diese Störung allein kein ausreichender Indikator sein muss, aber, wenn nicht nur drei Indikatoren, sondern Dutzende bis Hunderte überwacht werden, ist die Anomalieerkennung in der Lage, daraus eine gesamtheitliche Sicht auf den Zustand des Systems und den Grad des anormalen Nutzerverhaltens zu bilden.

Eine Schnittstelle um externe Ereignisse in das System einzupflegen, erlaubt die Korrelation von aus Log-Daten extrahierter Ereignisse mit Ereignissen, die aus nicht überwachten Quellen stammen. Ein Beispiel ist die Eingabe von Nachrichten über Fähigkeiten aktueller Malware und Nutzung in anderen Organisationen – um basierend darauf die Empfindlichkeit der Anomalieerkennungsmechanismen bezüglich ähnlicher Bedrohungen zu erhöhen.

Aktuelle Technische Realisierung Der bisherige Prototyp ist ein in Java implementiertes Modul, welches Log-Daten mit dem zuvor skizzierten Algorithmus verarbeitet. Muster werden entweder manuell oder nach dem Zufallsprinzip ausgewählt. Die Ergebnisse werden zur SIEM-Lösung OSSIM[15] über ihre Plugin-Schnittstelle zur Visualisierung von Alarmen weitergegeben.

---

[14] Halfond, William GJ, and Alessandro Orso. „AMNESIA: analysis and monitoring for NEutralizing SQL-injection attacks." Proceedings of the 20th IEEE/ACM international Conference on Automated software engineering. ACM, 2005.

[15] http://www.alienvault.com/open-threat-exchange, letzter Zugriff: 1. November 2014.

5.4.3 Berichtswesen und Konfiguration

Auch wenn das Anomalieerkennungssystem im Grunde selbstlernend ist, müssen Konfigurationen von Zeit zu Zeit angepasst werden bzw. ermittelte Anomalien bewertet und zwecks Berichterstattung auf höhere Ebenen weitergeleitet werden. Diese Ebenen können eine Abteilung, eine Organisation oder auch bereits die nationale Ebene sein. Darüber hinaus neigen Anomalieerkennungssysteme dazu, große Mengen an Informationen auszugeben, und Entscheidungsträger damit zu überlasten. Zu diesem Zweck werden geeignete Kompressions- und/oder Filter-Techniken benötigt, um nur „relevante" Nachrichten zu übermitteln. Relevant sind diese Nachrichten dann, wenn deren Inhalt auf die Schaffung von Situationsbewusstsein (z. B. durch eine angemessene Visualisierung) beitragen und schlussendlich die Entscheidungsträger bei ihren Aufgaben unterstützt. In der Tat, werden weitergeleitete Nachrichten mehr abstrahiert, aggregiert und gefiltert, je höher sie in der Hierarchie nach oben wandern.

Aktuelle Technische Realisierung Der CAIS-Prototyp nutzt die weit verbreitete SIEM Lösung OSSIM um sicherheitsrelevante Ereignisse zu visualisieren. Der Vorteil von OSSIM ist, dass mehrere Instanzen leicht kaskadierbar sind, was bedeutet, dass die gleiche Lösung auf verschiedenen Ebenen, d. h., Abteilungen, Organisationen und nationaler Ebene verwendet werden kann. Zu diesem Zweck bietet OSSIM einen hochentwickelte Regelmechanismus zur Erfassung und Auswertung von Regeln (Mensch-assistierte Anomalie Detektion), sowie Weiterleitungsbedingungen (Filter) für die Klassifizierung von Sicherheitsvorfällen.

5.5 Anomalieerkennung: Detailszenario

5.5.1 Ein realistischer Anwendungsfall

Anwendungsfallbeschreibung Eine Organisation betreibt ein internes Web-Service, welches vertrauliche Informationen nur für das eigene Personal bereitstellt („Intranet"). Dieses Service ist in einer separaten Netzwerk-Zone beheimatet, welche dieses vom Firmennetz mittels einer Firewall isoliert. Ein Angreifer konnte unter Ausnutzung einer technischen Schwachstelle Zugriff auf einen anderen Dienst in dieser Zone erlangen und versucht nun auf das interne Web-Service von dort aus zuzugreifen. Alle Anfragen sind syntaktisch korrekt und autorisiert, da sie von einer vertrauenswürdigen Maschine im gleichen Netzsegment stammen. Daher sind keinerlei Validierungsfehler oder Zugriffsverletzungen in den Log-Dateien verzeichnet. Im Fall, dass das interne Web-Service ordnungsgemäß verwendet wird, werden zwei Geräte Log-Daten produzieren, erstens die Firewall fw-1, welche das angesprochene Netzwerksegment abschottet, wird TCP Verbindungen aus dem Firmennetzwerk protokollieren, und das Web-Service web-2 wird jede Anfrage mitloggen.

Grundlegende Datenaufbereitung Der erste Schritt der CAIS-Anomalieerkennung ist es, die Log-Daten beider Quellen fw-1 und web-2 mittels remote logging (z. B. rsyslog) zu sammeln und die beiden Datenströme in einen geordneten Ereignisstrom zu transformieren. Der kombinierte Ereignisstrom für den normalen legitimierten Zugriff könnte wie folgt aussehen:

```
Dec 17 17:13:11 fw-1 iptables:ACCEPT IN=eth2 OUT=eth0 MAC=00:50... SRC=192.168.0.11       DST=192.168.100.5
PROTO=TCP SPT=55325 DPT=443
Dec 17 17:13:11 192.168.0.11 web-2 - - "GET /" 200 "Mozilla/4.0 (compatible; MSIE 7.0; ...
Dec 17 17:13:11 192.168.0.11 web-2 - - "GET /images/background.gif" 200 "Mozilla/4.0 (compa..
Dec 17 17:13:12 192.168.0.11 web-2 - - "GET /main-style.css" 200 "Mozilla/4.0 (compatible; MSI...
Dec 17 17:13:19 fw-1 iptables:ACCEPT IN=eth2 OUT=eth0 MAC=00:50... SRC=192.168.0.11       DST=192.168.100.5
PROTO=TCP SPT=55327 DPT=443
Dec 17 17:13:19 192.168.0.11 web-2 - - "POST /login" 200 "Mozilla/4.0 (compatible; MSIE 7.0; ...
Dec 17 17:13:19 192.168.0.11 web-2 - - "GET /service-overview" 200 "Mozilla/4.0 (compatible; ...
```

Die beiden folgenden Listings zeigen hingegen die protokollierten Ereignisse für den Fall, dass der Angreifer von innerhalb der gleichen Netzwerk-Zone auf das interne Web-Service zugreift. Da dabei Verbindungen nicht über die Firewall geführt werden, gibt es zu den an web-2 erkannten Ereignissen keine korrespondierenden Ereignisse auf fw-1. Auch können die Web-Server Log-Daten anders aussehen, wenn der Angreifer andere Werkzeuge zum Zugriff auf web-2 verwendet. Zugriffe mittels Web-Browser werden sehr ähnlich aussehen wie der Normalzugriff durch legitimierte Benutzer, aber Zugriffe mittels Text-basierter oder automatisierter Werkzeuge werden üblicherweise das Laden von Bildern oder Style Sheets überspringen.

```
Dec 17 17:13:11 192.168.100.7 web-2 - - "GET /" 200 "Mozilla/4.0 (compatible; MSIE 7.0; ...
Dec 17 17:13:11 192.168.100.7 web-2 - - "GET /images/background.gif" 200 "Mozilla/4.0 (c...
Dec 17 17:13:12 192.168.100.7 web-2 - - "GET /main-style.css" 200 "Mozilla/4.0 (compat...
Dec 17 17:13:19 192.168.100.7 web-2 - - "POST /login" 200 "Mozilla/4.0 (compatible; MSIE 7.0; ...
Dec 17 17:13:19 192.168.100.7 web-2 - - "GET /service-overview" 200 "Mozilla/4.0 (com...
```

```
Dec 17 17:13:19 192.168.100.7 web-2 - - "POST /login" 200 "wget"
Dec 17 17:13:19 192.168.100.7 web-2 - - "GET /service-overview" 200 "wget"
```

Die CAIS Anomalieerkennung lernt von Log-Daten, welche unter Normalbedingungen (d. h. im Nicht-Angriffsfall) erzeugt wurden, wie das System verwendet wird, damit es im Angriffsfall Abweichungen feststellen kann – beispielsweise neue/andersartige Zugriffsmuster, zeitliche Zusammenhänge usw. Wenn die Anomalieerkennung neu in Betrieb genommen wird, wird es folgendes tun: Zu Beginn sind alle Log-Daten strukturell unbekannt bzw. ist es unwahrscheinlich, dass die Log-Zeilen zu irgendwelchen vordefinierten Mustern passen. Das System kann daher keine Voraussagen über die Häufigkeiten und Zusammenhänge der mitprotokollierten Ereignisse machen. Daher wird es möglicherweise Alarm auslösen, falls durch die neuen Daten bestehende Regeln verletzt würden, und dann den Administrator (oder ein Mitglied des Security Response Teams) über unerwartete Ereignisse in den Log-Daten informieren. Sobald das verantwortliche Personal bestätigen konnte, dass die aufgetretenen Ereignisse dem Normalzustand entsprechen, kann das System beginnen die obsoleten Regeln verwerfen und mit dem Erlernen des neuen Systemverhaltens beginnen. Zu diesem Zweck zieht dieses zufällige Muster aus den Eingabedaten (fett markiert):

```
Dec 17 17:13:11 fw-1 iptables:ACCEPT IN=eth2 OUT=eth0 MAC=00:50... SRC=192.168.0.11      DST=192.168.100.5
PROTO=TCP SPT=55325 DPT=443
Dec 17 17:13:11 192.168.0.11 web-2 - - "GET /" 200 "Mozilla/4.0 (compatible; MSIE 7.0; ...
```

Diese markierten Muster werden sodann verwendet um die Log-Zeilen zu klassifizieren. Diese Klassifizierung gibt darüber Auskunft, welche der vom System zufällig ausgewählten Muster ("pattern vector") in welcher Zeile vorkommen.

```
Pattern vector: ("w-1 ip", "h2 OU", "0.5 P", "T=553", "PT=44", "2.168" "GET /", "IE 7.")
Match vector on first line: (1, 1, 1, 1, 1, 1, 0, 0)
Match vector on next line: (0, 0, 0, 0, 0, 1, 1, 1)
```

Wie in diesem Beispiel ersichtlich sind manche Muster mehr andere weniger geeignet um Zeilen eindeutig zu klassifizieren. Beispielsweise kann „w-1 ip" eine Firewall Log-Zeile identifizieren, während „T=553" (d. h. source port ist 553xx) nur gelegentlich zutreffen wird. Die Klassifizierung wird kontinuierlich versuchen die Suchmusterauswahl zu verbessern, insbesondere durch Auswahl neuer, Verwerfen nicht passender Muster oder Verschmelzen immer gleichzeitig auftretender Muster. Daher unterliegt der Suchmuster-Vektor („pattern vector") einer laufenden Evolution. Das in diesem Abschnitt eingangs gezeigte Beispiel könnte nach mehreren Durchläufen wie folgt klassifiziert werden:

```
Pattern vector: ("fw-1..MAC=", "DST=..SPT=", "DPT=443", "192.168.0.", "GET /", "images", "IE 7.")
Dec 17 17:13:11: v0=(1, 1, 1, 1, 0, 0, 0)
Dec 17 17:13:11: v1=(0, 0, 0, 1, 1, 0, 1)
Dec 17 17:13:11: v2=(0, 0, 0, 1, 1, 1, 1)
Dec 17 17:13:12: v3=(0, 0, 0, 1, 1, 0, 1)
Dec 17 17:13:19: v4=(1, 1, 1, 1, 0, 0, 0)
Dec 17 17:13:19: v5=(0, 0, 0, 1, 0, 0, 1)
Dec 17 17:13:19: v6=(0, 0, 0, 1, 1, 0, 1)
```

Unter Zuhilfenahme der Log-Einträge und der daraus resultierenden Klassifizierungsvektoren versucht der Algorithmus zufällige Hypothesen (welche als Regeln modelliert sind) durch Korrelation zu erstellen. Diese werden anschließend eine Zeit lang getestet und auf ihr generelles Zutreffen evaluiert. Zum Beispiel kann der Algorithmus herausfinden, dass alle Vektoren v1 bis v6 immer einem Vektor v0 folgen. Er kann auch herausfinden, dass v5 (HTTP Post) niemals der erste Request sein kann, da ein Client immer eine Login-Seite anfragen muss, bevor die eigentlichen Login-Daten via HTTP Post gesendet werden können. Daher wird ein gewöhnlicher Browser mit GUI und ohne aktiviertes

Caching[16] auch immer eine Log-Zeile mit Klassifikation v2 (GET background image) serverseitig beim Laden der Login-Seite verursachen. Für jede vom System aufgestellte Hypothese wird der Anomalieerkennungsalgorithmus versuchen möglichst exakt deren statistische Signifikanz zu bestimmen. Dabei wird die Signifikanz, zum Beispiel, der Regel „Firewall-Ereignis X nicht mehr als 5 Sekunden vor Web Server Ereignis Y" relativ hoch sein und ein Angreifer, welcher sich von innerhalb des gleichen Netzwerksegments zum Web Server verbindet und die Firewall dabei umgeht, eine Verletzung dieser Regel verursachen. Abhängig von der individuellen Konfiguration des Korrelationsmechanismus kann dann sofort ein Alarm ausgelöst, oder auf noch mehr dieser Ereignisse gewartet werden, um die Signifikanz dieser Abweichung weiter zu erhöhen und Anomalien mit größer Präzision bestimmen zu können.

Erweiterte Analyse Abhängig von den Eingabedaten und deren Determinismus wird der Korrelations-Algorithmus mehrere Hypothesen mit hoher Signifikanz pro Ereignistyp finden – auch einige, an die ein Administrator, der eine heute übliche SIEM Lösung konfiguriert, wahrscheinlich gar nicht denken würde oder kennt. Falls beispielsweise eine Organisation nur Microsoft-Produkte im Einsatz hat, können noch viel restriktivere Hypothesen/Regeln generiert werden, wie etwa „GET Web server request" korreliert immer mit „User-Agent signature IE7". Wenn dann ein Angreifer (oder auch nur ein legitimierter Angestellter mit einem privaten Gerät) sich mit dem WLAN verbindet und auf das angesprochene interne Web-Service zugreift, wird die User-Agent-Signatur in vielen Fällen nicht exakt übereinstimmen, und ein Alarm ausgelöst werden.

Selbst bei Verwendung des relativ simplen Beispiels in diesem Abschnitt mit einem Muster-Vektor, der nur aus sieben Komponenten besteht, ist bereits eine große Anzahl möglicher Hypothesen möglich. Einige davon sind im Folgenden aufgeführt:

- Jeder Firewall-Eintrag, der eine eingehende Verbindung zur Server IP des internen Web-Services repräsentiert, wird üblicherweise den Port 443 beinhalten. Andere Ports könnten erlaubt sein (z. B. zur Wartung oder Direktverbindung zu einer dahinterliegenden Datenbank), sind aber nicht an der Tagesordnung und damit unüblich.
- Üblicherweise sind Login-Versuche (HTTP Post) vergleichsweise selten verglichen zu anderen Requests. Eine signifikante Erhöhung von HTTP Post Request könnte auf Brute Force Attacken hinweisen, bei denen ein Angreifer versucht Login-Daten zu erraten.

---

[16] Das individuell eingestellte Caching Verhalten des Browsers ist hier wider Erwarten kein allzu ernstes Problem. Falls der Algorithmus keine passenden und zutreffenden Hypothesen bilden kann, welche das Zugriffsverhalten auf cached Ressourcen charakterisiert, dann werden diese Log-Zeilen nur wenig bis gar keinen Einfluss auf den berechneten Anomalie-Grad haben. Wenn aber das Caching auch neuartige Muster in das System einbringt, z. B. alle organisationsinternen Browser verwenden Caching und erfragen Ressourcen nur ein mal pro Session, dann kann das Erhalten einer „304 not modified"-Antwort ungewöhnliches Verhalten sein, welches von einem Browser mit einer nicht organisations-konformen Konfiguration verursacht wurde (oder auch von z. B. wget). Damit wird dann bei Verletzung wiederum eine Anomalie erkannt und ein Alarm getriggert.

- Üblicherweise korreliert die Anzahl der Firewall Log-Einträge mit der Anzahl der Web-Service Log-Einträge: Ein Benutzer sendet eine Anfrage (die Firewall wird den Aufbau einer Verbindung protokollieren) und erhält eine Antwort z. B. eine HTML Seite mit 15 verschiedenen Bildern. Er wird dann diese Information Lesen und dann einen weiteren Link folgen. Dies wird den nächsten Verbindungsaufbau anstoßen usw. Ein automatisiertes Werkzeug (z. B. wget) wird hingegen Anfragen mit weit höherer Frequenz senden und unterschiedliche Verhältnisse von Firewall-Log-Einträgen und Web-Service-Log-Einträgen verursachen.

Schlussbetrachtung zum Anwendungsfall Dieses Beispielszenario hat gezeigt, dass ein Anomalieerkennungsalgorithmus, welcher auf der extensiven Korrelation von Ereignissen basiert, in der Lage ist, mögliches signifikant abweichendes Systemverhalten zu erkennen. Im Gegensatz zu rein manuell gepflegten Regeln in einer SIEM-Lösung, wird dieses System auch Regeln finden, die einem Administrator oft verborgen bleiben. Allerding ist der Mensch bei Anwendung dieses Verfahrens nach wie vor unerlässlich um erkannte Anomalien weiter zu untersuchen und zu entscheiden, ob diese durch eine Fehlfunktion, einen Angriff oder schlicht fehlerhafte Detektion (z. B. aufgrund einer Wartung) zustande kam.

Aus diesem Beispiel kann man auch erkennen, dass eine Algorithmus, welcher auf der Erstellung von Hypothesen über Ereigniskorrelationen beruht, sehr gut trainiert werden kann, durch eigenständiges Lernen das normale Systemverhalten festzuhalten („**whitelisting approach**") und darauf aufbauend dann die verschiedensten Formen und Ausprägungen von Angriffen zu erkennen. Die einzige Chance einer traditionellen SIEM Lösung die beschriebenen Anomalien zu erkennen, ist die Anwendung von sehr speziellen Regeln, welche z. B. atypische IP Adressen oder User-Agent-Strings in Web-Server Logs erkennen. Die Erstellung dieser Regeln ist zwar grundsätzlich möglich, jedoch typischerweise so aufwändig, dass es letztendlich nicht wirtschaftlich ist – und noch viel gravierender: Nur Angriffe, die der Administrator/Experte bei der Regelerstellung berücksichtigt hat („**blacklisting approach**"), können erkannt werden.

5.5.2 Diskussion des Szenarios

Zur Evaluierung der Leistungsfähigkeit des CAIS Anomalieerkennungsverfahrens wurde ein ähnliches Szenario wie das zuvor beschriebene experimentell nachgestellt. Allerdings tauschen nun, um die Komplexität zu erhöhen, eine Vielzahl von Dokumentenaustausch-Diensten Dateien innerhalb eines mit einer Firewall isolierten Netzsegments aus. Alle Dateiaustausch-Dienste und die Firewall protokollieren wichtige Ereignisse, welche von der CAIS-Anomalieerkennung ausgewertet werden. Sollte ein Angreifer Zugriff auf die geschlossene Umgebung erlangen und sich in Datenaustauschprozessen einklinken, soll die Anomalieerkennung Alarm schlagen.

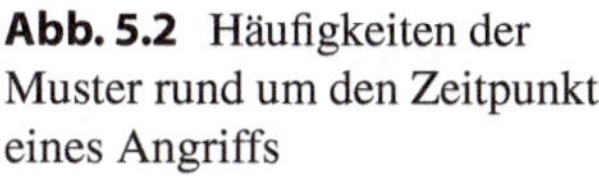

Abb. 5.2 Häufigkeiten der Muster rund um den Zeitpunkt eines Angriffs

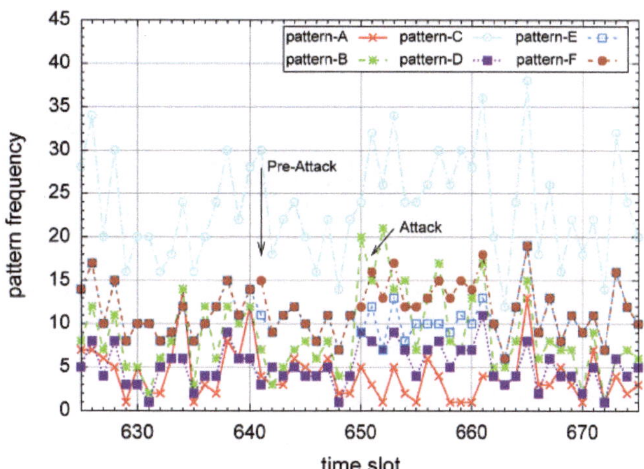

Häufigkeiten der Muster   Der erste Teil der Experiments beschäftigt sich mit der Extraktion sinnvoller Muster aus den gesammelten Log-Daten. Zu diesem Zweck wenden wir ein Zeitfenster mit der Länge einer Sekunde[17] an um die Häufigkeit („pattern frequency") der Muster zu ermitteln. Die untersuchten Muster sind dabei zwecks besserem Verständnis zuerst einmal vordefiniert und lauten „GET", „LIST", „Connecting to", „Connection from", „iptables * IN" and „iptables * OUT". Abbildung 5.2 zeigt die individuellen Häufigkeiten dieser Muster in den Log-Daten (y-Achse) über der Zeit (x-Achse). Dabei sollte beachtet werden, dass die reinen Häufigkeiten abhängig von der Systemauslastung durchaus sehr stark schwanken. Nichtsdestotrotz kann aber bereits hier erkannt werden (sofern man weiß wonach in diesem speziellen Fall gesucht werden muss), dass eine Anomalie zwischen Zeitstempel 651 und 661 stattfindet. In diesem Zeitbereich weichen die Häufigkeiten von pattern-E und pattern-F ab, was sonst nicht der Fall ist.

Basiskorrelation   Um solche Abweichungen besser erkennen zu können, visualisiert das System das Korrelationsverhalten ausgewählter Muster; in diesem Fall „Connecting to" (pattern-E) und „iptables" (pattern-F). Die zeitliche Evaluierung der Hypothese „*Connecting to impliziert iptables*" macht dabei auf einfachem Wege das Erkennen von Versuchen des Firewall-Bypasses möglich (und zeigt damit unübliche Verbindungsversuche von einer potentiell infizierten Maschine im isolierten Netzsegment auf). Abbildung 5.3 zeigt wie oft Ereignisse entsprechend der zuvor genannte Hypothese auftreten (Normalfall: pattern-E | pattern-F) und wie oft unpassende Ereignisse beobachtet werden (Fall des nicht legitimierten Zugriffs). Die nachgestellte Attacke kann einfach erkannt werden. Man beachte, dass Abb. 5.3 auf den gleichen Daten beruht wie Abb. 5.2.

Erweiterte Korrelation   Als nächstes wird die gleichzeitige Anwendung einer Vielzahl von manuell definierten Regeln untersucht. Selbst im vergleichsweise einfachen Anwen-

---

[17] Die Genauigkeit der Zeitstempel in den Log-Daten beträgt zumindest eine Sekunde.

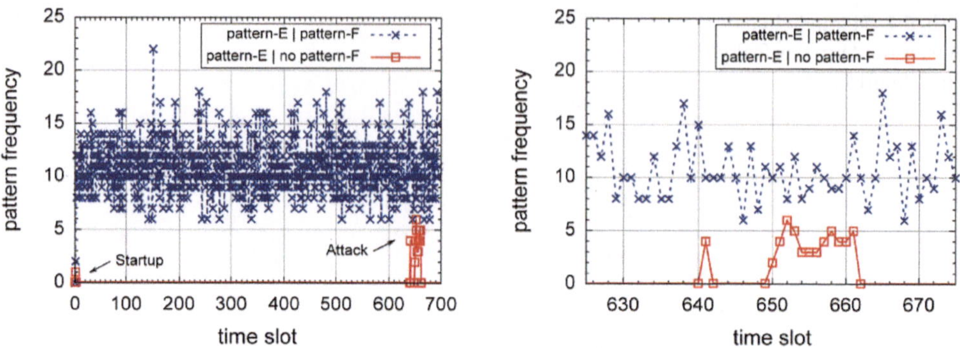

Abb. 5.3 Basiskorrelation über die Gesamtlaufzeit und rund um den Angriffsfall

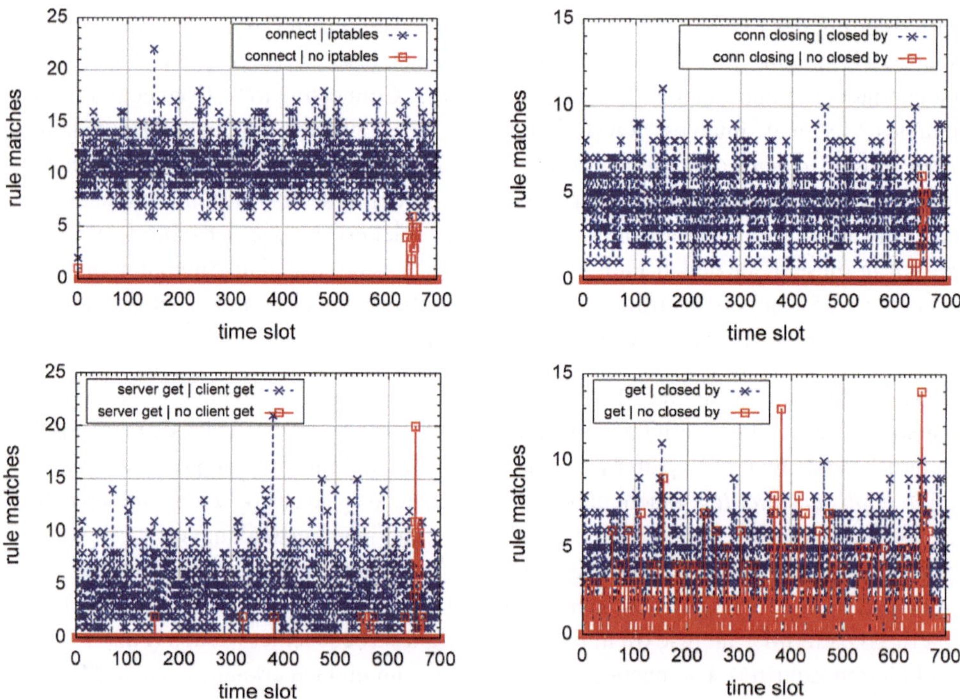

Abb. 5.4 Gleichzeitige Anwendung manueller Korrelationsregeln: Drei sinnvolle Fälle hochkorrelierter Muster (**a–c**) und ein Fall eines Gegenbeispiels (**d**)

dungsfall können bereits eine ganze Reihe von Abhängigkeiten gefunden werden (vgl. Abb. 5.4). Zusätzlich zum bisher betrachteten Fall *„Connecting to impliziert iptables"* sind dies beispielsweise „connection closing (server) impliziert","closed by (client)" oder „server get impliziert client get" im Fall des direkten Dokumentenaustausches. Das Festlegen dieser Regeln erlaubt es letztendlich ein passendes Systemmodell zu entwickeln, welches das Verhalten des Gesamtsystems hinreichend beschreibt, um signifikante Abweichungen (d. h. Anomalien welche potentiell die Auswirkung eines Angriffs darstellen) zu identifizieren. Als Gegenbeispiel ist in Abb. 5.4 der Fall *„get impliziert closed by"* angegeben, welcher oft wahr, aber auch sehr oft falsch ist. Somit ist im Normalfall keine Korrelation zwischen diesen beiden Ereignissen gegeben und die Überprüfung dahingehend folglich wertlos. Das Experiment zeigt hingegen sehr gut, dass selbst in einem relativ einfachen Setup eine Vielzahl von Regeln gefunden werden kann, um wenige Ereignisse vielfältig zu verknüpfen und damit das Verhalten des Gesamtsystems zu modellieren. Dies ist die Grundlage einer funktionierenden Anomalieerkennung.

Selbstlernender Betrieb Die manuelle Erstellung der Suchmuster und Hypothesen bzw. Regeln, sowie das Testen dieser Hypothesen wäre eine sehr zeitintensive Aufgabe und unter ökonomischen Aspekten nicht durchführbar. Daher versucht das Anomalieerkennungssystem unter Anwendung von Machine-Learning-Konzepten Regeln automatisiert einzuführen und diese kontinuierlich zu optimieren. Der Lernansatz implementiert das Token-Bucket-Verfahren wie zu Beginn dieses Kapitels dargestellt. Im Speziellen heißt das, dass für jede Log-Zeile ein Token in einen virtuellen Korb („bucket") gelegt wird. Neue zufällige Suchmuster werden generiert, sobald genügend Tokens im Korb sind um diese zu „kaufen". D.h., wenn kein Muster auf eine Log-Zeile zutrifft und mehr als $t_{unmatched\_line}$ Tokens im Korb sind oder falls eine Log-Zeile n-Mal getroffen wurde und der Korb mehr als $t_{unmatched\_line} + n * t_{match}$ Tokens enthält, wird ein Muster mit 3–11 Bytes Länge aus der Log-Zeile selektiert. Im Testfall arbeitete eine Konfiguration mit $t_{unmatched\_line} = 100$ and $t_{match} = 300$ hinreichend effizient. Um die Ressourcenanforderungen des Algorithmus zu beschränken, müssen vor allem in sehr dynamischen Infrastrukturen Muster, die in keiner Hypothese verwendet werden regelmäßig gelöscht werden. Eine Historie über (Hashsummen der) gelöschten Muster verhindert ein oszillierendes Verhalten, d. h., das kreieren bereits früher verworfener Muster.

Die ausgewählten Muster bzw. daraus zusammengesetzte Muster-Vektoren, werden sodann zur Kategorisierung von Log-Zeilen verwendet. Die Erstellung der Klassifizierungen wird ebenfalls wie die Mustererstellung mittels des Token Bucket-Verfahrens in der gleichen Konfiguration (100/300) realisiert. Jede Klasse enthält Informationen darüber, welche 1 bis n Muster (logarithmisch verteilt) in einer Log-Zeile enthalten sein müssen. Der Zeitstempel einer Log-Zeile wird dabei extra behandelt, wie in der vorangegangenen Algorithmus-Beschreibung dargestellt. Die identifizierten Ereignisse werden in Hypothesen verknüpft, wobei im vorliegenden Szenario 200 Tokens benötigt werden um eine neue Korrelationsregel für noch unverknüpfte Ereignisse zu generieren, und weitere 300 Tokens um eine neue Hypothese für bereits in etablierten Regeln verwendete Ereignisse zusätz-

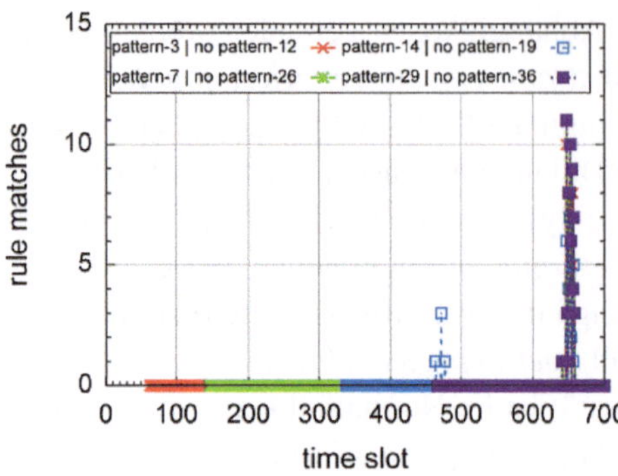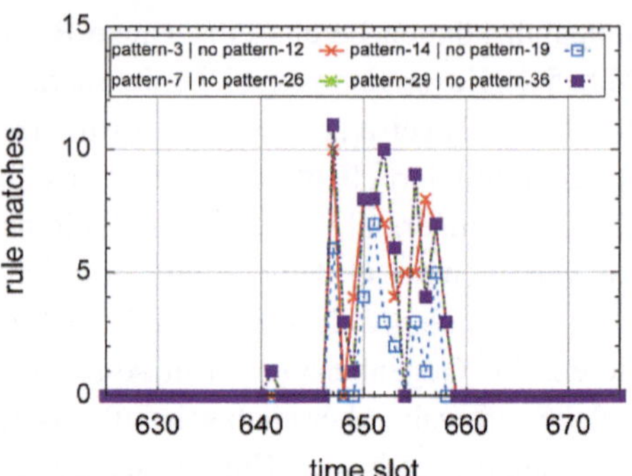

Abb. 5.5 Statistisch herausragende Sequenz von Regeltreffer pro Zeitscheibe von vier verschiedenen Korrelationsregeln (38 Muster werden mit 200 Regeln korreliert). Die linke Seite zeigt den Gesamtverlauf, die rechte Seite den relevanten Ausschnitt im Angriffsfall

lich zu erstellen. Eine Hypothese wird so erstellt, dass das Auftreten von Ereignis-A auch das Ereignis-B impliziert, und zwar innerhalb der möglichen Zeitfenster $[-1\,\text{sec}, 0\,\text{sec}]$ ($p = 3/8$) $[0\,\text{sec}, 1\,\text{sec}]$ ($p = 3/8$), $[-10\,\text{sec}, 0\,\text{sec}]$ ($p = 1/8$) oder $[0\,\text{sec}, 10\,\text{sec}]$ ($p = 1/8$).

Alle bestätigte Hypothesen werden Teil des Systemmodells und als solche laufend evaluiert. Dabei wird gezählt wie oft Ereignis-A tatsächlich Ereignis-B innerhalb eines der zuvor genannten Zeitfenster impliziert hat bzw. wie oft diese Implikation nicht zugetroffen hat. Das Verhältnis der positiven zu negativen Evaluierungen wird statistisch analysiert um signifikante Abweichungen über eine längere Zeitspanne zu entdecken. Im konkreten Szenario haben sich folgende Werte bewährt: Das besagte Verhältnis wird alle 10 Sekunden gebildet und über einen Zeitraum von 300 Sekunden beobachtet.[18] Das arithmetische Mittel und die Standardabweichung wird dann herangezogen um zu ermittelt, ob das Verhältnis von positiven zu negativen Regelevaluierungen in den nächsten 10 mal 10 Sekunden innerhalb einer 6-mal Sigma Spanne des 300 Sekunden Mittelwerts liegen. Falls dem nicht so ist, wird eine Anomalie-Meldung ausgegeben und die gebrochene Regel markiert. Ein Administrator kann sich im Folgenden dann den Grund für die Regelverletzung genauer ansehen.

Dieser Ansatz wurde auf den gleichen Daten wie in den Beispielen zuvor angewendet und ist in der Lage den Testangriff problemlos zu erkennen (vgl. Abb. 5.5). Daher kann man schließen, dass (für das gegeben Szenario) der Lernansatz in der Lage ist, ein Systemmodell zu generieren, welches ebenso gut zur Anomalieerkennung geeignet ist, wie die manuelle Regelbasis, jedoch mit weit weniger Konfigurationsaufwand (bzw. Wartungsaufwand) verbunden ist.

---

[18] Diese Werte sind von der Dynamik und des Verhaltens des Gesamtsystems abhängig. Sie können entweder manuell festgelegt werden, sofern die Dynamik bestimmbar ist, oder auch automatisiert adaptiert werden. Letzteres erfordert dann jedoch eine ungleich höhere Datenbasis.

5.6 Bewertung des Konzepts bzgl. Datenschutzaspekten

Bei der Betrachtung der Datenschutzaspekte des Projekts „Cyber Attack Information System – CAIS" sind vorerst folgende Fragen zu beantworten:

1. Welche Daten werden im Rahmen des CAIS verarbeitetet und welcher Art (aus datenschutzrechtlicher Sicht) sind diese Daten (personenbezogen oder indirekt personenbezogen)?
2. Wer ist Auftraggeber oder Dienstleister im Sinne des Datenschutzgesetzes (DSG) 2000?
3. Was ist das Ziel der Verwendung der Daten und wie werden sie dafür verwendet?

Aus der Beantwortung dieser Fragen sollen folgende Punkte erarbeitet werden:

1. Welche datenschutzrechtlichen Verpflichtungen bestehen für CAIS?
2. Welche Datensicherungsmaßnahmen sollen ergriffen werden?

Da die datenschutzrechtliche Problematik im Rahmen des Forschungsprojekts CAIS und beim zukünftigen realen Einsatz der im Forschungsprojekt erarbeiteten Software in der Praxis unterschiedlich ist, sollen beide Fälle datenschutzrechtlich betrachtet werden.

5.6.1 Datenquellen

Das Projekt CAIS verwendet die Daten verschiedener Log-Dateien von ISPs (Internet Service Provider) oder Internet Communications Provider um Muster und Anomalien in diesen Mustern festzustellen und melden zu können. Folgende Arten von Log-Dateien werden hierbei verwendet:

1. Access Logs
2. Error Logs
3. Firewall Logs
4. Proxy Logs
5. Betriebssystem Logs
6. Applikations Logs
7. Webserver logs
8. e-Mail Logs

Exemplarisch werden hier ganz kurze Ausschnitte aus den Log-Dateien aufgelistet (Tab. 5.2).

In diesen Log-Dateien finden sich datenschutzrechtlich relevante Daten wie MAC-Adressen, IP-Adressen, e-Mailadressen die das Nutzungs- und Kommunikationsverhalten

Tab. 5.2 Auszug aus Beispiel Log

```
Sep  2 17:41:26 lx0238 iptables:DROP-ERROR IN=eth0 OUT= MAC=ff:ff:ff:ff:ff:ff:00:11:22:33:44:55:08:00
SRC=192.168.100.204 DST=192.168.100.255 LEN=78 TOS=00 PREC=0x00 TTL=128 ID=4010 PROTO=UDP SPT=137
DPT=137 LEN=58
Sep  2 17:43:50 lx0238 iptables:ACCEPT-INFO IN=eth0 OUT= MAC=00:11:22:33:44:56:00:11:22:33:44:57:08:00
SRC=192.168.100.3 DST=192.168.0.2 LEN=60 TOS=00 PREC=0x20 TTL=59 ID=18684 DF PROTO=TCP SPT=34115
DPT=80 SEQ=3509768847 ACK=0 WINDOW=14600 SYN URGP=0

Sep  2 17:45:51 reverse-proxy.lx0238.someorg.local apache: "service-3.lx0238.someorg.local" 192.168.100.3 - -
[02/Sep/2013:17:45:51 +0000] "GET /mantis/images/mantis_logo.png HTTP/1.1" 200 30750 "" "Mozilla/5.0 (..."

Sep  2 14:59:18 lx0238.someorg.local exim[6836]: 1VGVb3-0001mF-GB => some.name@some.org <some.name@some.org>
R=route_smtprelay T=transport_smtp H=192.168.0.5 [192.168.0.5]
Sep  2 14:59:18 lx0238.someorg.local exim[6836]: 1VGVb3-0001mF-GB Completed

Sep  2 17:44:16 lx0238.someorg.local audispd: node=lx0238 type=SYSCALL msg=audit(1378143856.782:557406):
arch=c000003e syscall=257 success=yes exit=3 a0=ffffffffffffff9c a1=19e5b88 a2=90800 a3=0 items=1 ppid=1179 pid=1191
auid=0 uid=0 gid=0 euid=0 suid=0 fsuid=0 egid=0 sgid=0 fsgid=0 ses=5680 tty=pts0 comm="bash" exe="/bin/bash" key=(null)
Sep  2 17:44:16 lx0238.someorg.local audispd: node=lx0238 type=CWD msg=audit(1378143856.782:557406):  cwd="/etc/ "
Sep  2 17:44:16 lx0238.someorg.local audispd: node=lx0238 type=PATH msg=audit(1378143856.782:557406): item=0
name="/var/log/" inode=131415 dev=08:01 mode=040755 ouid=0 ogid=0 rdev=00:00
Sep  2 17:44:16 lx0238.someorg.local audispd: node=lx0238 type=EOE msg=audit(1378143856.782:557406):

Sep  2 00:11:38 lx0238.someorg.local rsyslogd: [origin software="rsyslogd" swVersion="5.8.4" x-pid="400" x-
info="http://www.rsyslog.com"] rsyslogd was HUPed
```

einer Person beschreiben, allerdings auch Informationen, die zwar nicht personenbezogen aber trotzdem aus Sicht des Betreibers schützenswert sind, da sie z. B. dem Angreifer Aufschluss über die Art und Konfiguration der Infrastruktur geben, wie z. B. Servernamen, Verzeichnisnamen, Dateinamen und Suffixe, URLs, laufende Dienste, Firewallregeln.

5.6.2 Datenarten

Der Personenbezug, der in den Log-Dateien enthaltenen Daten kann je nach Datum unterschiedlich sein und ist auch kontextabhängig.

1. MAC-Adressen (media access control address) identifizieren eine Netzwerkkomponente und sind in vielen Fällen unwiderruflich in die Hardware „eingebrannt". Sie können durch ihre ersten 24 bit auf den Hardware Hersteller entkodiert werden.[19] Eine Zurückführung auf ein bestimmtes Hardware Stück (z. B. Handy) ist faktisch unmöglich und nur in Verbindung mit weiteren Verknüpfungen möglich. In diesem Sinne kann man die MAC-Adresse als höchstens indirekt personenbezogenes Datum einstufen, und zwar sowohl im Forschungsprojekt als auch in der Praxis.
2. Eine IP-Adresse identifiziert eindeutig ein Device, das mit dem Internet verbunden ist. Die IP-Adresse kann fest mit dem Device verbunden sein und während des gesamten Lebenszyklus des Geräts erhalten bleiben, dann spricht man von einer „fixen" IP-Adresse; oder sie kann mehr oder weniger oft, z. B. bei jedem Verbindungsaufbau mit dem Internet neu vergeben werden, womit dieses Gerät jeweils über eine ande-

---

[19] Siehe z. B. MAC Address Decoder, http://www.techzoom.net/tools/check-mac.en.

re IP-Adresse verfügt: dann spricht man von einer dynamischen IP-Adressierung. Im LAN-Bereich ist die dynamische Adressierung per DHCP (Dynamic Host Configuration Protocol) verbreitet, im Internetzugangsbereich wird dynamische Adressierung vor allem von Internet-Service-Providern (ISP) eingesetzt. Außerdem ist das NAT (Network Address Translation) Verfahren weit verbreitet. Es wird in Routern eingesetzt, die lokale Netzwerke mit dem Internet verbinden. Während im lokalen Netzwerk jedes Geräteine private IP-Adresse hat, steht für das Internet nur eine öffentliche IP-Adresse zur Verfügung. Private IP-Adressen dürfen aber mehrfach verwendet werden und besitzen in öffentlichen Netzen keine Gültigkeit. Damit trotzdem alle Geräte mit privater IP-Adresse Zugang zum Internet bekommen, muss der Internet-Zugangs-Router in allen ausgehenden Datenpaketen die privaten IP-Adressen der Geräte durch seine eigene, öffentliche IP-Adresse ersetzen. Damit die eingehenden Datenpakete dem richtigen Ziel zugeordnet werden, speichert der Router die aktuellen Verbindungen in einer Tabelle. Insbesondere Mobilfunk-Betreiber setzen dieses Verfahren zur IP-Anbindung ihrer Kunden und deren Devices (Handys, Tablets) ein. Dabei können diese NATs aufgrund der 16 Bit breiten Portnummern bis zu 65.000 Sitzungen (Port-Address-Translation Einträge) umfassen. In einer NAT Umgebung stellt somit die IP-Adresse (die öffentliche IP-Adresse, die nach außen sichtbar wird) theoretisch ein indirekt personenbezogenes Datum dar, das aber durch die Flüchtigkeit der NAT-Tabellen im Router ohne Zusatzdaten (wie MAC-Nummer des Geräts oder zugeordnete SIM-Karte) praktisch keinen Personenbezug hat. Somit können IP-Adressen personenbezogene Daten sein, wenn der Verarbeiter oder Dienstleisten auch den Access Service dieser IP-Ranges leistet und sie fix vergeben wurden. (Verknüpfung mit seiner Stamm- oder Kundendatenbank) Bei dynamischen IP-Adressen ist ihre Identifizierung nur mit der Verknüpfung seiner Verkehrsdaten möglich, wobei dies derzeit nur auf richterlichen Befehl gestattet ist, da die Verkehrsdaten als Vorratsdaten eigenen Bestimmungen unterliegen. Somit können dynamische IP Adressen und NAT IP Adressen als indirekt personenbezogen eingestuft werden, das sie für den Verarbeiter in Normalfall nicht auf eine bestimmbare Person rückführbar sind.

3. Servernamen, Verzeichnisnamen, Dateinamen und Suffixe sind in den meisten Fällen nicht personenbezogen sondern eher technischer Natur. Allerdings kann auch in vereinzelten Fällen ein Personenbezug bestehen, wenn z. B. Unterverzeichnisse den Namen des jeweiligen Kunden tragen oder wenn Dateien eindeutige Personennamen beinhalten. Indirekt personenbezogen sind sie dann, wenn die Verzeichnis- oder Dateinamen zwar einen Personenbezug beinhalten (z. B. Kundennummern) aber für den Verarbeiter nicht identifizierbar sind, da sie nicht seine Kunden sind.

4. Ein Uniform Ressource Locator (URL) identifiziert und lokalisiert eine Ressource wie z. B. eine Website über die zu verwendende Zugriffsmethode (z. B. das verwendete Netzwerkprotokoll wie HTTP oder FTP) und den Ort der Ressource. Im allgemeinen Sprachgebrauch werden URLs auch als Webadresse bezeichnet, wobei damit meist URLs von Webseiten gemeint sind. URLs enthalten auf jeden Fall einen Hostnamen (Domainname), der über das DNS (Domain Name Service) auf eine IP-Adresse (des Servers, wo diese Seite gehostet ist) verweist. Weiters können sie auch Verzeichnisna-

men und Dateinamen enthalten. Somit gilt, was unter Punkt 2 (IP-Adresse) und Punkt 3 angeführt ist.

5. E-Mail-IDs und e-Mail-Aliases stellen für den Betreiber des jeweiligen e-Mail Services personenbezogene Daten dar, während sie für alle anderen Verarbeiter indirekt personenbezogene Daten sein können, außer bei der e-Mailadresse (Alias) ist ein eindeutig identifizierbarer Namen enthalten.

Die für die systematische Untersuchung und laufende Beobachtung verwendeten Log-Dateien enthalten also personenbezogene Daten unterschiedlicher Art und Stärke des Personenbezugs (direkt oder indirekt). Nach DSG 2000 § 4 (Z 1) sind personenbezogene Daten Angaben über Betroffene (Z 3), deren Identität bestimmt oder bestimmbar ist; nur indirekt personenbezogen sind Daten für einen Auftraggeber (Z 4), Dienstleister (Z 5) oder Empfänger einer Übermittlung (Z 12) dann, wenn der Personenbezug der Daten derart ist, dass dieser Auftraggeber, Dienstleister oder Übermittlungsempfänger die Identität des Betroffenen mit rechtlich zulässigen Mitteln nicht bestimmen kann.

Für die Existenz von „sensiblen Daten" nach DSG 2000 § 4 (Z 2), wonach unter sensible Daten („besonders schutzwürdige Daten"): Daten natürlicher Personen über ihre rassische und ethnische Herkunft, politische Meinung, Gewerkschaftszugehörigkeit, religiöse oder philosophische Überzeugung, Gesundheit oder ihr Sexualleben verstanden werden, in den Log-Dateien konnte kein Beleg gefunden werden.

5.6.3 Auftraggeber oder Dienstleister

Während der Dauer des Forschungsprojekts ist das Austrian Institute of Technologie (AIT) als Auftraggeber zu sehen. Der verwendete Algorithmus zur systematischen Durchsuchung bzw. Überwachung der Log-Dateien wurde im Rahmen des Forschungsprojekts CAIS vom AIT geschrieben und wurde durch den Projektpartner T-Systems getestet und eingesetzt. Die dabei verwendeten Log-Dateien stammen ebenfalls von T-System und verbleiben auch in seinem Haus. Es findet keine Daten-Übermittlung der Log-Dateien statt.

So gesehen kann man für die Projektphase T-Systems als Dienstleister betrachten, der im Auftrag von AIT die Datenverwendung (Muster und Anomalieerkennung in Log-Dateien) durchführt.

Für den Echtbetrieb ist geplant, dass viele Organisationen eine Anomalieerkennung nach dem CAIS-Prinzip betreiben. (siehe: Pilotstudie in Abschn. 6.5) Die zu analysierenden Log-Dateien verbleiben immer bei der jeweiligen Organisation. Falls die bestehende Sammlung von Logdaten in einigen Bereichen, z. B. von Netzwerkbasiskomponenten wie Switches und Firewalls, nur in geringem Umfang erfolgt, wird eine erweiterte Log-Datensammlung und eine Anpassung von Loglevels durchgeführt.

Während des Echtbetriebs kann die jeweilige teilnehmende Organisation als Auftraggeber gesehen werden und die geplante einzurichtende zentrale Meldestelle (Lagezentrum) als Dienstleister für die teilnehmenden Organisationen. Eine Datenübermittlung vom Auftraggeber zum Dienstleister findet ausschließlich im Falle einer Anomaliemeldung (Störungsmeldung) statt, wobei nur diejenigen Daten (Ausschnitte aus Log-Dateien), die für eine Analyse und Nachverfolgung der vermeintlichen Störung oder Attacke unbedingt notwendig sind, übermittelt werden.

5.6.4 Ziel der Verwendung der Daten

Das Ziel der Verwendung der Daten (Analyse der Log-Dateien) besteht ausschließlich in der Erkennung und Meldung von Anomalien von Mustern in den Log-Dateien, die auf einen sicherheitsrelevanten Vorfall, eine allgemeine Störung oder einen bewussten Einbruchs- oder Sabotageversuch hinweisen. Der zum Teil vorhandene Personenbezug (direkt oder indirekt) von Daten in den untersuchten und beobachteten Log-Dateien ist dabei von keinem Interesse.

Der von AIT erstellte Algorithmus, der die Musterdefinition und Muster-Anomalieerkennung durchführt, verwirft unmittelbar nach der Analyse, die dafür gelesenen Daten und führt keinerlei Datenspeicherung (Data Freeze) durch.

Zusammenfassend wird festgestellt, dass die für die systematische Untersuchung und laufende Beobachtung verwendeten Log-Dateien personenbezogene Daten unterschiedlicher Art und Stärke des Personenbezugs (direkt oder indirekt) enthalten und dass keine weitere Verarbeitung oder Übermittlung der Daten stattfindet außer im Falle einer Anomalieerkennung zur Überprüfung und Behebung der sicherheitsrelevanten Störung.

Die Untersuchung der Log-Dateien hat keine personenbezogenen Ergebnisse zum Ziel. Bei den für Zwecke der Erkennung von sicherheitsrelevanten Vorfällen verwendeten Log-Daten handelt es sich um Log-Dateien, die die Organisation für die Zwecke der Organisation zulässigerweise ermittelt hat.

Obwohl der überwiegende Teil der personenbezogenen Daten in den Log-Dateien indirekt personenbezogene Daten sind, erscheint eine Unterscheidung und differenzierte Handhabung der Verwendung von personenbezogenen Daten und indirekt personenbezogenen Daten als nicht zweckmäßig. Um diese Aufteilung vornehmen zu können müssten die Dateien in den Log-Dateien zusätzlich dahingehend analysiert werden, was einerseits einen unnötig hohen Arbeitsaufwand erzeugt und andererseits erneut datenschutzrechtliche Probleme stellen würde. Aus datenschutzrechtlichen Überlegungen ist eine möglichst geringe Verwendung der Daten vorzuziehen.

5.6.5 Datenschutzrechtlichen Verpflichtungen für CAIS

Für die Organisation, welche die Log-Dateien sammelt und mit dem CAIS-Anomalieerkennungsalgorithmus analysiert, als Dienstleister während der Projektphase oder als Auftraggeber im Echtbetrieb, bestehen grundsätzlich die gleichen datenschutzrechtlichen Auflagen wie bisher zur Verwendung der Log-Dateien.

Da der Zweck der Ermittlung und Verwendung der Log-Dateien (Protokoll- und Dokumentationsdaten) die Erkennung, Analyse und Nachverfolgung von Fehlern, Unregelmäßigkeiten oder Beschwerden ist, ist die Verwendung des CAIS-Anomalieerkennungsalgorithmus damit nicht unvereinbar sondern erfüllt diesen Zweck geradezu.

Die Daten der Log-Dateien sollen nur für die Zwecke der Datensammlung und für die Zwecke der Analyse durch den CAIS-Anomalieerkennungsalgorithmus verwendet werden und nur so lange sie dafür notwendig sind, aufbewahrt werden.

5.6.6 Datensicherungsmaßnahmen

Datensicherheitsmaßnahmen müssen anhand der Vorschriften des § 14 (Z 1, 2) DSG 2000 vorgenommen werden. Es ist davon auszugehen, dass die Organisation, die den CAIS-Anomalieerkennungsalgorithmus für ihre Log-Dateien einsetzen möchte, diese Vorschriften des Gesetzes bereits zur Gänze umgesetzt hat. Bei der Einführung der Software ist deren Umsetzung durch das Lagezentrum zu überprüfen und zu protokollieren.

Datensicherheitsmaßnahmen

§ 14. (1) Für alle Organisationseinheiten eines Auftraggebers oder Dienstleisters, die Daten verwenden, sind Maßnahmen zur Gewährleistung der Datensicherheit zu treffen. Dabei ist je nach der Art der verwendeten Daten und nach Umfang und Zweck der Verwendung sowie unter Bedachtnahme auf den Stand der technischen Möglichkeiten und auf die wirschaftliche Vertretbarkeit sicherzustellen, daß die Daten vor zufälliger oder unrechtmäßiger Zerstörung und vor Verlust geschützt sind, daß ihre Verwendung ordnungsgemäß erfolgt und daß die Daten Unbefugten nicht zugänglich sind.

(2) Insbesondere ist, soweit dies im Hinblick auf Abs. 1 letzter Satz erforderlich ist,

1. die Aufgabenverteilung bei der Datenverwendung zwischen den Organisationseinheiten und zwischen den Mitarbeitern ausdrücklich festzulegen,

2. die Verwendung von Daten an das Vorliegen gültiger Aufträge der anordnungsbefugten Organisationseinheiten und Mitarbeiter zu binden,

3. jeder Mitarbeiter über seine nach diesem Bundesgesetz und nach innerorganisatorischen Datenschutzvorschriften einschließlich der Datensicherheitsvorschriften bestehenden Pflichten zu belehren,

4. die Zutrittsberechtigung zu den Räumlichkeiten des Auftraggebers oder Dienstleisters zu regeln,

5. die Zugriffsberechtigung auf Daten und Programme und der Schutz der Datenträger vor der Einsicht und Verwendung durch Unbefugte zu regeln,

6. die Berechtigung zum Betrieb der Datenverarbeitungsgeräte festzulegen und jedes Gerät durch Vorkehrungen bei den eingesetzten Maschinen oder Programmen gegen die unbefugte Inbetriebnahme abzusichern,

7. Protokoll zu führen, damit tatsächlich durchgeführte Verwendungsvorgänge, wie insbesondere Änderungen, Abfragen und Übermittlungen, im Hinblick auf ihre Zulässigkeit im notwendigen Ausmaß nachvollzogen werden können,

8. eine Dokumentation über die nach Z1 bis 7 getroffenen Maßnahmen zu führen, um die Kontrolle und Beweissicherung zu erleichtern.

Diese Maßnahmen müssen unter Berücksichtigung des Standes der Technik und der bei der Durchführung erwachsenden Kosten ein Schutzniveau gewährleisten, das den von der Verwendung ausgehenden Risiken und der Art der zu schützenden Daten angemessen ist.

(3) Nicht registrierte Übermittlungen aus Datenanwendungen, die einer Verpflichtung zur Auskunftserteilung gemäß § 26 unterliegen, sind so zu protokollieren, daß dem Betroffenen Auskunft gemäß § 26 gegeben werden kann. In der Standardverordnung (§ 17 Abs. 2 Z6) oder in der Musterverordnung (§ 19 Abs. 2) vorgesehene Übermittlungen bedürfen keiner Protokollierung.

(4) Protokoll- und Dokumentationsdaten dürfen nicht für Zwecke verwendet werden, die mit ihrem Ermittlungszweck – das ist die Kontrolle der Zulässigkeit der Verwendung des protokollierten oder dokumentierten Datenbestandes – unvereinbar sind. Unvereinbar ist insbesondere die Weiterverwendung zum Zweck der Kontrolle von Betroffenen, deren Daten im protokollierten Datenbestand enthalten sind, oder zum Zweck der Kontrolle jener Personen, die auf den protokollierten Datenbestand zugegriffen haben, aus einem anderen Grund als jenem der Prüfung ihrer Zugriffsberechtigung, es sei denn, daß es sich um die Verwendung zum Zweck der Verhinderung oder Verfolgung eines Verbrechens nach § 278a StGB (kriminelle Organisation) oder eines Verbrechens mit einer Freiheitsstrafe, deren Höchstmaß fünf Jahre übersteigt, handelt.

(5) Sofern gesetzlich nicht ausdrücklich anderes angeordnet ist, sind Protokoll- und Dokumentationsdaten drei Jahre lang aufzubewahren. Davon darf in jenem Ausmaß abgewichen werden, als der von der Protokollierung oder Dokumentation betroffene Datenbestand zulässigerweise früher gelöscht oder länger aufbewahrt wird.

(6) Datensicherheitsvorschriften sind so zu erlassen und zur Verfügung zu halten, daß sich die Mitarbeiter über die für sie geltenden Regelungen jederzeit informieren können.

(Datenschutzgesetz 2000)

Das Lagezentrum hat als Dienstleister der teilnehmenden Organisationen alle Pflichten eines Dienstleisters nach DSG 2000 § 11 zu erfüllen und ebenfalls alle Datensicherheitsmaßnahmen anhand der Vorschriften des § 14 (Z 1, 2) DSG 2000 zu treffen.

Pflichten des Dienstleisters
§ 11. (1) Unabhängig von allfälligen vertraglichen Vereinbarungen haben Dienstleister bei der Verwendung von Daten für den Auftraggeber jedenfalls folgende Pflichten:

1. die Daten ausschließlich im Rahmen der Aufträge des Auftraggebers zu verwenden; insbesondere ist die Übermittlung der verwendeten Daten ohne Auftrag des Auftraggebers verboten;

2. alle gemäß § 14 erforderlichen Datensicherheitsmaßnahmen zu treffen; insbesondere dürfen für die Dienstleistung nur solche Mitarbeiter herangezogen werden, die sich dem Dienstleister gegenüber zur Einhaltung des Datengeheimnisses verpflichtet haben oder einer gesetzlichen Verschwiegenheitspflicht unterliegen;

3. weitere Dienstleister nur mit Billigung des Auftraggebers heranzuziehen und deshalb den Auftraggeber von der beabsichtigten Heranziehung eines weiteren Dienstleisters so rechtzeitig zu verständigen, daß er dies allenfalls untersagen kann;

4. – sofern dies nach der Art der Dienstleistung in Frage kommt – im Einvernehmen mit dem Auftraggeber die notwendigen technischen und organisatorischen Voraussetzungen für die Erfüllung der Auskunfts-, Richtigstellungs- und Löschungspflicht des Auftraggebers zu schaffen;

5. nach Beendigung der Dienstleistung alle Verarbeitungsergebnisse und Unterlagen, die Daten enthalten, dem Auftraggeber zu übergeben oder in dessen Auftrag für ihn weiter aufzubewahren oder zu vernichten;

6. dem Auftraggeber jene Informationen zur Verfügung zu stellen, die zur Kontrolle der Einhaltung der unter Z1 bis 5 genannten Verpflichtungen notwendig sind.

(2) Vereinbarungen zwischen dem Auftraggeber und dem Dienstleister über die nähere Ausgestaltung der in Abs. 1 genannten Pflichten sind zum Zweck der Beweissicherung schriftlich festzuhalten.

(Datenschutzgesetz 2000)

Sowohl Auftraggeber als auch Dienstleister haben den Bestimmungen des DSG 2000 nach das Datengeheimnis zu wahren.

Datengeheimnis
§ 15. (1) Auftraggeber, Dienstleister und ihre Mitarbeiter – das sind Arbeitnehmer (Dienstnehmer) und Personen in einem arbeitnehmerähnlichen (dienstnehmerähnlichen) Verhältnis – haben Daten aus Datenanwendungen, die ihnen ausschließlich auf Grund ihrer berufsmäßigen Beschäftigung anvertraut wurden oder zugänglich geworden sind, unbeschadet sonstiger gesetzlicher Verschwiegenheitspflichten, geheim zu halten, soweit kein rechtlich zulässiger Grund für eine Übermittlung der anvertrauten oder zugänglich gewordenen Daten besteht (Datengeheimnis).

(2) Mitarbeiter dürfen Daten nur auf Grund einer ausdrücklichen Anordnung ihres Arbeitgebers (Dienstgebers) übermitteln. Auftraggeber und Dienstleister haben, sofern eine solche Verpflichtung ihrer Mitarbeiter nicht schon kraft Gesetzes besteht, diese vertraglich zu verpflichten, daß sie Daten aus Datenanwendungen nur auf Grund von Anordnungen übermitteln und das Datengeheimnis auch nach Beendigung des Arbeits(Dienst)verhältnisses zum Auftraggeber oder Dienstleister einhalten werden.

(3) Auftraggeber und Dienstleister dürfen Anordnungen zur Übermittlung von Daten nur erteilen, wenn dies nach den Bestimmungen dieses Bundesgesetzes zulässig ist. Sie haben die von der Anordnung betroffenen Mitarbeiter über die für sie geltenden Übermittlungsanordnungen und über die Folgen einer Verletzung des Datengeheimnisses zu belehren.

(4) Unbeschadet des verfassungsrechtlichen Weisungsrechts darf einem Mitarbeiter aus der Verweigerung der Befolgung einer Anordnung zur Datenübermittlung wegen Verstoßes gegen die Bestimmungen dieses Bundesgesetzes kein Nachteil erwachsen.

(Datenschutzgesetz 2000)

Evaluierung von CAIS im praktischen Einsatz

Herwig Köck, Martin Krumböck, Walter Ebner, Thomas Mandl,
Roman Fiedler, Florian Skopik und Otmar Lendl

6.1 Einleitung

Die Evaluierung umfasst zwei große Blöcke. Einerseits die Untersuchung der entwickelten Werkzeuge im Produktivbetrieb; andererseits die Bewertung des CAIS Gesamtkonzepts im Zuge einer Pilotstudie.

Für die Evaluierung der entwickelten Werkzeuge wurde zusätzlich zu generierten Testdaten eine Evaluierung von T-Systems im Produktivbetrieb durchgeführt. Dabei handelt es sich vor allem um Daten aus dem zentralen Logging System (zur realistischen Bewertung der Anomalieerkennung), sowie Daten aus dem zentralen Config Management bzw. der darauf aufgesetzten Disaster Recovery Datenbank (zum Bewerten des Modellierungsansatzes). Da diese Daten jedoch zum größten Teil dem Datenschutz unterliegen, können diese hier nur in anonymisierter Form dargestellt werden.

Herwig Köck ✉ · Martin Krumböck · Walter Ebner
T-Systems Austria GesmbH, Wien, Österreich

Thomas Mandl
Netelligenz e.U., Wien, Österreich

Roman Fiedler · Florian Skopik
AIT Austrian Institute of Technology GmbH, Wien, Österreich
e-mail: roman.fiedler@ait.ac.at, florian.skopik@ait.ac.at

Otmar Lendl
CERT.at: Computer Emergency Response Team Austria, Salzburg, Österreich

© Springer-Verlag Berlin Heidelberg 2015
H. Leopold et al. (Hrsg.), *Cyber Attack Information System*, Xpert.press,
DOI 10.1007/978-3-662-44306-4_6

6.2 Struktur realer Abläufe und Systeme

Eine einfache Integration in bestehende Strukturen ist ein der wichtigsten Eigenschaften für neu einzuführende Systeme. Im Zuge des Projekts CAIS wurden daher die entwickelten Software-Werkzeuge durch T-Systems Austria auf ihre praktische Verwendbarkeit hin untersucht. Um die Integrationsmöglichkeit verständlich zu machen, wird zuerst auf die derzeitige Infrastruktur von T-Systems Austria als Referenz eingegangen (siehe Abb. 6.1).

6.2.1 Netzwerkaufbau

Durch die Trennung der Kundennetzwerke ist die Netzwerkinfrastruktur von T-Systems äußerst komplex. Administrativer Zugriff auf Kundensysteme ist im Adminnetz-Konzept der T-Systems nicht vorgesehen. Um auf ein Kundensystem zuzugreifen, muss ein Admi-

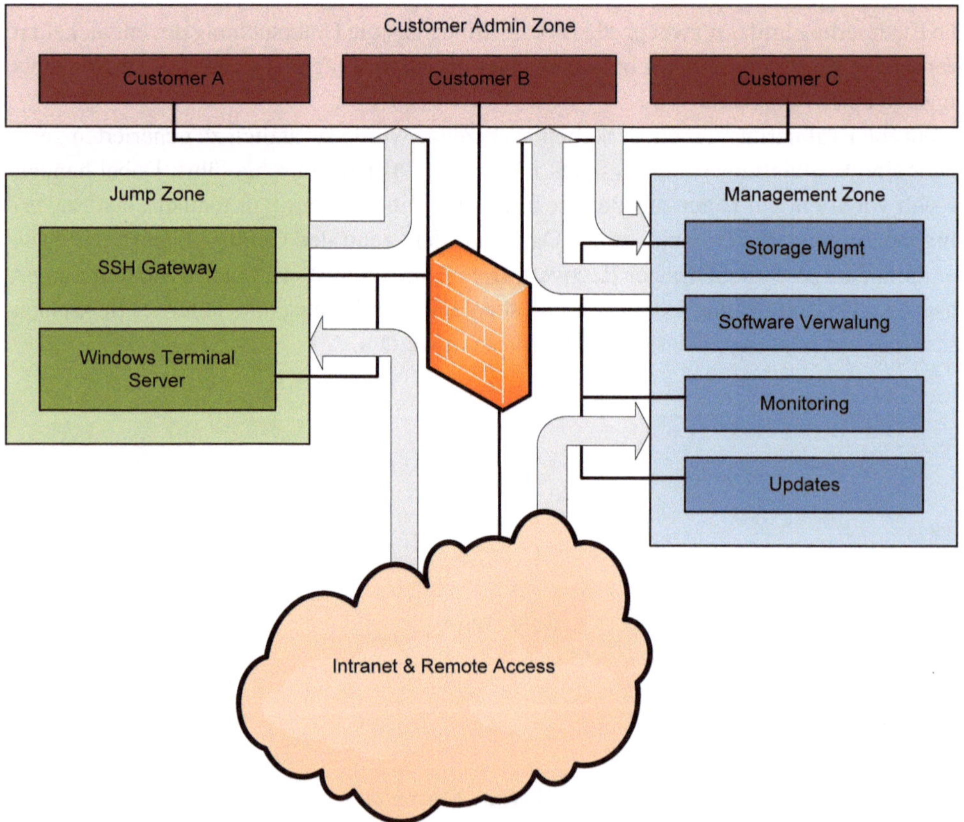

Abb. 6.1 T-Systems Adminnetz

nistrator sich zuerst per VPN verbinden, und hat anschließend Zugriff auf die Jump und Management Zone. Zugriffe zwischen Jump und Management Zone sind dabei nicht möglich. Für die Einwahl in das VPN wird ausschließlich starke Authentifizierung verwendet. Für Kunden mit hohem Schutzbedarf ist zusätzlich noch ein weiteres Sprungserver-Segment vorhanden, welches durch eine eigene Kunden-Firewall geschützt ist.

Dieser Aufbau benötigt daher auf jedem Produktiv-Server zumindest 2 Netzwerkinterfaces.

1. Kundeninterface,
2. Adminnetz-Interface.

Für physische Server wird zusätzlich noch ein Backupinterface angelegt. Die Verbindungen im Backupnetz sind genau reglementiert. Dafür werden Access Control Lists auf den Switches verwendet. Es ist also nicht möglich über dieses Netz einen anderen Server zu erreichen. Es ist ausschließlich eine Freischaltung zu den zentralen Backupservern und zu den zentralen Logging Servern vorhanden. Dadurch ist eine zentrale Logging Konfiguration für alle physischen Server möglich, wodurch der administrative Aufwand erheblich reduziert wird.

Virtuelle Maschinen sowie viele Appliances hingegen verfügen über kein Backup Interface. Um auch für diese ein zentrales Logging zu ermöglichen, werden die zentralen Monitoring Gateways verwendet. Die Log-Daten werden auf diesen Servern gesammelt und auf die zentralen Logserver weitergeleitet.

6.2.2 Logmanagement

Für das zentrale Logging-System wird bei T-Systems Austria hauptsächlich das syslog-Protokoll verwendet. Syslog ist ein weit verbreiteter Standard für die Übermittlung von Logdaten sowohl lokal als auch über ein Netzwerk. Dabei wird die Verarbeitung der Logdaten (Auswertungen etc.) von den Systemen getrennt, welche diese erzeugen. Das syslog-Protokoll ist äußerst einfach aufgebaut und beinhaltet eine einfache Textnachricht. Diese Textnachricht besteht dabei aus 3 Komponenten: Priority, Header und der eigentlichen Inhalt.

- **Priority** besteht aus der Severity (Wichtigkeit) und der Facility (Erzeuger) und wird in einem Byte abgebildet. (Siehe Tab. 6.1 und Tab. 6.2)
- **Header** besteht aus dem Zeitstempel sowie einem Identifier (Name oder IP-Adresse). Der Zeitstempel wird hierbei vom Empfänger gesetzt, um Zeitabweichungen auf Systemen auszugleichen.
- **Inhalt** ist Freitext und kann beliebig vom System gesetzt werden.

Da syslog ein offenes Protokoll ist, gibt es eine Vielzahl von syslog Implementierungen. Die derzeit am weitest verbreiteten Implementierungen sind rsyslog und syslog-ng

Tab. 6.1 syslog Facilities

0	kernel messages
1	user-level messages
2	mail system
3	system daemons
4	security/authorization messages
5	messages generated internally by syslogd
6	line printer subsystem
7	network news subsystem
8	UUCP subsystem
9	clock daemon
10	security/authorization messages
11	FTP daemon
12	NTP subsystem
13	log audit
14	log alert
15	clock daemon
16	local0
17	local1
18	local2
19	local3
20	local4
21	local5
22	local6
23	local7

und Bestandteil gängiger Unix und Linux Distributionen. Auch für Windows Systeme sind syslog-Implementierungen vorhanden, wie etwa Snare, nxlog aber auch die kommerzielle Variante von syslog-ng. Dadurch lässt sich eine plattformübergreifende zentrale Logging-Infrastruktur aufbauen.

Das klassische syslog Protokoll benutzt zur Netzwerkkommunikation das User Datagram Protocol (UDP). Da dieses Protokoll keine gesicherte Übertragung bietet, bieten moderne syslog Implementierungen auch die Übertragung über das Transmission Control Protocol (TCP) mittels Transport Layer Security (TLS) bzw. Secure Socket Layer (SSL) an.

Tab. 6.2 syslog Severities

0	Emergency
1	Alert
2	Critical
3	Error
4	Warning
5	Notice
6	Informational
7	Debug

Abb. 6.2 Zentrale Syslog
Konfiguration

Die in Abb. 6.2 dargestellte Konfiguration für syslog leitet alle lokal auftretenden
Events, welche die Autorisierung/Security betreffen, sowie alle kritischen Fehlermeldun-
gen weiter an einen zentralen Server.

6.2.2.1 Graylog2

Durch die hohe Anzahl an Systemen, fallen mehrere Gigabyte an sicherheitsrelevanten
Log-Daten pro Tag an. Um die angesammelten Daten auswerten zu können, wird eine Software zur Volltextindexierung verwendet. Dabei wird derzeit eine ElasticSearch-
Installation[1] verwendet, welche durch verteilte Nodes horizontal stark skalierbar ist. Als
Oberfläche wird dabei graylog2[2] verwendet (siehe Abb. 6.3), in welchem auch die Zu-
griffsverwaltung auf die einzelnen Log-Daten abgehandelt wird. Sowohl ElasticSearch,
als auch graylog2 sind hierbei als OpenSource verfügbar. Derzeit befinden sich in dieser Installation über 200 Millionen Log-Einträge der letzten 30 Tage, welche durch die
ElasticSearch Volltextindexierung beinahe in Echtzeit durchsucht werden können. Pro
Sekunde werden dabei ca. 50–100 neue Einträge in die ElasticSearch Installation hin-
zugefügt. Zu Stoßzeiten müssen über 700 Einträge pro Sekunde verarbeitet werden.

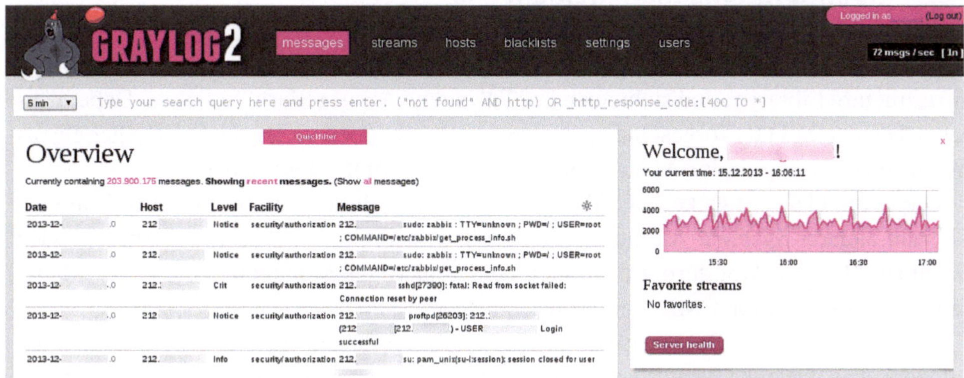

Abb. 6.3 graylog2 Installation bei T-Systems Austria

---

[1] http://www.elasticsearch.org/, letzter Zugriff: 1. November 2014.
[2] http://graylog2.org/, letzter Zugriff: 1. November 2014.

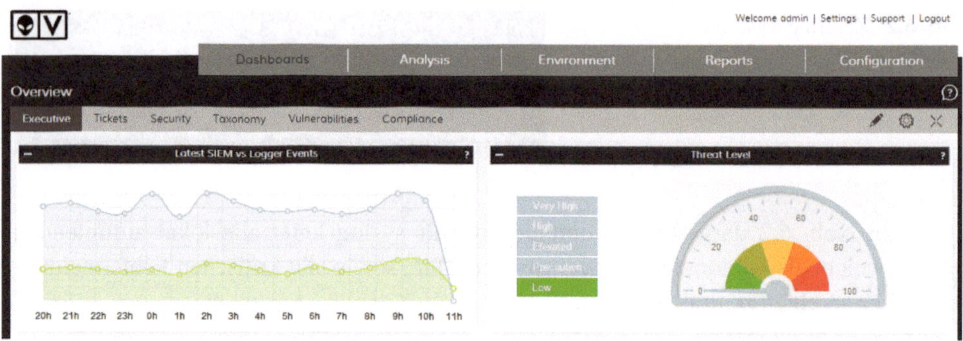

Abb. 6.4 SIEM bei T-Systems Austria

6.2.2.2 AlienVault SIEM

Security-relevante Log-Daten werden zusätzlich in ein Security Information and Event Management System (SIEM) eingespielt. Im konkreten Fall wird hierfür das AlienVault SIEM verwendet, von dem auch eine OpenSource Variante (OSSIM) verfügbar ist. In diesem SIEM werden die Log Daten von ossec (ebenfalls OpenSource), einem Host Intrusion Detection System (HIDS) verarbeitet und Alarme generiert. Außerdem wird im Netzwerk mit mehreren Network Intrusion Detection System (NIDS)-Sensoren gearbeitet, welche Ereignisse ebenfalls an das SIEM melden (siehe Abb. 6.4).

6.2.3 Konfigurations-Management

Konfigurations-Management ist einer der Kernprozesse in ITIL (Information Technology Infrastructure Library)[3] und steht auch bei T-Systems Austria Stark im Fokus. Dabei werden neben den in ITIL vorgeschlagenen Informationen, noch viele weitere in einer eigens entwickelten Configuration Management Database (CMDB) gespeichert.

Durch die eigenentwickelte CMDB ist es möglich, diese zentrale Datenbank in eine Vielzahl anderer Systeme zu integrieren. Bei T-Systems sind dabei unter anderem auch Daten aus Backup, Monitoring oder auch dem Änderungs-Management (Change Management) direkt über die CMDB abfragbar.

Neben der zentralen Speicherung wichtiger Informationen, sind weitere Applikationen auf derselben Datenbank aufgesetzt. Dazu zählen unter anderem die Rights Management Database (inklusive Passwortverwaltung), die Disaster Recovery Database und das Network-Security Request Tool für Firewall-Freischaltungen und Patch Requests.

Vor allem für die Planung von komplexen Wartungsfenstern, aber auch um in Desaster-Fällen einen schnellen Wiederanlauf zu ermöglichen, sind vor allem die Abhängigkeiten zwischen den Configuration Items eine der zentralen Informationen der T-Systems Austria CMDB.

---

[3] http://www.itil-officialsite.com/home/home.asp, letzter Zugriff: 1. November 2014.

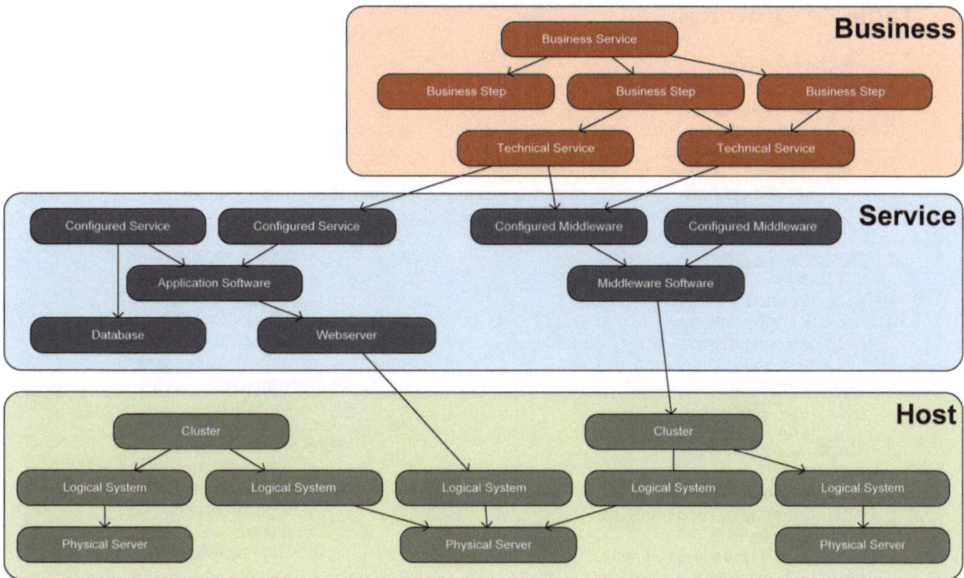

Abb. 6.5 CMDB Schichten-Modell

6.2.3.1   Schichtenmodell

Um diese vernünftig darstellen zu können, wurde dabei ein Multi-Layer Modell entwickelt
(Abb. 6.5). Dieses kann in drei Bereiche unterteilt werden, dem Business, Service und
Host Bereich.

Business Layer Der Business-Bereich stellt in abstrahierter Form, die Sicht eines Kunden von T-Systems Austria dar. Dort ist es möglich, gemeinsam mit dem Kunden seine
Geschäftsprozesse abzubilden auf die von T-Systems Austria bereitgestellten Services auf-
zusetzen.

Service Layer Im Service-Bereich werden die Abhängigkeiten interner Services, welche
für die Erbringung eines Dienstes für den Kunden nötig sind, dargestellt. Dies beinhaltet
sowohl Applikationen, als auch Datenbanken, Webserver und Middleware.

Host Layer Der Host-Bereich bildet die einzelnen physischen und logischen Systeme
ab. Dabei ist sowohl Virtualisierung als auch die Möglichkeit Cluster abzubilden gegeben.
Auch Storage wird in dieser Ebene abgebildet.

6.2.3.2   Datenerfassung

Die Erfassung der CMDB-Daten erfolgt je nach Bereich manuell bis hin zu voll automatisiert. Vor allem im Business-Bereich, müssen die Abhängigkeiten jedoch manuell gepflegt
werden, stellen aber auch nur einen kleinen Teil der dokumentierten Abhängigkeiten dar.

Table Of Contents

1. Hardware Platform
    1. General Information
    2. BIOS Information
2. Software Platform
    1. General Information
    2. Windows Components
    3. Installed Patches
    4. Currently Installed Programs (Windows Installer)
    5. Currently Installed Programs (Registry)
3. Storage and Shares
    1. Disks
    2. Provided Shares
4. Network Configuration
    1. IP Configuration
    2. IP Routes
5. Usermanagement
    1. Local Users
    2. Local Groups
6. Miscellaneous Configuration
    1. Printers
    2. Regional Settings
    3. Currently running processes
    4. Security
        1. Local Security Policy
        2. Miscellaneous Settings
    5. Services
    6. Startup Command
    7. Event Log Files
    8. System Drivers
    9. Virtual Memory
    10. Windows Registry

Table Of Contents

1. Hardware Platform
    - General Information
    - BIOS Information
2. Software Platform
    - General Information
3. Storage and Shares
    - Filesystems
4. Network Configuration
    - IP Configuration
    - IP Routes
    - iptables Firewall
    - DNS Configuration
    - /etc/hosts
    - Internet Connectivity
5. Usermanagement
    - Local Users
    - Local Groups
6. Miscellaneous Configuration
    - System Startup
    - Kernel Modules
    - Regional Settings
    - Syslog
    - sshd Parameters
    - Security
        - pamd Parameters
        - Login_defs
        - Hardening Parameters
    - Currently running processes
    - Network Services
    - Packages

Abb. 6.6 Übersicht der von Windows (links) und Linux (rechts) Inventory Scanning ausgelesenen Daten

Vor allem im Host-Bereich gelingt es eine Vielzahl der Daten automatisiert auszulesen. Auch können sich bei Virtualisierung und Storage Systemen die Abhängigkeiten sehr schnell ändern, wodurch vor allem in diesen Bereichen verstärkt auf Automatisierung gesetzt wird.

Für diese automatisierte Datenerfassung wurde ein eigenes Inventory Scanning entwickelt (Abb. 6.6), welches ohne zusätzlich zu installierenden Client arbeitet. Dabei wurde, im Gegensatz zu vielen verfügbaren Inventory Scanning-Systemen, vor allem Wert auf Security und automatisierte Verarbeitung der ausgelesenen Daten geachtet.

Um in einem heterogenen Netzwerk auf sämtliche Systeme Zugriff zu erlangen wird hierbei das T-Systems Austria Passwort Management zur Hilfe genommen. Dadurch kann mittels einem auf allen Systemen eingerichteten „Scanning User" auf die Systeme zugegriffen werden.

6.2.4   Disaster Recovery

Die im Configuration Management gesammelten Informationen werden unter anderem stark für das Disaster Recovery verwendet. Vor allem die Abhängigkeiten zwischen Systemen sind für einen schnellen Wiederanlauf in einem Disaster Vorfall unabdingbar. Die in Abb. 6.7 dargestellte Grafik zeigt die Abhängigkeiten einer einzelnen Mailing Landschaft weg vom Business Prozess Mailing (Orange), hinunter bis zu den einzelnen physikalischen Systemen (Blau), welche für den Betrieb der Mailing Landschaft benötigt werden.

In einem Desaster-Fall kann Anhand dieser Abhängigkeiten, zusammen mit Incident Tickets und zusätzlich manuell eingepflegten Informationen, ein Wiederanlaufplan erstellt werden. Dieser Wiederanlaufplan ist für Administratoren über ein Disaster Recovery Webinterface (Abb. 6.8) zugänglich.

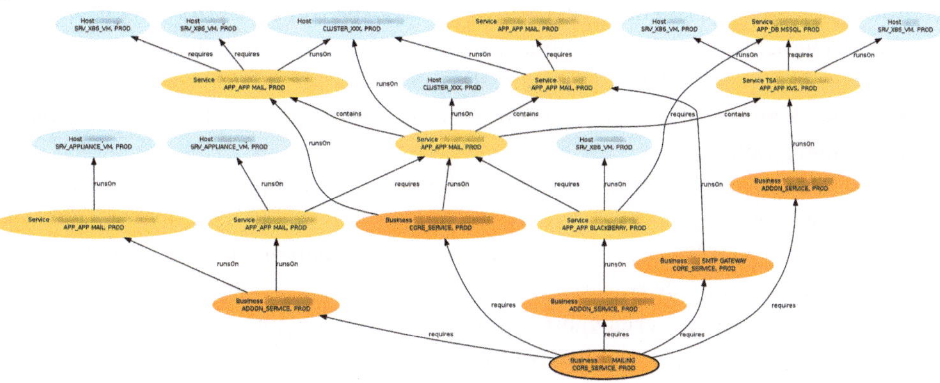

Abb. 6.7 Abhängigkeiten einer Mailing Landschaft

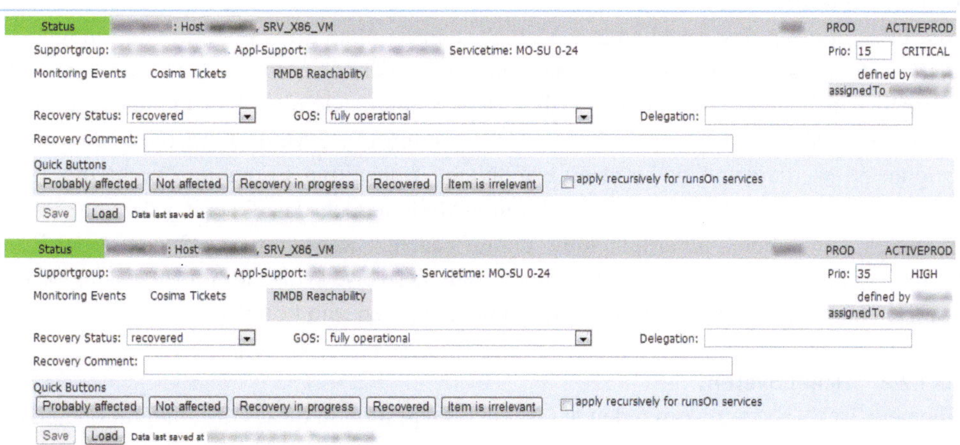

Abb. 6.8 Disaster Recovery Webinterface

6.3   Integration der CAIS Werkzeuge in reale Infrastrukturen

6.3.1   Anomalieerkennung

6.3.1.1   Integration

Die Integration in eine bestehende Landschaft setzt eine zentrale Logging-Infrastruktur voraus. Ist diese vorhanden, gestaltet sich die Integration denkbar einfach. Die Daten können anschließend über das syslog-Protokoll an die Anomalieerkennung weitergeleitet werden. Die Anomalieerkennung kann dabei Standalone auf einem System mit Java VM betrieben werden. Zusätzlich wird auf dem System eine ElasticSearch Installation benötigt.

6.3.1.2   Informationsrückfluss

Für die Anomalieerkennung ist ein sehr rascher Informationsrückfluss (d. h. Berichterstattung) wichtig um bei sicherheitsrelevanten Vorfällen möglichst schnell und proaktiv reagieren zu können. Dafür ist eine Integration in bestehende Systeme erforderlich. Je nach Größe des Unternehmens sind dabei unterschiedliche Integrationsmöglichkeiten gegeben. Dabei ist sowohl eine einfache Variante über das e-Mail System in jeglichen Unternehmen bis hin zu einer komplexen Integration in ein Security Information and Event Management (SIEM) System möglich.

Grundsätzlich ist vor allem bei der Rückgabe von Informationen eine Anreicherung mit Daten wünschenswert. In großen Unternehmen ist es nicht möglich rein Anhand von Angabe der betroffenen IP-Adresse eine Untersuchung schnell einzuleiten. Vor allem der dazugehörige Hostname, aber auch wichtige Informationen, welche Supportgruppe für dieses System zuständig ist, erleichtert das Arbeiten mit dem vom Tool generierten Meldungen. Dabei wäre es auch möglich, die Priorität auf Grunde des Modellierungstools (Stichwort: Grad der Gefährdung, Risikomodellierung) zu berechnen.

6.3.1.2.1   e-Mail

Eine Integration in das bestehende e-Mail System ist ohne größeren Aufwand möglich. Es muss dem Anomalieerkennungssystem nur ermöglicht werden bei der Erkennung von Anomalien e-Mails zu versenden. Dabei ist vor allem wichtig, dass nur eine geringe Anzahl an e-Mails versendet wird. Eine Überflutung mit e-Mails führt dazu, dass diese ignoriert werden und dadurch eine mögliche frühzeitige Erkennung nicht möglich ist. Problematisch ist bei dem Versand von e-Mails jedoch das Tracking der einzelnen erkannten Anomalien. Außerdem sollte darauf geachtet werden, dass e-Mails in der Regel unverschlüsselt übertragen werden und möglicherweise kritische Informationen (z. B. Log-Datenauszug) in einer Anomalie-Meldung enthalten sein können.

6.3.1.2.2   Ticket System

Wenn ein Ticket System vorhanden ist, ist eine Integration in dieses der Integration in das e-Mail System vorzuziehen. Dadurch werden vor allem das Tracking und die Priorisierung

AV Malware, Fake AV trojan FakeAlert detected on SRC_IP
System Compromise, Fake Antivirus infection, FakeAlert

Rules

Name	Reliability	Timeout	Occurrence	From	To	Data Source	Event Type	[...]
Fake AV trojan FakeAlert activity detected	10	Keine	1	HOME_NET	!HOME_NET	snort (1001)	SIDs: 2013386 2013419 2805421 2010236 2010235 2010234 2010237 2010238 2010239	More
Fake AV trojan FakeAlert activity detected	10	30000	1	1:SRC_IP	!HOME_NET	snort (1001)	SIDs: 2013386 2013419 2805421 2010236 2010235 2010237 2010238 2010239	More
Fake AV trojan FakeAlert activity detected	10	86400	10000	1:SRC_IP	!HOME_NET	snort (1001)	SIDs: 2013386 2013419 2805421 2010236 2010235 2010237 2010238 2010239	More

Directive info

Knowledge DB

Abb. 6.9 Threat Intelligence im T-Systems Austria SIEM

von erkannten Anomalien erleichtert. Auch sind viele Ticket Systeme über verschlüsselte Kanäle, wie etwa HTTPS angebunden. Dadurch werden kritische Daten nicht mehr unverschlüsselt übertragen. Jedoch ist auch auf die Zugriffsbeschränkungen im Ticket System zu achten. Diese sind in vielen Ticket Systemen sehr großzügig vergeben.

6.3.1.2.3   SIEM

In vielen größeren Unternehmen wird ein SIEM (Security Information and Event Management) eingesetzt. Diese werden verwendet um sicherheitsrelevante Alarme zu verwalten. Da ein SIEM darauf ausgelegt ist, Security-Alarme aus verschiedenen Quellen aufzunehmen, ist eine Integration in ein bestehendes SIEM System äußerst wünschenswert. Damit wäre auch eine weitere Korrelation mit Events von unabhängigen Intrusion Detection Systemen oder mehreren getrennten Instanzen der Anomalieerkennung möglich. Über Theat Intelligence-Funktionen (Abb. 6.9) kann eine weitere Priorisierung von Anomalien vorgenommen werden, etwa wenn diese mehrfach innerhalb eines gewissen Zeitraums auftreten oder besonders kritische Netzwerksegmente betreffen.

6.3.2   Modellierungs- und Simulationstool

Das in Kap. 4 vorgestellte Modellierungs- und Simulationswerkzeug unterstützt konzeptuell eine lokale Simulation und eine remote Simulation (d. h. auf nationaler Ebene). T-Systems Austria hat im Zuge von CAIS die lokale Simulation evaluiert. Eine remote Simulation ist nur dann sinnvoll, wenn zwei Bedarfsträger zusammen eine gemeinsame Simulation durchführen wollen um Interdependenzen zu ergründen.

6.3.2.1   Setup

Um das Modell mit Daten zu befüllen, wird ein vorgefertigtes Excel-Formular ausgefüllt. Eine andere Variante wäre die Daten über eine Java API zu laden. Es sind drei Excel-Files auszufüllen:

- simulation.xlsx, in der globale Simulationsparameter festgelegt werden.
- scenario.xlsx, in der die Szenarien beschrieben werden. Hier werden die Agenten und Regeln definiert. Das einzige was man hier für einen ersten Test anpassen muss, sind

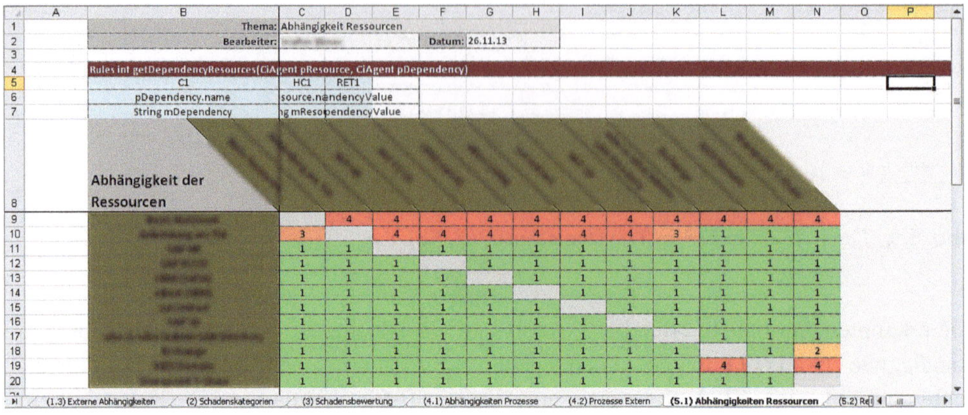

Abb. 6.10 Excel Blatt zur Festlegung der Abhängigkeiten

die Ressourcen, die angegriffen werden. Hier sind die Ressourcen zu verwenden, die in ci.xlsx definiert sind.

- ci.xlsx: Hier werden die Geschäftsprozesse, Ressourcen und deren Abhängigkeiten definiert (Abb. 6.10). Im Wesentlichen wird hier eine komplette Business Impact Analyse (BIA) durchgeführt, in der auch die maximum tolerable period of disruption (MTPD) und die RTO (Recovery Time Objective) für Prozesse und Ressourcen definiert werden. Dieses Formular ist stark an die Templates des BSI für Notfallmanagement angelehnt. Da auch das BIA Formular der T-Systems sehr ähnlich aufgebaut ist, war die Übernahme der Daten relativ einfach möglich.

Nachdem die Daten vollständig vorliegen, kann die Simulation gestartet werden. Diese läuft Runden-basiert ab. Nach Beendigung der Simulation kann das Ergebnis im Visualisierungstool geladen und Runde für Runde betrachtet werden.

6.3.2.2 Fazit durch T-Systems Austria

Die Ergebnisse für den T-Systems Austria Fall wirken sehr plausibel. Interessant ist der Ansatz, dass bei einem Angriff auf eine Ressource nicht alle von ihr abhängigen Ressourcen/Prozesse sofort ausfallen. Stattdessen wird der Grad der Abhängigkeit im Modell berücksichtigt. Umso geringer die Abhängigkeit ist, desto länger kann der Prozess auch ohne die Ressource überleben.

Durch Variationen im Angriffsvektor, lassen sich so auf spielerische Art und Weise Single Points of Failure identifizieren. Vor allem durch die mögliche Visualisierung werden Abhängigkeiten deutlich.

In der Teststellung wurden nur BCM Daten verwendet und nicht Daten aus dem IT Service Continuity Management, wo die Abhängigkeiten auf die einzelnen Server herunter gebrochen werden. Hier würden nämlich die folgenden Probleme auftreten:

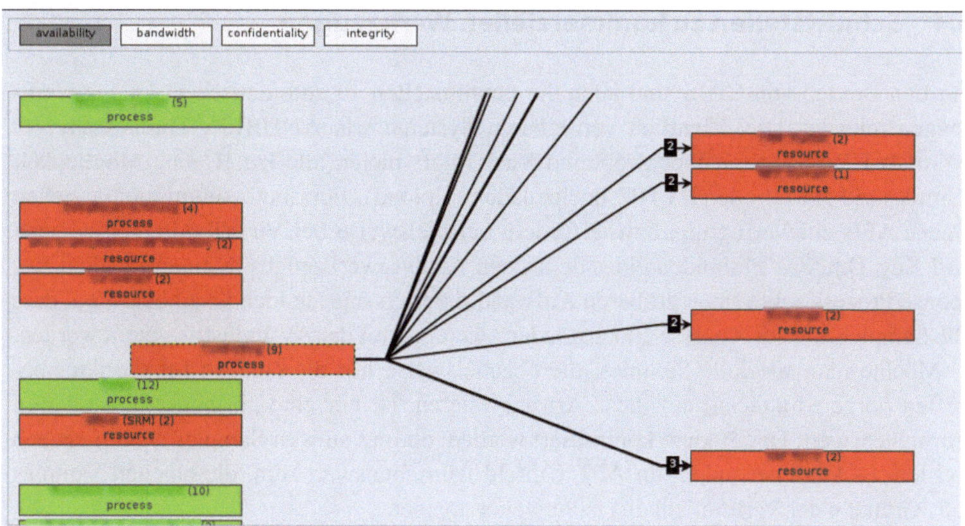

Abb. 6.11 Availability Darstellung

- Limit der Agenten im Modell. Über Excel kann man nur eine sehr begrenzte Zahl von Agenten/Ressourcen definieren. Über die Java API wäre es möglich das Modell mit mehr Daten zu beladen. Aber auch die Simulations-Engine für die Berechnung hat ein nicht allzu hohes Limit (einige Tausend Agenten). Außerdem sind auch die graphischen Visualisierungen für tausende Agenten nicht mehr vernünftig zu benützen (siehe Abb. 6.11). Als Alternative ist eine Report Engine enthalten, welche jedoch nicht interaktiv bedient werden kann.
- Es gibt keine Möglichkeit entweder/oder Abhängigkeiten zu formulieren, wie dies im Fall von Clustern nötig wäre. z. B.: Ein Service benötigt entweder die eine oder die andere Ressource. Erst wenn beide nicht mehr verfügbar sind, hat dies einen Impact zur Folge.

Diese Limitierungen treten im derzeitigen Prototyp auf und werden in der Nachprojektphase adressiert.

Abschließend ist zu sagen, dass die in CAIS entwickelten Werkzeuge auf jeden Fall eine sinnvolle Ergänzung für jedes BCM-System darstellen, da sie wertvolle Zusatzerkenntnisse über die Auswirkungen – insbesondere die Abfolge der Ausfälle – liefern können.

6.4 Schnittstellen zu kommerziellen Werkzeugen

Für den Betrieb von CAIS sind auch die Schnittstellen zu automatischen Analysewerkzeugen relevant. Die öffentlich verfügbaren Systeme wie ANUBIS[4], ThreatAnalyzer[5] (vormals CWSandbox), Webawet[6] und VirusTotal[7] bieten alle i. d. R. eine Möglichkeit Samples via HTTP oder HTTPS hochzuladen (Upload). Für „bulk submissions" stehen eigene APIs zur Verfügung, bzw. erfordern beispielsweise bei VirusTotal einen eigenen API Key. D.h. das Einbinden eines derartigen Analysewerkzeuges in einen Incident Response Prozess sollte ohne größeren Aufwand möglich sein. Jedoch ist zu beachten, dass alle Samples, die zur Analyse „hochgeladen" werden, mit der AV Industrie geteilt werden.

Möchte man spezielle Samples, die beispielsweise nur die eigenen Infrastruktur betreffen (targeted attacks) auf diese Art analysieren, ist nur eine „in house" Installation empfehlenswert. Damit kann kontrolliert werden, ob und an wen Samples weitergegeben werden. Es kann besonders im APT Umfeld wünschenswert sein, die eigenen Samples (aus Gründen der Vertraulichkeit) nicht weiterzugeben.

6.4.1 APT Malware und automatische Analysesysteme

Die automatische Analyse von APT Malware Samples mit diesen Analysesystemen (ANUBIS, ThreatAnalyzer, VirusTotal, etc. …) ist zwar grundsätzlich möglich (vorausgesetzt man konnte das Sample eindeutig isolieren). Die Ergebnisse werden jedoch erfahrungsgemäß nicht aussagekräftig sein. Dies liegt daran, dass viele der modernen APT Malware Samples ihren Schadcode nur unter ganz bestimmten „Rahmenbedingungen" ausführen. Das sind z. B. eine laufende User-Interaktion mit dem System, das „Opfer" muss in einer bestimmten geographischen Region (Land) sein, ein bestimmtes Keyboard Layout muss vorhanden sein (targeted attack), oder die Kommunikation mit speziellen externen IP Adressen muss möglich sein.

Als bestes Beispiel für APT Malware, die nicht mit automatischen Analysewerkzeugen untersucht werden kann ist „MiniDuke".[8] Die Analyse von CrySys Lab und Kaspersky zeigen deutlich, welchen Aufwand die Entwickler von MiniDuke angewendet haben, um die Analyse so schwer wie möglich zu machen. Beispielsweise wurde pro Land, das durch MiniDuke attackiert wurde, ein eigenes Binary mit alternierenden Code/Crypto Sequenzen entworfen. Samples ließen sich auch nicht ohne weiteres auf einem „sauberen"

---

[4] https://anubis.iseclab.org/, letzter Zugriff: 1. November 2014.
[5] http://www.threattracksecurity.com/enterprise-security/sandbox-software.aspx, letzter Zugriff: 1. November 2014.
[6] http://wepawet.iseclab.org/, letzter Zugriff: 1. November 2014.
[7] https://www.virustotal.com/, letzter Zugriff: 1. November 2014.
[8] http://www.kaspersky.com/de/about_kaspersky/news/Ereignisse/2013/Kaspersky_Lab_entdeckt_ MiniDuke-das_Schadprogramm_zielt_auf_Regierungsorganisationen_und_Einrichtungen_ weltweit, letzter Zugriff: 1. November 2014.

System starten oder ausführen. Erst wenn das Zielsystem bestimmte Kriterien aufwies, wurde der Code ausgeführt. Kannte man das Verhalten der Malware für ein Land, so war es dennoch nicht möglich auf das Verhalten eines anderen Samples (das für ein anderes Land entwickelt wurde) rückzuschließen, da die Entwickler dies pro Zielland speziell anpassen konnten. Daraus wird ersichtlich, dass eine automatische Analyse von „hochspezialisierten" Malware Samples mit den derzeitigen Analysewerkzeugen wohl kaum sinnvoll möglich wird.

6.4.2   Nutzen von automatischen Analysesystemen für CAIS

Betrachtet man automatische Malware-Analysesysteme im Kontext von CAIS so sind folgende Aspekte zu betrachten, um abwägen zu können, ob diese für den Einsatz im CAIS Umfeld geeignet sind.

Isolation der zu untersuchenden Malware erforderlich:
- Um eine automatisierte Analyse durchführen zu können muss die Malware zunächst einmal erfolgreich isoliert werden können.
- Das setzt voraus, dass entweder bereits ein Sicherheitsvorfall erfolgt ist und ein System erfolgreich kompromittiert werden konnte, oder man versucht ausführbare Dateien aus div. Datenströmen (HTTP, SMTP, ...) zu extrahieren, und in einer Sandbox zu starten.
- Ist eine Isolation nicht möglich, weil die Malware noch nicht erkannt wurde, ist auch eine Analyse nicht möglich.
- D.h. eine nachgelagerte Analyse kann immer nur eine reaktive Maßnahmen sein.

Schnittstellen:
- Schnittstellen für eine automatisierte Verarbeitung werden von allen gängigen Produkten angeboten, das Upload von Samples ist über Standardprotokolle (HTTP) möglich.
- Auch „bulk submissions" sind möglich, abhängig vom Produkt ist dafür z. B. ein API Key erforderlich (z. B. VirusTotal).
- Es gibt jedoch keine standardisierten Schnittstellen für die einzelnen Technologien, diese müssten erst entwickelt werden, falls existierende Produkte in einen CAIS-Analysezyklus integriert werden sollen.

Ergebnisse:
- Es gibt keine einheitliche Darstellungsform und Datenformate für Analyseergebnisse, diese sind von Produkt zu Produkt unterschiedlich. ANUBIS und ThreatAnalyzer bieten beispielsweise Ergebnisse auch als XML Datei an, die leicht zu parsen ist, jedoch gilt das grundsätzlich nicht für alle Produkte.

- Die Interpretation von Ergebnissen ist primär für die Weiterverarbeitung durch „human experts" aufbereitet. Eine automatisierte Interpretation der Ergebnisse (ist ein Sample gefährlich oder nicht) sollte umsetzbar sein, jedoch ist diese nicht automatisch in den derzeitigen Produkten integriert.
- Die Einschätzung und Bewertung, ob eine Aktion „malicious" ist oder nicht erfolgt durch die Hersteller. Diese geben vor, wann eine Aktion als schädlich betrachtet wird. Eine eigene Beurteilung anhand der Rohdaten ist nicht vorgesehen. Möchte man diese Möglichkeit haben, so müssten von den Herstellern die Bewertungsmechanismen und erforderliche interne Details offengelegt werden (wie ist eine Aktion zu bewerten, und wie erkennt man um welche Aktion es sich handelt)

Unterstützte Plattformen:

- Eine automatische Analyse von Malware ist nur für Windows Executables und nur für die Intel CPU Architektur (auch AMD) vorgesehen. ANUBIS bietet seit einiger Zeit auch die Möglichkeit Android APK Dateien zu analysieren, aber andere Betriebssysteme wie Linux oder MacOS, werden derzeit nicht unterstützt.
- Da VirusTotal auf AV Scannerprodukten der AV Hersteller basiert, kann diese Plattform auch andere (nicht Microsoft Windows) Malware analysieren, jedoch ist unbekannt, welche Plattformen tatsächlich unterstützt werden. Manche AV Hersteller (z. B. Sophos, Kaspersky, …) bieten mittlerweile auch Linux und MacOS X Scanner an.

Unterstützten Dateitypen:

- Alle Analysesysteme beherrschen die Untersuchung von Windows EXE Dateien. Da Malware aber auch als DLL oder andere Dateiformate auftritt (z. B.: JAR, MSI, …) ist die Analyse dieser Dateiformate auch erforderlich. Technisch gesehen ist eine DLL mit einer EXE Datei gleichzusetzten (beide beinhalten ausführbaren Code), jedoch muss eine DLL bei der Analyse anders gestartet werden.
- Eine Liste aller unterstützten Dateiformate ist teilweise auf den offiziellen Webseiten ersichtlich.

Eignung für APT Malware:

- Es liegen derzeit noch keine Erfahrungswerte vor, ob APT Malware auch erfolgreich mit den vorhandenen automatischen Analysetools untersucht werden kann. Auf Grund der in diesem Dokument aufgezeigten Schwächen der Systeme ist es jedoch sehr wahrscheinlich, dass die Analyse von (echter) APT Malware keine brauchbaren Ergebnisse liefert wird, da gute APT Malware unterschiedliche Tricks anwendet, um unerkannt zu bleiben, bzw. eine automatische Analyse zu umgehen.

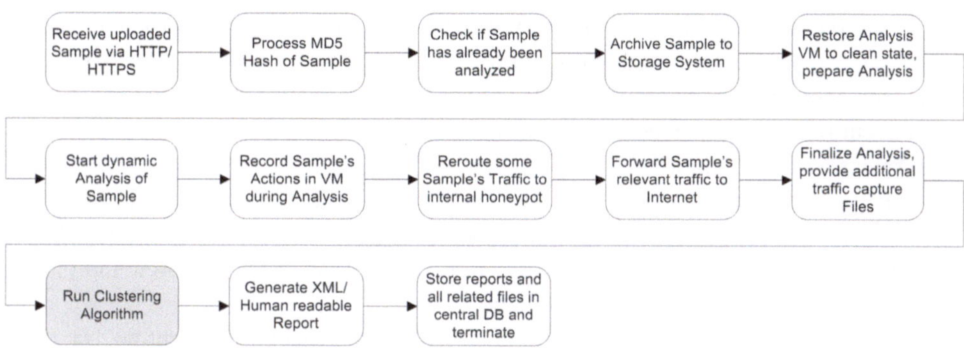

Abb. 6.12   ANUBIS Analyseablauf[9]

6.4.3   Mögliche Integration in CAIS

Anhand eines Beispiels eines automatisierten Analyseablaufs in ANUBIS (siehe Abb. 6.12) wird versucht ein Konzept für eine mögliche technische Integration in CAIS zu geben. Ein Standard-ANUBIS Prozess zur Analyse ein Samples ist nachfolgend abgebildet.

Dieser Prozess geht davon aus, dass ein zu analysierendes Sample bereits vorliegt. Eine mögliche Integration könnte wie folgt aussehen.

Der Vorschlag in Abb. 6.13 ist wie folgt zu verstehen

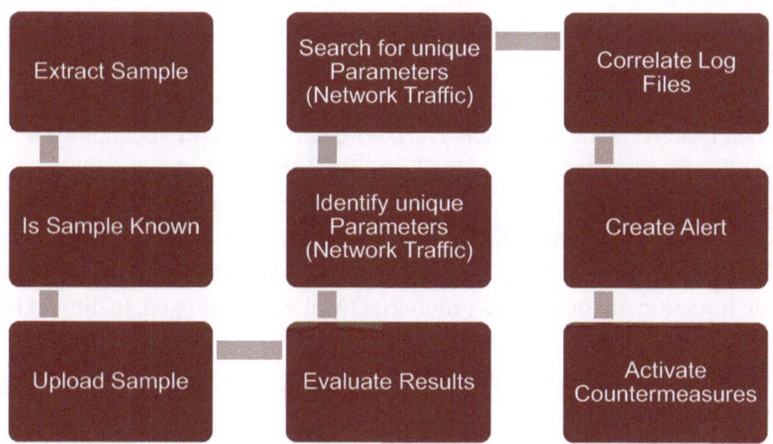

Abb. 6.13   Vorschlag für eine Integration in CAIS

---

[9] Thomas Mandl (2009): ANUBIS – Analysing Unknown Binaries – The automatic Way, Virus Bulletin Conference, 2009 (S. 8), Geneva, Switzerland: Virus Bulletin.

1. Ein Sample muss zunächst einmal extrahiert und zum Analysesystem hochgeladen werden. Wo das Sample „extrahiert" wird ist hier nicht näher definiert. Eine Extraktion kann entweder aus einem HTTP Download, einem e-Mail-Anhang oder von einem bereits infizierten System erfolgen. Nachdem ein Sample extrahiert wurde, sind weitere Analyseschritte möglich.

2. Zunächst sollte geprüft werden, ob das Sample evtl. schon bekannt ist und ob dafür bereits Analyseergebnisse vorliegen (eine Analyse kann sehr zeitaufwendig sein!).

3. Ist das Sample noch unbekannt, wird es zum Analysesystem hochgeladen und in die Analyse-Queue zur Detailanalyse geladen.

4. Die Ergebnisse werden evaluiert und abhängig vom Ergebnisse bewertet. Da eine automatische Analyse jedoch nicht immer erfolgreich sein muss (auch wenn es sich tatsächlich um Malware handelt), darf dieser Analyseschritt nicht überbewertet werden. In diesem Fall wäre das Clustering-Feature von ANUBIS hilfreich. Darüber lässt sich ein Malware Sample bis zu einem bestimmten Grad (auch wenn das Sample eine unterschiedliche MD5 Summe aufweist) zu einer bekannten Malwarefamilie zuordnen. Somit sind damit Mutationen einer bestehenden Malware bis zu einem bestimmten Grad erkennbar.[10]

5. Konnte ein Sample erfolgreich analysiert werden, und gibt es dazu auch eine Referenz zum Netzwerkdatenverkehr, so sollten allfällige Netzwerkparameter isoliert uns aufgezeichnet werden. Diese sollten folgende Parameter beinhalten
   a. Ziel IP Adressen,
   b. Benutzte Protokolle und Ports
   c. Kommunikationsfrequenzen und Häufigkeit, Paketgröße, etc.
   d. Inhalte der Pakete (falls verfügbar)
   e. ggf. Auffälligkeiten in der Netzwerkkommunikation

6. Die zuvor gesammelten Parameter können benutzt werden, um nach „Ähnlichkeiten" im eigenen Datenverkehr zu suchen. Dazu wird entweder DPI Technologie eingesetzt, oder aber wie im nächsten Schritt eine Log-File Korrelation durchgeführt

7. Die Korrelation existierender Log Files (z. B. Firewall, DNS, Web Proxy, etc. …) kann u. U. bei der Suche nach Gemeinsamkeiten benutzt werden. Lassen sich in den Log Files ähnliche Kommunikationsmuster wie bei der Malware Analyse finden, kann u. U. eine Infektion mit dieser (oder mutierter) Malware vorliegen. In diesem Fall sollte ein Alert ausgelöst werden

8. Der Alert wird in den bestehenden Incident Response Prozess integriert und es werden Gegenmaßnahmen eingeleitet

9. Die Gegenmaßnahmen sind von der Art der Bedrohung abhängig und werden hier nicht weiter beschrieben.

---

[10] Bayer, U., Milani, P., Hlauschek, C., & Kruegel, C. (2009). Scalable, Behavior-Based Malware. 16th annual network & distributed system security symposium. San Diego.

Die zuvor beschriebene Analyse ist jedoch nur sinnvoll möglich, wenn zuerst ein entsprechendes Malware Sample isoliert werden konnte, und dieses auch in der Analyse verwertbare Daten liefert.

6.5 Pilotstudie: CAIS Anwendung in der Praxis[11]

Die hier beschriebene Pilotstudie wurde im Forschungsprojekt CAIS durchgeführt. Ziel war die Erarbeitung technischer Werkzeuge und deren Einbettung in im Projekt zu definierende Prozesse zur Unterstützung eines Cyber-Lagezentrums. Die Schwerpunkte der Werkzeuge lagen dabei im Bereich Anomalieerkennung bzw. Simulation der Angriffsauswirkungen.

Im folgenden Szenario betreiben die vom nationalen Cyber-Lagezentrum unterstützten Organisationen selbst oder mit Hilfe von ihnen beauftragter Dienstleister ein entsprechendes innerbetriebliches IT-Sicherheitsmanagement. Dieses kann als zusätzliches Werkzeug zu z. B. üblicherweise eingesetzten SIEM-Lösungen auch spezifische in CAIS erarbeitete Methoden zur Anomalieerkennung verwenden (vgl. Abb. 6.14). Einzelorganisationen erstellen im Anlassfall ad-hoc Berichte über Sicherheitsvorfälle, ausgelöst durch erfolgreiche Angriffe, aber auch Versuche mit außergewöhnlicher Raffiniertheit, Hartnäckigkeit oder problematischer Zielrichtung. Das Cyber-Lagezentrum betreibt eine Meldestelle, welche Berichte über entdeckte Vorfälle bzw. deren Auswirkungen auf die Services einer

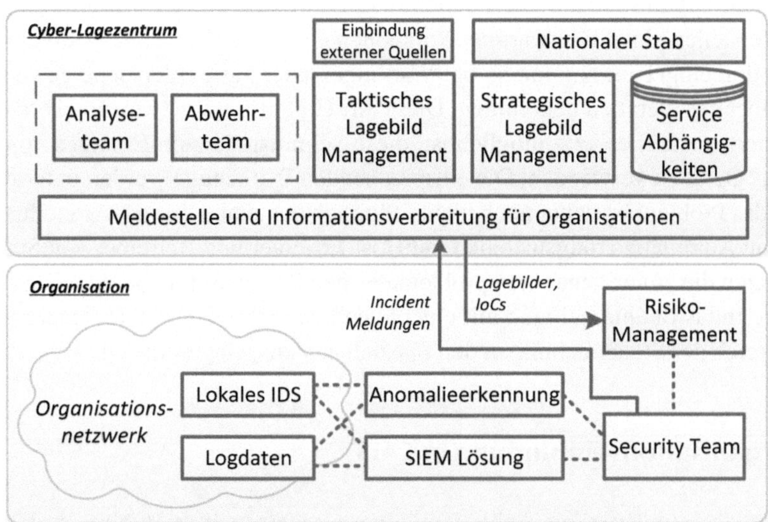

Abb. 6.14 Vernetzung von Organisationen mit dem Cyber-Lagezentrum

[11] Auch erschienen in: Skopik F., Fiedler R., Lendl O. (2014): Cyber Attack Information Sharing. *Datenschutz und Datensicherheit (DuD)*, Vol. 38, Issue 4. Gabler Verlag | Springer Fachmedien.

Organisation entgegennimmt. Das Lagezentrum sichtet diese Meldungen und erstellt daraus ein taktisches Lagebild, z. B. dass seit kurzem speziell Mitarbeiter von VoIP-Anbietern gezielt mit einer bestimmten Malware attackiert werden oder dass nach dem Einbruch bei einem ISP die Vertraulichkeit der Daten auf seinen Leitungen momentan nicht gewährleistet ist. Aus diesem Lagebild werden dann sinnvolle Maßnahmen für die nächsten Stunden abgeleitet. Da die zentrale Meldestelle einen Überblick über die Services der Einzelorganisationen und deren Abhängigkeiten untereinander (Infrastrukturmodell) hat kann sie andere Marktteilnehmer gezielt warnen und auch bei der Erkennung und Abwehr unterstützen, z. B. durch Kommunikation von Indicator of Compromise (IoCs), Snort-Rules, und IP-Blocklisten.. Darüber hinaus ist diese zentrale Meldestelle in der Lage umfangreiche Simulationen vorzunehmen, um den Einfluss von Vorfällen anhand des Netzes von Serviceabhängigkeiten zu bewerten.

Aus den Informationen des Tagesgeschäfts wird dann in regelmäßigen Abständen ein strategisches Lagebild erstellt, das vor allem politischen Entscheidungsträgern und dem jeweiligen Unternehmensmanagement von an das Lagezentrum gekoppelten Organisationen helfen soll, die richtigen Prioritäten zu setzen. Dieses Lagebild setzt daher auf einer völlig anderen Ebene an und könnte z. B. folgenden Inhalts sein: in den letzten Monaten nahmen Angriffe auf Mobilfunkbetreiber und SMS-Dienstleister zu, mit dem klaren Ziel Zugriff auf die SMS-Infrastruktur, z. B. zur Manipulation von 2-Faktorenauthentifizierung wie mobile-TAN, zu bekommen.

An folgendem fiktiven Anwendungsfall soll die Verwendung der CAIS-Werkzeuge und deren Einbettung in Prozessen im Cyber-Lagezentrum und in am Informationsaustausch teilnehmenden Organisationen anschaulich dargestellt werden. Es wurde angenommen, dass ein Hersteller einer Fernwartungskomponenten in diese eine nicht dokumentierte Zusatzfunktion eingebaut hat, um so bei Wartungen oder zur Fehlersuche gewisse Informationen über das Gerät zu bekommen. Diese Art Hintertür wurde von Hackern entdeckt und analysiert, so dass es jetzt möglich ist, diese Schnittstelle zum Erlangen von Vollzugriff auf das Gerät zu verwenden. Die entsprechenden Werkzeuge werden unter der Hand getauscht, das Problem ist daher noch nicht öffentlich bekannt. Die an CAIS teilnehmende Organisation Automatisierungstechnik GmbH ist Errichter und Betreiber von Steuertechnik und nutzen die zuvor genannten problematischen Systeme. Ihre Kunden sind mittlere und größere Industrieunternehmen mit einem gewissen Fokus im Sektor Energietechnik, die den Bereich der Steuertechnik an den Spezialisten ausgelagert haben.

6.5.1 Organisationseinbindung in CAIS

Folgende Prozesse müssen zur Anbindung einer Organisation, z. B. eines kritischen Infrastrukturanbieters, an ein Cyber-Lagezentrum nach den im Projekt CAIS erarbeiteten Richtlinien stattfinden, bevor dieses im Falle einer Cyber-Attacke unterstützend tätig werden kann. Abbildung 6.15 gibt einen Überblick über die Schritte in dieser Phase.

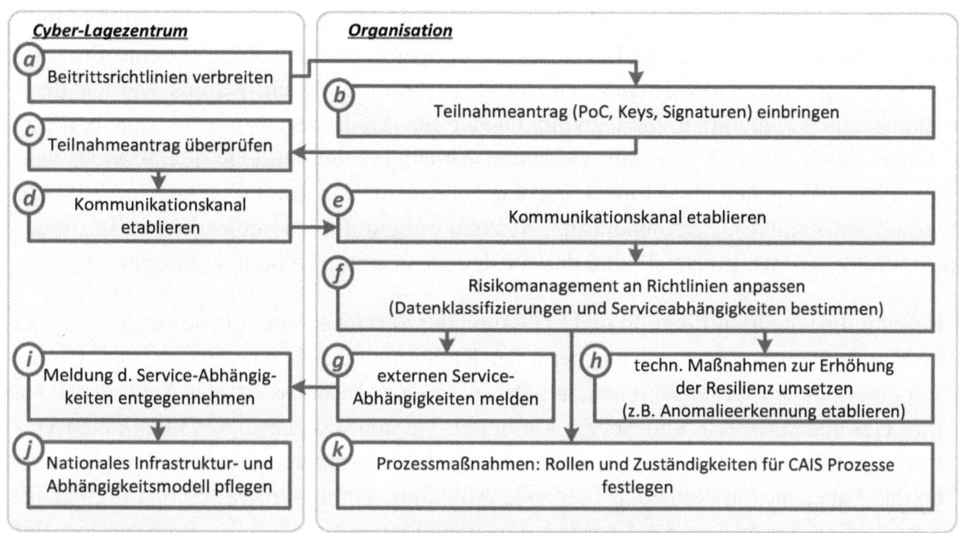

Abb. 6.15 Vorbereitungsaktivitäten und Einbindung von Organisationen

Vorbereitungen des Cyber-Lagezentrums Das Cyber-Lagezentrum bereitet Beitritts-richtlinien und Handlungsempfehlungen für Organisation zum Vorgehen zur Anbindung an das Lagezentrum vor, z. B. zur Anpassung der Organisationsprozesse, zur Ermittlung der Serviceabhängigkeiten, zum Etablieren der Anomalieerkennungs-Infrastruktur oder Richtlinien zur Meldung von möglichen bzw. bestätigten Angriffen.

Teilnahmeantrag einer Organisation Die interessierte Firma Automatisierungstechnik GmbH informiert sich über das Cyber-Lagezentrum und kommt zum Schluss, dass ein Beitritt für sie sinnvoll ist. Durch die Bekanntgabe der Abhängigkeiten kann das Unter-nehmen vom Lagezentrum über Servicebeeinträchtigungen informiert werden, die sonst nicht trivial erkennbar wären, vor allem bezüglich Vertraulichkeit und Integrität bezogener Dienste. Darüber hinaus erhofft sie sich, durch Austausch von Information über aktuel-le Angriffe effektiver und effizienter auf diese reagieren zu können und somit Ausfälle zu vermeiden. Als Zulieferer für kritische Infrastrukturanbieter ist es auch marketing-technisch vorteilhaft, konkrete Sicherheitsaktivitäten vorzeigen zu können. Die Organi-sation beantragt daher die Teilnahme, indem sie eine Kontaktperson (PoC) nennt und PKI-Material zur sicheren verschlüsselten und signierten Kommunikation mitsendet.

Überprüfung des Teilnahmeantrags Das Lagezentrum überprüft den Teilnahmeantrag der Automatisierungstechnik GmbH. Dies beinhaltet die Überprüfung der Identitäten, das Festlegen einer Service-Anbieter-ID (ID=471) für das Infrastrukturmodell, die Übermit-telung der ID an den Antragsteller, sowie die Weitergabe der generellen Handlungsemp-fehlungen an die teilnehmende Organisation, um an CAIS zu partizipieren.

Erhebung der Serviceabhängigkeiten Damit die Firma Automatisierungstechnik GmbH sinnvoll mit dem Cyber-Lagezentrum kooperieren kann, führt sie eine Prozessklassifizierung anhand der Richtlinien des Lagezentrums durch. Daraus werden dann entsprechende Maßnahmen zur Gewinnung der für das Lagezentrum relevanten Informationen abgeleitet, z. B. was die relevanten Abhängigkeiten zu externen Services sind bzw. welches Vorgehen zur Entdeckung von Störungen und Angriffen sinnvoll ist (Abänderung von Policies, Personaleinsatz, Systemkonfigurationen verbessern, zusätzliches Sensor-Deployment). Im Detail sind dabei folgende Aspekte zu berücksichtigen:

- Essentiell ist die Identifikation und Erfassung der Serviceabhängigkeiten und der selbst bereitgestellten Services entsprechend der Richtlinien des Lagezentrums. Dafür müssen innerhalb der Organisationen, angelehnt an einer Business Impact Analyse (BIA), ihre Geschäftsprozesse und Services erhoben werden. Da diese Abhängigkeiten vertrauliche Informationen darstellen, werden nur die relevanten externen Abhängigkeiten an das Lagezentrum gemeldet. Folgende Abhängigkeiten wurden durch Automatisierungstechnik GmbH an das Lagezentrum gemeldet, wobei der Ort des Konsums der Leistung vereinfacht durch die 4-stellige Postleitzahl erfasst wird:
  - Energieverband (ID = 5), Strom, Ort = 3100,
  - TelekabelAG (ID = 46), Netzwerkanbindung (Leitungsebene), Ort = 3100,
  - Business-ISP (ID = undefined), Internetservice, Ort = 3100,
  - TelekabelAG (ID = 46), Telefonie, Ort = 3100.
- Folgende Dienste bietet Automatisierungstechnik GmbH an (Information relevant für andere Organisationen zur Meldung ihrer Abhängigkeiten und für das Lagezentrum zur Infrastrukturmodellpflege):
  - Automatisierungstechnik GmbH (ID = 471), Anlagensteuerungen: Errichtung und Betrieb, Ort = *.

Das regelmäßige Aktualisieren dieser Abhängigkeiten erfolgt über die in den folgenden administrativen Maßnahmen zu etablierenden Prozesse.

Administrative Maßnahmen Die Organisation adaptiert ihre Prozesse, um im Ernstfall rasch und effektiv reagieren zu können. Dabei ist zu berücksichtigen, dass die von der Automatisierungstechnik GmbH betriebenen Systeme bei Kunden laufen und deren Daten verarbeiten, was z. B. auf Meldeprozesse Auswirkungen hat.

- Zuständigkeiten im Sicherheitsbereich werden festgelegt: Wer arbeitet an den Systemen, die Sicherheitsvorfälle erkennen können? Wer kann solche Vorfälle dann überprüfen und klassifizieren? Wer trifft Entscheidungen über Meldung/Maßnahmen? Wie wird bei personellen Nichtverfügbarkeiten eskaliert? Wer ist für die Aktualisierung der CAIS-spezifischen Daten und Prozesse zuständig?
- Abhängig davon, wie feingranular das Unternehmen bereits jetzt Sicherheitsprobleme erkennen kann, werden entsprechende technische Maßnahmen umgesetzt, z. B. SIEMs installiert oder erweitert, die CAIS-Anomalieerkennung zum Einsatz gebracht, in gewissen Bereichen wird die Sensordichte erhöht.

- Vorgehen zur Analyse und Klassifikation eines möglichen Angriffs und Kriterien für Meldungen an das Lagezentrum werden definiert: (i) Da die Firma zu klein für eigene IT-Sicherheitsmitarbeiter ist, wird ein Vertrag mit der Firma SecTroopers abgeschlossen, sodass im Bedarfsfall rasch Forensik- und Abwehrleistungen bezogen werden können. (ii) Parallel wird der laufende Risikomanagementprozess um die Spezifika der IT-Risiken erweitert, z. B. unter Verwendung von BSI-Grundschutzkatalogen [6]. Da die Firma aber einen IT-Schwerpunkt und daher auch Interesse daran hat, dass IT-Risikomanagement intern auch verstanden und gelebt wird, wird zusammen mit einem Consultingunternehmen die initiale Bewertung durchgeführt, danach wird der Risikomanagementprozess komplett durch die Firma weitergeführt.

Technische Maßnahmen Die Organisation entscheidet sich, auch die CAIS-Anomalieerkennung zusätzlich zu ihren bestehenden Systemen einzusetzen, und zwar nicht nur im Haus auf ihren eigenen Systemen sondern auch in größeren Kundeninstallationen. Daher setzt sie folgendes um:

- Da die für die Anomalieerkennung erforderliche Sammlung von Logdaten in einigen Bereichen, z. B. von Netzwerkbasiskomponenten wie Switches und Firewalls, nur in geringem Umfang erfolgt, wird dort eine zentrale Logdatensammlung umgesetzt und Log-Levels entsprechend angepasst.
- Die regelbasierte CAIS-Anomalieerkennung wird installiert, Logdatenadapter werden eingerichtet.
- Es wird mit dem Probebetrieb begonnen. Es werden Regelsätze automatisch ermittelt, bei Regelverletzungen wird nur innerhalb des Systems eine Meldung ausgegeben und die Regel als unzutreffend entfernt. Die verbleibenden Regeln beschreiben die zeitlichen Zusammenhänge zwischen verschiedenen Vorgängen im System im Normalbetrieb.

Nationale Infrastrukturmodellpflege Das Lagezentrum nimmt die gemeldeten Serviceabhängigkeiten entgegen und pflegt diese in ihr Modell ein. Wenn eine Organisation ein Service mit relevantem Marktanteil anbietet, so wird eine Simulation verschiedener Angriffsvarianten auf das Services durchgeführt. Je nach Schwere der Auswirkungen auf Services anderer Organisationen wird der Serviceanbieter durch das Lagezentrum klassifiziert, z. B. zur Optimierung des Ressourceneinsatzes im Angriffsfall oder zur Aktualisierung des strategischen Lagebildes.

Basisschutz-Etablierung Anbieter kritischer Services, d. h. welche, von denen andere relevante Organisationen oder die Öffentlichkeit abhängen, unterstützt das Lagezentrum mit zusätzlichen Informationen und Hilfeleistungen beim Aufbau und der Verbesserung ihres ISMS, z. B. Herstellen einschlägiger Kontakte, Information bezüglich State-of-the-Art, besonders im Kontext nationaler Richtlinien und Gesetze, Maßnahmenempfehlungen abgeleitet von Systemen in anderen Unternehmen mit ähnlichen technischen Eigenschaften.

6.5.2 Ablauf im Falle eines Angriffs

Folgende Prozesse (vgl. Abb. 6.16) würden im gegebenen Anwendungsszenario im Ernstfall ablaufen. Es ist zu beachten, dass einige Aktivitäten parallel stattfinden.

Identifikation einer Anomalie Die in der Steueranlage eines Kunden installierte Anomalieerkennung, die ebenfalls von der Automatisierungstechnik GmbH betrieben wird, löst am 24.6.2013 um 00:21 aufgrund eines in den letzten 5 Minuten signifikant hohen Anomaliegrades eine Warnung aus, nach weiteren 25 Minuten um 00:46 ist die Anomalie wieder verschwunden. Der Techniker in Rufbereitschaft beginnt zwar um 0:35 mit einer kurzen manuellen Überprüfung der Logs mittels einer SIEM Lösung, findet allerdings innerhalb von 30 Minuten keinen Hinweis auf die genaue Ursache.

Erstellung eines organisationsinternen Alarms Da die Anomalie hauptsächlich im Zusammenhang mit einem Wartungsnetz stand und laut Systemüberwachung die Verfügbar-

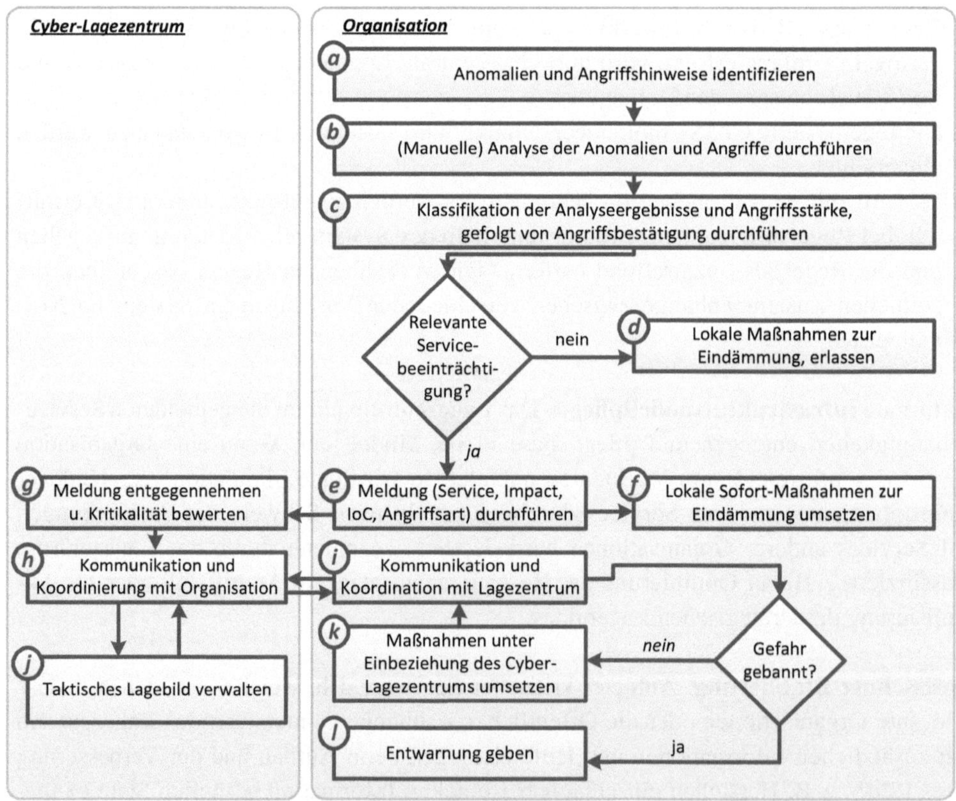

Abb. 6.16 Meldung eines Angriffs an das Cyber-Lagezentrum

keit nicht beeinträchtigte, wird entsprechend der im Vorfeld erarbeiten internen Richtlinien für Incident-Management nur ein Problembericht an den Netzwerktechniker der Tagschicht weitergeleitet.

Interne Analyse Der Netzwerktechniker von der Automatisierungstechnik GmbH beginnt um 7:50 mit der Bearbeitung des Problemberichts. Er versucht dabei die den Normalzustand beschreibende Regel der Anomalieerkennung zu interpretieren und zu verstehen, warum sie innerhalb des kurzen Zeitraumes nicht mehr zutraf. Dabei erkennt er folgendes:

- Normalerweise gibt es in dem Wartungsnetz kaum Verkehr, daher finden einige Systeminteraktionen immer ungestört mit präzis gleichem zeitlichem Ablauf statt. Durch plötzlich stark erhöhte Last wurden diese Vorgänge indirekt gestört.
- Der Verkehr hätte eine Firewall passieren müssen, diese hat aber keinerlei Verbindungen protokolliert. Bei der Untersuchung der Firewall fällt auf, dass diese Zugriffe von außen nicht mehr blockiert sondern ungehindert durch lässt und diese eigentlich verbotenen Zugriffe auch nicht mitprotokolliert. Dieses Verhalten steht im Widerspruch zur momentan eingespielten Konfiguration, die das Gerät scheinbar ignoriert.

Da der entdeckte Fehler nicht auf einen technischen Defekt bzw. menschliches Versagen bei der Administration des Gerätes zurückgeführt werden kann, muss die Möglichkeit einer gezielten Manipulation ins Auge gefasst werden. Daher verständigt der Techniker nach 3 Stunden Analyse um 11:06 den CISO, der nach kurzer Rücksprache das Heranziehen einer Spezialfirma für Sicherheitsanalysen und Forensik, SecTroopers, beschließt.

Security Consulting Die Security-Spezialisten nehmen um 15:30 ihre Arbeit auf und können in ihrer ersten Analyse, abgeschlossen in den frühen Morgenstunden des dem Angriff folgenden Tages, diverse Zugriffe und Manipulation an verschiedenen Komponenten bestätigen, die scheinbar alle mit gestohlenen Zugangsdaten erfolgten. Da als erste Gegenmaßnahme die Passwörter abgeändert wurden, konnte so der Angreifer ausgesperrt werden. Zusätzlich wurde in den betroffenen Netzen das Mitprotokollieren des gesamten Netzwerkverkehrs eingerichtet. Beim Versuch des Angreifers erneut über dieselbe Schwachstelle Zugriff in das Wartungsnetz zum Ausspionieren der Passwörter zu erlangen, konnte aufgrund der Netzwerkprotokolle die Lücke entdeckt werden.

Entscheidungsfindung Der CISO der Automatisierungstechnik GmbH und der Analyst von SecTroopers sind sich nach kurzer Beratung einig, dass es sich beim ‚Angriff um eine tiefgreifende Integrity- und Confidentiality-Verletzung unter Ausnutzung einer bis dahin unbekannten Softwareschwachstelle handelt. CISO und Management veranlassen die Meldung des Vorfalles an das Cyber-Lagezentrum.

Meldung an Cyber-Zentrum Es ergeht eine Meldung an das nationale Cyber-Lagezentrum. Dabei werden die Leitlinien „Anonymisierung" des Lagezentrums, aber auch die organisationsspezifischen Vorgaben, die in der Integrationsphase festgelegt wurden, berücksichtigt. Die Meldung an das Lagezentrum erfolgt verschlüsselt via e-Mail, die Eckpunkte des Inhalts sind:

- Vor einiger Zeit erlangte ein Angreifer über eine bisher unbekannte Schwachstelle Zugriff auf das Fernwartungssystem eines gewissen Typs.
- Über das System konnte er weitere Systeme unter seine Kontrolle bringen, vermutlich indem er Passwörter auf unverschlüsselten Wartungsverbindungen erspähte.
- Das Steuerungssystem war daher zu signifikanten Teilen unter seiner Kontrolle, Integrität und Vertraulichkeit der Daten waren nicht mehr gewährleistet. Abschaltung der Systeme (DoS) wäre leicht möglich gewesen, wurde aber nicht ausgeführt. Die Bereinigung der Schäden und Prüfung aller Systeme wird mehrere Wochen dauern.
- IoC: Beim Aufbau der SSH-Verbindung zu dem Gerät wird in der Versionspräambel der Text „MasterMaintenanceMode" übergeben, wodurch der Zugriff im Wartungsmodus auch ohne SSH-Schlüssel möglich wird.
- Da es sich um ein Standardsystem aus dem Lieferumfang der Automatisierungstechnik GmbH handelte sind potentiell viele Kunden für denselben Angriff verwundbar. Da das Produkt auf den Energiesektor zugeschnitten ist, besteht auch die Möglichkeit, dass andere Firmen in dem Segment betroffen sein könnten, auch wenn diese nicht Kunden der Automatisierungstechnik GmbH sind.

Das Format für die Erstmeldung sollte bewusst kürzer gehalten werden, damit diese schnell und einfach abgesetzt werden kann. Im Bedarfsfall kommt dann weitere Kommunikation zwischen Lagezentrum und betroffener Organisation zu Stande, wobei dann die genauen Details zum Angriff ausgetauscht werden.

Bewertung der Meldung Das Lagezentrum nimmt die Meldung der Firma entgegen:

- Es wird das Ereignis nach einer definierten Vorgehensweise ins taktische Lagebild eingepflegt.
- Bei entsprechender Schwere wird mit der Koordination von Gegenmaßnahmen begonnen, was in diesem Beispiel der Fall ist.

Organisationsinterner Prozessanlauf Die Entscheidung des CISOs wird innerhalb der Organisation umgesetzt.

Nationale Maßnahmen Es stellt sich nach Durchsicht des Abhängigkeitsmodells heraus, dass eine erheblich Anzahl an Organisationen entweder direkt oder indirekt vom betroffenen Service abhängig sind. Im Lagezentrum wird eine Simulation gestartet um die Auswirkungen des Serviceausfalls zu ermitteln. Fragen die geklärt werden sollen sind:

- Welche anderen Organisationen sind vom Serviceausfall betroffen, d. h. können deren Services dann nicht mehr vollumfänglich anbieten?
- Wie kritisch ist diese Situation für Drittfirmen?
- Wie sieht es mit transitiven Effekten aus bzw. mit Kaskadeneffekten?
- Welche anderen Organisationen sollen über Dienstbeeinträchtigungen vorgewarnt oder über Schwachstellen informiert werden?

Aufgrund der verschiedenen Informationen wird entschieden, wer in welchem Umfang vorgewarnt wird. Zu großflächige Warnungen sind dabei eher kontraproduktiv, da das Risiko für Datenlecks mit der Zahl der Informierten steigt und durch Überflutung mit nicht zielgerichteten Mitteilungen Relevantes leichter übersehen wird. Für eine schnelle, spezifische und effektive Organisationsreaktion auf Angriffe ist die Weitergabe der „Indicators of Compromise" bzw. spezifischer Gegenmaßnahmen sehr hilfreich.

Verfeinerte Meldung Aufgrund der neuen Erkenntnisse zum Angriff übermittelt die betroffene Firma erneut eine Meldung an das Cyber-Lagezentrum. Die Kernpunkte dabei sind, dass a) die Angreifer auf übernommenen Geräten einen zusätzlichen Steuerkanal über DNS eingerichtet haben, der unbedingt unterbunden werden muss b) zum Ausspionieren der über das Wartungsterminal laufenden Verbindungen eine tcpdump-Variante verwendet wurde um unverschlüsselte telnet/ftp-Zugriffe mitzulesen c) die Abwehr des Angriffs länger dauern wird als erwartet.

Laufende Kommunikation und Koordination Zwischen Automatisierungstechnik GmbH und dem Cyber-Lagezentrum findet ein reger Austausch bis zur Behebung des Problems statt. Dazu zählen die dem Lagezentrum übermittelten verfeinerten Meldungen zum Angriff; das Lagezentrum gibt neue Informationen zu Angriff oder Gegenwehr weiter, die es von anderen betroffenen Firmen oder CERTs anderer Staaten erhalten hat.

Entwarnung Sobald die Organisation das Problem beheben konnte, wird eine abschließende Meldung erstattet und der „Alarmzustand" aufgehoben.

6.5.3 Lagebildverteilung und Unterstützung

Das laufend aktualisierte Cyber-Lagebild wird gezielt an relevante Organisationen verteilt, um diese im Falle großflächiger Angriffe vorzuwarnen und bei ihren Entscheidungen die Cyber-Abwehr betreffend zu unterstützen. Dabei laufen die Prozesse wie in Abb. 6.17 dargestellt, ab.

Verwaltung des taktischen Lagebildes Entsprechend den Meldungen und den Ergebnissen der Simulation wird durch die Expertinnen und Experten des Lagezentrums das

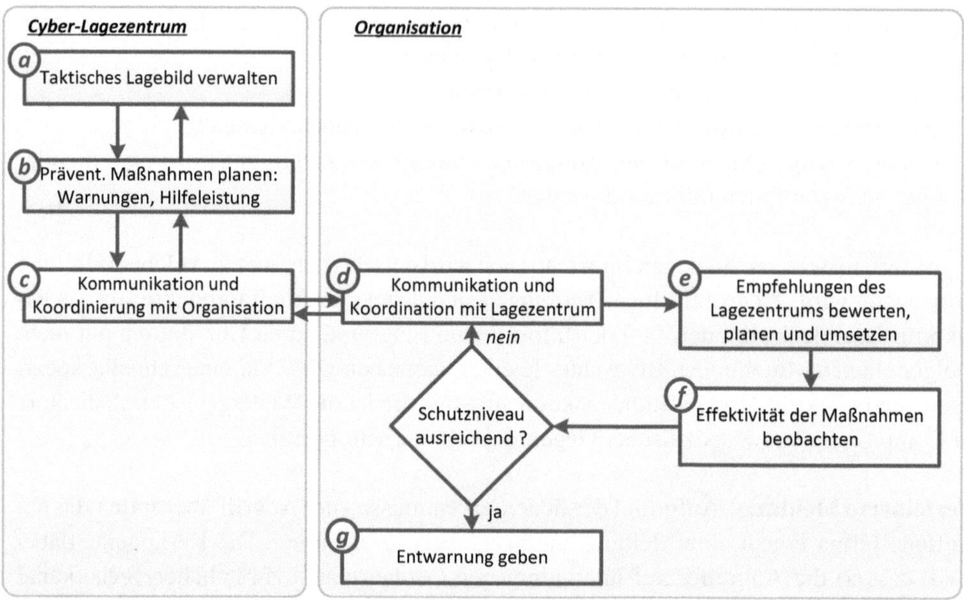

Abb. 6.17 Vorwarnung und Lagebildverteilung an Organisationen

taktische Lagebild aktualisiert. Wird ein Angriff auf eine teilnehmende Organisation detektiert, die zu einer erheblichen Beeinträchtigung ihrer angebotenen Services an andere Organisationen führt, so wird diese Information besonders gewissenhaft bewertet (z. B. mittels Szenarien-Simulation). Daraufhin können Kaskadeneffekte und deren zeitlichen Abläufe für teilnehmende Organisationen ermittelt werden. Basierend auf diesen Ergebnissen können weitere involvierte Organisationen vorgewarnt und Aktionen entsprechend der vorliegenden Notfallpläne ausgeführt werden.

Informationsverbreitung Im vorliegenden Angriffsfall leitet das Cyber-Lagezentrum neue Informationen über stattfindende Angriffe an relevante Organisationen weiter:

- Weitergabe der Informationen aus dem taktischen Lagebild, z. B. dass alle angegriffenen Systeme bei Unternehmen im Energietechnikbereich liefen aber keine Angriffe dieser Art in anderen Sparten gemeldet wurden.
- Verteilung der IoCs und Gegenmaßnahmen an Firmen, welche ebenso verwundbare Produkte verwenden, aber nicht notwendigerweise Kunde der Automatisierungstechnik GmbH sind.
- Koordinierung zwischen Automatisierungstechnik GmbH und anderen Firmen, die zur selben Zeit an ähnlichen Gegenmaßnahmen arbeiten.

Da die Automatisierungstechnik GmbH bereits erfolgreich an der Abwehr arbeitet, wird auch darauf hingewiesen, dass das Risiko besteht, dass die Angreifer die Gegenmaßnahmen bemerken und daraufhin die noch unter ihrer Kontrolle befindlichen Komponenten stören oder beschädigen.

Organisatorische Maßnahmen   Informierte Organisationen beginnen aufgrund der Meldungen ihre Systeme zu durchforsten und problematische Geräte bis zum Erscheinen eines Patches vom Internet abzuschotten oder zumindest durch Firewall- oder VPN-Appliances zusätzlich zu schützen. Durch den zusätzlichen Aufwand bzw. Nebeneffekte der Maßnahmen kommt es zu zwar geringfügigen Störungen und Produktivitätsrückgängen in den Firmen, aber großflächiger Schaden kann effektiv verhindert werden.

Datenschutzleitlinie für Forschungsprojekte

Kurt Einzinger

7.1 Einleitung

Die vorliegenden Leitlinien enthalten eine Reihe von praktischen Empfehlungen und Erklärungen für Projektleiter und Projektleiterinnen von Forschungsprojekten im IKT-Sicherheits-Bereich zu der Frage, wie sie die Datenhandhabung in ihren Projekten konzipieren und betreiben sollen. Sachgerechte Datenverwendung unter Einhaltung der datenschutzgesetzlichen Bestimmungen schon bei der Konzeption und dem Design der Projekte ist eine Grundvoraussetzung für erfolgreiche Projekte als leistungsstarke Werkzeuge zur Lösung von IKT-Sicherheitsproblemen.

Datenschutz und Sicherheitsforschung müssen sich aber nicht gegenseitig ausschließen. Wenn die Datenverwendung pragmatisch auf der Basis der beiden Grundsätze der Datenvermeidung beziehungsweise der Anonymisierung und der Verhältnismäßigkeit eingesetzt wird, kann sie den Forschungserfordernissen gerecht werden und zugleich die Privatsphäre und die Grundrechte achten.

Die Verwendung personenbezogener Daten sollte intelligent und ausschließlich zur Lösung genau ermittelter Sicherheitsprobleme eingesetzt werden, um auf diese Weise das Datenmaterial, das nicht von Belang ist, auf ein Mindestmaß zu reduzieren. Damit werden nicht nur Eingriffe in die Privatsphäre auf ein Minimum reduziert, sondern es ist zugleich auch gewährleistet, dass die Forschungsarbeit zielgerichteter und letztendlich auch effizienter bewerkstelligt werden kann.

Datenschutz sollte nicht als eine vom Gesetz auferlegte Hürde, als „Compliance-Kästchen" gesehen werden, das „abgehakt" werden muss, sondern sollte vielmehr Teil der Organisationskultur und einer gesunden Struktur der guten Projektführung sein, bei der die Projektleitung Entscheidungen auf der Grundlage von Ratschläge der beigezogenen

Kurt Einzinger ✉
Netelligenz e.U., Wien, Österreich

© Springer-Verlag Berlin Heidelberg 2015
H. Leopold et al. (Hrsg.), *Cyber Attack Information System*, Xpert.press,
DOI 10.1007/978-3-662-44306-4_7

Datenschutzbeauftragten und von Beratungen mit allen betroffenen Interessengruppen trifft.

Innerhalb der vom österreichischen Datenschutzgesetz (DSG 2000)[1] vorgegebenen Grenzen verfügt jeder Datenverarbeiter und Dienstleister (DSG 2000 § 4 Abs. 4–5) über einen gewissen Ermessensspielraum bei der Konzeption seines bzw. ihres eigenen Systems. Zugleich muss jeder Datenverarbeiter auch nachweisen, dass er Verfahren zur Einhaltung der Datenschutzanforderungen eingerichtet hat.

7.2 Ziel der Datenschutzleitlinien

Die Leitlinien sollen den Konsortialpartnern, Projektleitern und allen Mitarbeitern des Forschungsprojekts praktische Orientierungshilfen zu der Frage geben, wie sie die österreichischen Datenschutzbestimmungen einhalten und die Verwendung und Verarbeitung von personenbezogenen Daten im Rahmen des Forschungsprojekts verantwortungsvoll zusammen mit effizienten Schutzvorkehrungen einsetzen können. Darin sind auch die Grundsätze bei der Beurteilung der Frage dargelegt, ob die Verwendung personenbezogener Daten tatsächlich notwendig ist, und es werden Handlungshilfen angeboten, wie die Verwendung der Daten so durchgeführt wird, dass die Auswirkungen auf die Privatsphäre und auf andere Grundrechte möglichst gering gehalten werden.

Die Leitlinien sind keine endgültigen Gesetzesaussagen. Sie beschreiben vielmehr die aktuelle Gesetzeslage und geben einen Ausblick auf zu erwartende zukünftige Entwicklungen. Darauf basierend geben sie Empfehlungen an die Hand und schlagen bewährte praktische Lösungen vor, während zugleich anerkannt wird, dass es Ausnahmen von der Regel geben könnte und dass jeder Auftraggeber innerhalb der datenschutzrechtlichen Grenzen über einen gewissen Ermessensspielraum bei der Konzeption seines eigenen Systems verfügt.

Die Leitlinien sind flexibel: sie sind so konzipiert, dass sie eine benutzerspezifische Anpassung ermöglichen. Mit dieser Flexibilität soll verhindert werden, dass eine starre oder bürokratische Auslegung von Datenschutzbelangen berechtigten Sicherheitserfordernissen oder anderen legitimen Zielen im Weg steht. Vor diesem Hintergrund ist die Einhaltung der Empfehlungen häufig die effizienteste Art und Weise zur Einhaltung des Gesetzes. Damit werden aber auch die Effizienz und die Sicherheit der Systeme verbessert, und das Vertrauen der Mitarbeiter und der Öffentlichkeit in die Arbeit und die Ergebnisse des Forschungsprojekts wird gestärkt.[2]

---

[1] (2010, Jänner 1). Bundesgesetz über den Schutz personenbezogener Daten (Datenschutzgesetz 2000 – DSG 2000).

[2] In Anlehnung an EDSB. „Leitlinien des Europäischen Datenschutzbeauftragten zur Videoüberwachung." Brüssel: 2010.

7.3 Geltungsbereich der Datenschutzleitlinien

7.3.1 Geltungsbereich

Die Leitlinien finden Anwendung bei wissenschaftlichen oder anwendungsorientierten Forschungsprojekten sowie statistischen Untersuchen im Bereich der Informations- und Kommunikationstechnologien (IKT), bei denen personenbezogene Daten verwendet, verarbeitet oder übermittelt werden. Sie gelten unabhängig davon, ob das jeweilige Forschungsprojekt von einer Forschungsinstitution, einzelnen Forschungstreibenden oder einer Forschungsabteilung eines Unternehmens durchgeführt wird.

Der räumliche Geltungsbereich der Leitlinien ergibt sich aus dem räumlichen Anwendungsbereich des österreichischen Datenschutzgesetzes 2000 (DSG 2000). Die Datenschutzleitlinien gelten für Unternehmen oder Institutionen, die personenbezogene Daten in Österreich verwenden, sowie für in Österreich gelegene Haupt- oder Zweigniederlassungen eines Auftraggebers, für dessen Zwecke eine Verwendung von Daten in anderen Mitgliedstaaten der Europäischen Union geschieht (DSG 2000 § 3 Abs. 1).

7.3.2 Was sind personenbezogene Daten?

Als Daten im Sinne des DSG 2000 werden nur personenbezogene Daten verstanden. Diese können entweder direkt oder indirekt personenbezogen sein. Die Person oder Personengemeinschaft, worauf sie sich beziehen, kann sowohl eine natürliche als auch eine juristische Person sein. Das ist eine Besonderheit des österreichischen Datenschutzrechts, da weder in der europäischen Datenschutzrichtlinie noch in den meisten anderen europäischen Staaten die Daten juristischer Personen (also von Firmen und Institutionen) vom Datenschutz umfasst werden.

Während direkt personenbezogene Daten unmittelbar mit einer Person verknüpft sind (das sind z. B. auch Daten, die in einer Datenbank zwar in verschiedenen Tabellen aber mit einem eindeutigen Schlüssel versehen gespeichert sind), versteht man unter indirekt personenbezogene Daten, Daten, die zwar vom Auftraggeber – auf rechtmäßige Art und Weise – nicht mehr mit einer bestimmten Person verknüpft werden können, dies aber für andere Datenverarbeiter oder Auftraggeber möglich ist. Das heißt, dass ohne das Zutun anderer (bzw. durch Zugriff auf Datenbanken, die nicht zu meiner Verfügung stehen) kein Personenbezug hergestellt werden kann (z. B. Autokennzeichen oder IP-Adressen).

Personenbezogene Daten werden im DSG 2000 in sensible und nicht-sensible Daten unterteilt. Abweichend von der EG-Richtlinie – gibt es in Österreich den Bereich der besonders schützwürdigen Daten, die neben den sensiblen Daten auch Daten zur Bonität, Daten aus Informationsverbundsystemen und aus der Strafrechtspflege umfassen.

Der Begriff „sensible Daten" wurde in der EG-Richtlinie[3] abschließend definiert und kann durch Österreich weder eingeengt, noch erweitert werden. Sensible Daten sind besonders schutzwürdige Daten natürlicher Personen (DSG 2000 § 4 Z2) betreffend rassische und ethnische Herkunft, politische Meinung, Gewerkschaftszugehörigkeit, religiöse und philosophische Überzeugung, Gesundheit und Sexualleben. Einzelne, für sich alleine nichtsensible biometrische Daten können durch Kombination sensibel werden (z. B. die Kombination Körpergewicht/Körpergröße erlaubt Rückschlüsse auf die Gesundheit).

Der Begriff personenbezogene Daten wird in der EU-Verordnung[4] definiert als „alle Informationen über eine bestimmte oder bestimmbare natürliche Person". In der Verordnung heißt es weiter: „als bestimmbar wird eine Person angesehen, die direkt oder indirekt identifiziert werden kann, insbesondere durch Zuordnung zu einer Kennnummer oder zu einem oder mehreren spezifischen Elementen, die Ausdruck ihrer physischen, physiologischen, psychischen, wirtschaftlichen, kulturellen oder sozialen Identität sind."

Für die datenschutzrechtliche Betrachtung von Forschungsprojekten ist somit die Bestimmung der Natur der zu verwendenden Daten ein notwendiger erster Schritt. Die erste Frage, die zu beantworten ist, richtet sich nach dem Personenbezug der Daten. Ist der Personenbezug direkt herzustellen oder nur indirekt? Handelt es sich um sensible Daten oder nicht? Zu beachten ist, dass in Österreich auch die Daten juristischer Personen dem Datenschutz unterliegen.

7.3.3 Über die rechtliche Natur von IP-Adressen

Die sogenannten IP-Adressen (IP = Internet Protocol) besitzen innerhalb der Informations- und Kommunikationstechnologien (IKT) einen besonderen Stellenwert. Sie dienen der Adressierung und Weiterleitung (Routing) in Netzwerken mit dem TCP/IP (transmission Controll Protocol/Internet Protocol), das heute sowohl im öffentlichen Internet als auch in fast allen sonstigen Datennetzwerken verwendet wird. Jedes Datenpaket enthält im Normalfall zwei IP-Adressen, die des Absenders (Quell-IP-Adresse) und die der Empfängers (Ziel-IP-Adresse). Die IP-Adressen sind dabei den jeweiligen Geräten zugewiesen und müssen ihrer Natur nach unique sein um das jeweilige Gerät im Netz eindeutig identifizieren zu können.

---

[3] DAS EUROPÄISCHE PARLAMENT UND DER RAT DER EUROPÄISCHEN UNION. „RICHTLINIE 95/46/EG DES EUROPÄISCHEN PARLAMENTS UND DES RATES vom 24. Oktober 1995 zum Schutz natürlicher Personen bei der Verarbeitung personenbezogener Daten und zum freien Datenverkehr." Brüssel: 1995. Abschnitt III, Art. 8.

[4] DAS EUROPÄISCHE PARLAMENT UND DER RAT DER EUROPÄISCHEN UNION. „Verordnung (EG) Nr. 45/2001 des Europäischen Parlaments und des Rates vom 18. Dezember 2000 zum Schutz natürlicher Personen bei der Verarbeitung personenbezogener Daten durch die Organe und Einrichtungen der Gemeinschaft und zum freien Datenverkehr." Brüssel: 2001. Kapitel I, Art. 2, a).

Im Telekommunikationsgesetz 2003[5] werden IP-Adressen folgendermaßen definiert:

Hintergrundinformationen
16. „öffentliche IP-Adresse" eine einmalige numerische Adresse aus einem Adressblock, der durch die Internet Assigned Numbers Authority (IANA) oder durch eine regionale Vergabestelle (Regional Internet Registries) einem Anbieter eines Internet-Zugangsdienstes zur Zuteilung von Adressen an seine Kunden zugewiesen wurde, die einen Rechner im Internet eindeutig identifiziert und im Internet geroutet werden kann. Öffentliche IP-Adressen sind Zugangsdaten im Sinne des § 92 Abs. 3 Z 4a. Wenn eine konkrete öffentliche IP-Adresse einem Teilnehmer für die Dauer des Vertrages zur ausschließlichen Nutzung zugewiesen ist, handelt es sich zugleich um ein Stammdatum im Sinne des § 92 Abs. 3 Z 3;

Eine IP-Adresse identifiziert eindeutig ein Device, das mit dem Internet verbunden ist. Die IP-Adresse kann fest mit dem Device verbunden sein und während des gesamten Lebenszyklus des Geräts erhalten bleiben, dann spricht man von einer „fixen" IP-Adresse; oder sie kann mehr oder weniger oft, z. B. bei jedem Connect mit dem Internet neu vergeben werden, womit dieses Gerät jeweils über eine andere IP-Adresse verfügt: dann spricht man von einer dynamischen IP-Adressierung.

Im LAN-Bereich ist die dynamische Adressierung per DHCP (Dynamic Host Configuration Protocol) verbreitet, im Internetzugangsbereich wird dynamische Adressierung vor allem von Internet-Service-Providern (ISP) eingesetzt. Vorteil der dynamischen Adressierung ist, dass im Durchschnitt deutlich weniger als eine IP-Adresse pro Kunde benötigt wird, da nie alle Kunden gleichzeitig online sind. Ein Verhältnis zwischen 1 : 10 und 1 : 20 ist üblich. Das Réseaux IP Européens Network Coordination Centre (RIPE NCC) als eine der Regional Internet Registrys (RIR), die für die Vergabe von IP-Adressbereichen und AS-Nummern in Europa, dem Nahen Osten und Zentralasien zuständig ist, verlangt von seinen LIRs (Local Internet Registry) einen Nachweis über die Verwendung der ihnen zugewiesenen IP-Adressen. Eine feste Zuordnung von Adressen wird nur in begründeten Fällen akzeptiert, zum Beispiel für den Betrieb von Servern oder für Abrechnungszwecke.

7.3.4 NAT – Network Address Translation

NAT ist ein Verfahren, das in Routern eingesetzt wird, die lokale Netzwerke mit dem Internet verbinden. Während im lokalen Netzwerk jeder Device eine private IP-Adresse hat, steht für das Internet nur eine öffentliche IP-Adresse zur Verfügung. Private IP-Adressen dürfen aber mehrfach verwendet werden und besitzen in öffentlichen Netzen keine Gültigkeit. Damit trotzdem alle Devices mit privater IP-Adresse Zugang zum Internet bekommen, muss der Internet-Zugangs-Router in allen ausgehenden Datenpaketen die privaten IP-Adressen der Devices durch seine eigene, öffentliche IP-Adresse ersetzen. Damit die eingehenden Datenpakete dem richtigen Ziel zugeordnet werden, speichert der

---

[5] Telekommunikationsgesetz 2003 § 92 Abs. 3 Z.16 – http://www.ris.bka.gv.at/GeltendeFassung.wxe?Abfrage=Bundesnormen&Gesetzesnummer=20002849, letzter Zugriff: 1. November 2014.

Router die aktuellen Verbindungen in einer Tabelle. Dieses Verfahren nennt man NAT (Network Address Translation).

Die Funktionsweise der Network Address Translation (NAT) stellt sich folgendermaßen dar. Der Router des lokalen Netzwerks bekommt die öffentliche IP-Adresse für seinen WAN-Port vom Internet Service Provider (ISP) zugewiesen. Innerhalb des lokalen Netzwerks hat der Router die IP-Adresse 192.168.0.1[6], die für den LAN-Port gilt. Mit der öffentlichen IP-Adresse tritt der Router als Stellvertreter für alle Devices seines lokalen Netzwerks (LAN) auf. Weil nur eine öffentliche IP-Adresse vom Internet-Provider zugeteilt wurde, bekommen die Stationen im LAN private IP-Adressen aus speziell dafür reservierten Adressbereichen zugewiesen. Das bedeutet aber auch, dass diese Adressen nur innerhalb des privaten Netzwerks gültig sind. Private IP-Adressen werden in öffentlichen Netzen nicht geroutet. Das bedeutet, dass Devices mit privaten IP-Adressen keine Verbindung ins Internet bekommen. Damit das trotzdem funktioniert, wurde NAT entwickelt.

Wenn nun ein Datenpaket mit einer Ziel-Adresse außerhalb des lokalen Netzwerks adressiert ist, dann ersetzt der NAT-Router die Quell-Adresse durch seine öffentliche IP-Adresse. Die Portnummer (TCP oder UDP) wird durch eine andere Portnummer ersetzt. Um später die Antwortpakete der richtigen Station zuordnen zu können führt der Router eine Tabelle mit den geänderten Quell-Adressen und den dazugehörigen Portnummern. Wenn also Pakete mit einer bestimmten Portnummer zurückkommen, dann ersetzt NAT die Ziel-Adresse durch die richtige Adresse und Portnummer. In der Tabelle hat jeder Eintrag auch eine Zeitmarkierung. Nach einer bestimmten Zeit der Inaktivität wird der betreffende Eintrag gelöscht. Auf diese Weise wird sichergestellt, dass keine Ports offen bleiben. Weil dieses Verfahren die Absender-Adresse (Source) jedes ausgehenden Datenpaketes ändert, nennt man dieses Verfahren Source NAT (SNAT). SNAT bezeichnet man in der Regel einfach als NAT.

Insbesondere die Mobilfunk-Betreiber setzen dieses Verfahren zur IP-Anbindung ihrer Kunden und deren Devices (Handys, Tablets) ein. Dabei können diese NATs aufgrund der 16 Bit breiten Portnummern bis zu 65.000 Sitzungen (Port-Address-Translation Einträge) umfassen.

In einer NAT Umgebung stellt somit die IP-Adresse (die öffentliche IP-Adresse, die nach außen sichtbar wird) theoretisch ein indirekt personenbezogenes Datum dar, das aber durch die Flüchtigkeit der Nat-Tabellen im Router ohne Zusatzdaten (wie MAC-Nummer des Devices oder SIMS) praktisch keinen Personenbezug hat.

---

[6] Dafür vorgesehene Adressbereiche sind: 10.0.0.0/8: 10.0.0.0 bis 10.255.255.255, 172.16.0.0/12: 172.16.0.0 bis 172.31.255.255, 192.168.0.0/16: 192.168.0.0 bis 192.168.255.255 und für Provider-NAT: 100.64.0.0/10: 100.64.0.0 bis 100.127.255.255.

7.3.5 Die Behandlung nur indirekt personenbezogener Daten

Das Datenschutzgesetz 2000 (DSG 2000) sieht für „nur indirekt personenbezogene Daten" eine Reihe von besonderen Bestimmungen vor. Laut DSG 2000 sind nur indirekt personenbezogene Daten eine Untergruppe von personenbezogenen Daten, deren Personenbezug vom Auftraggeber, Dienstleister oder Übermittlungsempfänger mit rechtlich zulässigen Mitteln nicht herstellbar ist.

Hintergrundinformationen
§ 4. Im Sinne der folgenden Bestimmungen dieses Bundesgesetzes bedeuten die Begriffe:
„Daten" („personenbezogene Daten"): Angaben über Betroffene (Z 3), deren Identität bestimmt oder bestimmbar ist; „nur indirekt personenbezogen" sind Daten für einen Auftraggeber (Z 4), Dienstleister (Z 5) oder Empfänger einer Übermittlung (Z 12) dann, wenn der Personenbezug der Daten derart ist, daß dieser Auftraggeber, Dienstleister oder Übermittlungsempfänger die Identität des Betroffenen mit rechtlich zulässigen Mitteln nicht bestimmen kann;

Damit hängt eine Einstufung von Daten als indirekt personenbezogen auch von der Stellung (Rolle) des Datenverwenders ab. Daten, die zum Beispiel für den Auftraggeber personenbezogen sind, da der Auftraggeber den Personenbezug auf Basis anderer bei ihm vorhandener Daten herstellen kann, sind jedoch bei einem Dienstleister, dem diese anderen Daten nicht zur Verfügung stehen, folglich nur indirekt personenbezogen.

Für die Verwendung von indirekt personenbezogenen Daten existieren im DSG 2000 eine Reihe von Erleichterungen bzw. Ausnahmen. So werden sie den zulässigerweise veröffentlichten Daten gleich gestellt:

Hintergrundinformationen
§ 8 (2) Bei der Verwendung von zulässigerweise veröffentlichten Daten oder von nur indirekt personenbezogenen Daten gelten schutzwürdige Geheimhaltungsinteressen als nicht verletzt. Das Recht, gegen die Verwendung zulässigerweise veröffentlichter Daten gemäß § 28 Widerspruch zu erheben, bleibt unberührt.

Auch die Verwendung von sensiblen Daten ist erlaubt, wenn sie in nur indirekt personenbezogener Form verwendet werden:

Hintergrundinformationen
§ 9. Schutzwürdige Geheimhaltungsinteressen werden bei der Verwendung sensibler Daten ausschließlich dann nicht verletzt, wenn
1. die Daten in nur indirekt personenbezogener Form verwendet werden oder …

Auch die Übermittlung oder Überlassung von Daten ins Ausland zu Empfängern in Drittstaaten ohne angemessenen Datenschutz ist genehmigungsfrei, wenn die Daten für den Empfänger nur indirekt personenbezogen sind:

Hintergrundinformationen
§ 12. (1) Die Übermittlung und Überlassung von Daten an Empfänger in Vertragsstaaten des Europäischen Wirtschaftsraumes ist keinen Beschränkungen im Sinne des § 13 unterworfen. Dies gilt

nicht für den Datenverkehr zwischen Auftraggebern des öffentlichen Bereichs in Angelegenheiten, die nicht dem Recht der Europäischen Gemeinschaften unterliegen.

(2) Keiner Genehmigung gemäß § 13 bedarf weiters der Datenverkehr mit Empfängern in Drittstaaten mit angemessenem Datenschutz. Welche Drittstaaten angemessenen Datenschutz gewährleisten, wird unter Beachtung des § 55 Z 1 durch Verordnung des Bundeskanzlers festgestellt. Maßgebend für die Angemessenheit des Schutzes ist die Ausgestaltung der Grundsätze des § 6 Abs. 1 in der ausländischen Rechtsordnung und das Vorhandensein wirksamer Garantien für ihre Durchsetzung.

(3) Darüber hinaus ist der Datenverkehr ins Ausland dann genehmigungsfrei, wenn

2. Daten, die für den Empfänger nur indirekt personenbezogen sind, übermittelt oder überlassen werden oder ...

Weiters wird die Meldepflicht für Datenanwendungen, die nur indirekt personenbezogene Daten enthalten, erlassen:

Hintergrundinformationen

§ 17. (1) Jeder Auftraggeber hat, soweit in den Abs. 2 und 3 nicht anderes bestimmt ist, vor Aufnahme einer Datenanwendung eine Meldung an die Datenschutzbehörde mit dem in § 19 festgelegten Inhalt zum Zweck der Registrierung im Datenverarbeitungsregister zu erstatten. Diese Meldepflicht gilt auch für Umstände, die nachträglich die Unrichtigkeit und Unvollständigkeit einer Meldung bewirken (Änderungsmeldung). Für manuelle Dateien besteht eine Meldepflicht nur, soweit die Inhalte zumindest einen der Tatbestände des § 18 Abs. 2 Z 1 bis 3 erfüllen.

(1a) Die Meldung ist in elektronischer Form im Wege der vom Bundeskanzler bereit zu stellenden Internetanwendung einzubringen. Die Identifizierung und Authentifizierung kann insbesondere durch die Bürgerkarte (§ 2 Z 10 des E-Government-Gesetzes, BGBl. I Nr. 10/2004) erfolgen. Nähere Bestimmungen über die Identifizierung und Authentifizierung sind in die gemäß § 16 Abs. 3 zu erlassende Verordnung aufzunehmen. Eine Meldung in Form von e-Mail oder in nicht-elektronischer Form ist für manuelle Dateien sowie bei einem längeren technischen Ausfall der Internetanwendung zulässig.

(2) Nicht meldepflichtig sind Datenanwendungen, die

3. nur indirekt personenbezogene Daten enthalten oder ...

Die Rechte der Betroffenen (§ 26 Auskunftsrecht, § 27 Recht auf Richtigstellung oder Löschung, § 28 Widerspruchsrecht) werden unwirksam, was angesichts der Unkenntnis des Personenbezugs beim Verarbeiter, Dienstleister oder Empfänger der Daten nur sinngemäß erscheint:

Hintergrundinformationen

Die Rechte des Betroffenen bei der Verwendung nur indirekt personenbezogener Daten

§ 29. Die durch die §§ 26 bis 28 gewährten Rechte können nicht geltend gemacht werden, soweit nur indirekt personenbezogene Daten verwendet werden.

Zu den besonderen Verwendungszwecken von Daten werden im DSG 2000 unter anderem die wissenschaftliche Forschung und Statistik gerechnet. Diese Bestimmungen enthalten ebenfalls eine eigene Regelung für die Verwendung von indirekt personenbezogenen Daten. Hierbei wird dem Auftraggeber der Untersuchung die Verwendung für ihn indirekt personenbezogener Daten frei gestellt.

Hintergrundinformationen

§ 46. (1) Für Zwecke wissenschaftlicher oder statistischer Untersuchungen, die keine personenbezogenen Ergebnisse zum Ziel haben, darf der Auftraggeber der Untersuchung alle Daten verwenden, die

1. öffentlich zugänglich sind oder

2. er für andere Untersuchungen oder auch andere Zwecke zulässigerweise ermittelt hat oder

3. für ihn nur indirekt personenbezogen sind.

7.3.6 Vorratsdaten nach dem Telekommunikationsgesetz (TKG)

Zwischen 1.4.2012 und 1.7.2014 mussten speicherpflichtige ISPs entsprechend der gesetzlichen Vorgaben zur Vorratsdatenspeicherung (VDS) die in TKG 2003 § 102a Abs. 2.–4. genannten Verkehrsdaten für sechs Monate auf Vorrat speichern. Die Vorratsdaten durften ausschließlich zum Zweck der Beauskunftung an Strafverfolgungsbehörden und Sicherheitsbehörden gespeichert werden. Ein sonstiger Zugriff war dem ISP gesetzlich verboten bzw. auch technisch nicht möglich.

Diese gesetzliche Verpflichtung von Privatunternehmen die Verkehrsdaten ihrer Kunden auf Vorrat zu speichern, zum ausschließlichen Zwecke der Strafverfolgung (Bekämpfung von Terrorismus und organisierter Kriminalität) war von Anfang an umstritten. Anlass waren die Terroranschläge in Madrid im März 2004 und in London im Juli 2005, die schließlich sehr schnell im März 2006 zur sogenannten Vorratsdatenrichtlinie 2006/24/EG der Europäischen Union führten. Darin werden alle Mitgliedsstaaten verpflichtet gesetzliche Regelungen für die Speicherung von Verkehrsdaten für einen Zeitraum von 6 Monaten bis zu 2 Jahren bis zum 15. September 2007 einzuführen. Die Umsetzung für die Speicherung von Speicherung von Kommunikationsdaten betreffend Internetzugang, Internet-Telefonie und Internet-e-Mail konnte bis 15. März 2009 aufgeschoben werden, was Österreich auch in Anspruch nahm.

Nach dem Regierungswechsel 2006/2007 hat auch der politische Wille zur Einführung einer Vorratsdatenspeicherung in Österreich abgenommen. Nach Ablauf der Fristen und unter Androhung eines Vertragsverletzungsverfahren erteilte das zuständige Bundesministerium für Verkehr, Innovation und Technologie im April 2009 dem Ludwig Boltzmann Institut für Menschenrechte (BIM) einer richtlinien- und grundrechtskonformen Gesetzesvorschlag auszuarbeiten. Nach langwierigen Diskussionen unter Einbeziehung aller Stakeholder legte das BIM schließlich einen Gesetzesvorschlag vor, der die Errichtung einer sogenannten Durchlaufstelle vorsah und größtmögliche Sicherheits- und Datenschutzfeatures enthielt. Gleichzeitig wies es allerdings darauf hin, dass eine komplett grundrechtskonforme Umsetzung nicht möglich sei.

Mit Gesetzeswerdung der Vorratsdatenspeicherung in Österreich wurden auch gleichzeitig Verfassungsbeschwerden von mehreren Personen eingereicht. Der österreichische Verfassungsgerichtshof (VfGH) reichte die entscheidenden Fragen an den Europäischen

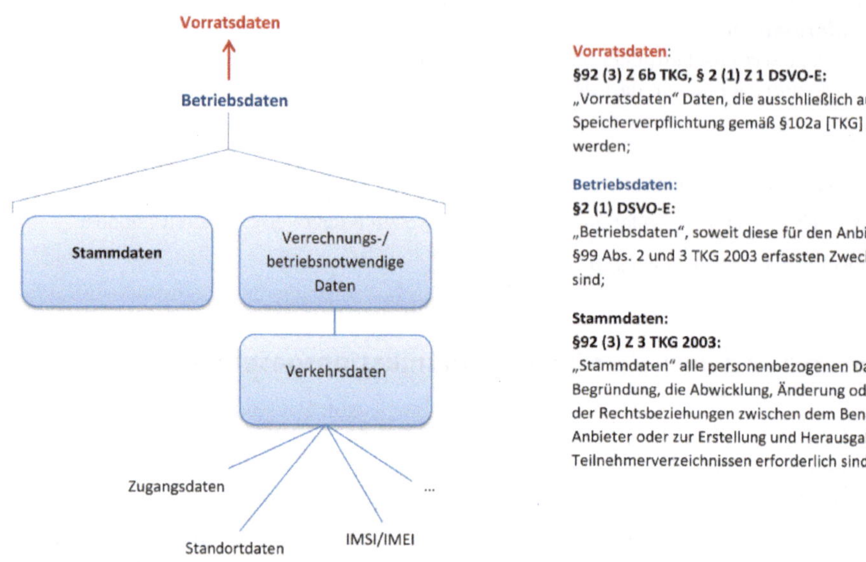

Abb. 7.1 Datenarten bei Kommunikationsbetreibern (ispa 2012)

Gerichtshof (EUGH) weiter. Dieser entschied am 8. April 2014 zur allgemeinen Überraschung, dass die Richtlinie 2006/24/EG verfassungswidrig und ab sofort ungültig ist. Der VfGH schloss sich dieser Erkenntnis an und erklärte die diesbezüglichen österreichischen Gesetzesbestimmungen mit 1.7.2014 ebenfalls für ungültig. Damit wurde das kurze Leben der Vorratsdatenspeicherung in Österreich wieder beendet.

Da die Bestimmungen zur Durchlaufstelle und damit wie Anfragen von Behörden an ISPs nach Daten, die keine Vorratsdaten sind, zu behandeln sind, bestehen bleiben, ist im Folgenden dies kurz erläutert.

Die Speicherverpflichtung der Vorratsdatenspeicherung traf Anbieter öffentlicher Kommunikationsdienste (das sind: Internet-Zugangsdienste, öffentliche Telefondienste, Fest- und Mobilnetz einschließlich Internettelefonie) und e-Mail-Dienste.

Die wichtigsten zu speichernden Datenarten (Abb. 7.1) waren:

- Internetzugang: jede IP-Adressvergabe,
- Telefonie: grundsätzlich jeder erfolgreiche Verbindungsaufbau,
- e-Mail: Mailversand/Mailabruf, Postfach-Login.

Zur sicheren und kontrollierten Abwicklung von Auskunftsersuchen durch die Behörde und Beantwortungen durch den Betreiber wurde eine sogenannte „Durchlaufstelle" (DLS) im Bundesrechenzentrum eingerichtet (vgl. Abb. 7.2).

Um Auskunft über die gespeicherten Daten zu bekommen, mussten strenge Voraussetzungen vorliegen, welche im Gesetz klar geregelt waren.

Abb. 7.2 Durchlaufstelle

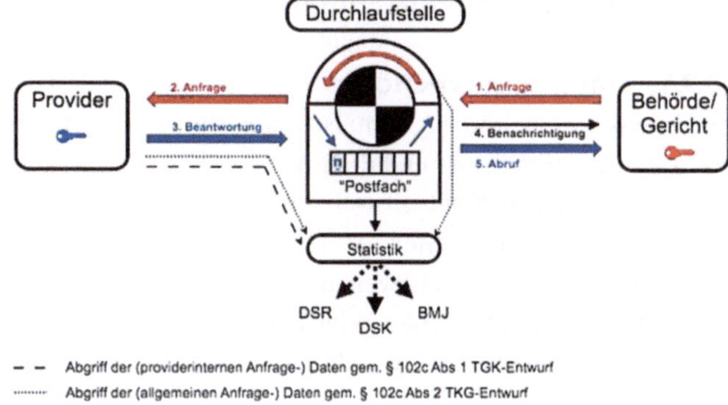

In der Datensicherheitsverordnung (TKG-DSVO)[7], die auf Basis des TKG 2003 erlassen wurde, ist die Durchlaufstelle und ihre Grundstruktur normiert und ihre Tätigkeit ausführlich geregelt.

Hintergrundinformationen

9. (1) Die Durchlaufstelle ist ein elektronisches Postfachsystem zur sicheren Abwicklung von Anfragen und Auskünften im Sinne des § 94 Abs. 4 TKG 2003. Alle Beteiligten sind dabei über einen verschlüsselten Übertragungskanal an die Durchlaufstelle angebunden.

(2) Die Durchlaufstelle ist auf eine Weise einzurichten, dass für die Bundesrechenzentrum GmbH als Dienstleister der Durchlaufstelle im Sinn des § 4 Z 5 des Datenschutzgesetzes 2000 (DSG 2000), BGBl. I Nr. 165/1999 in der Fassung BGBl. I Nr. 133/2009, ein Zugang zu personenbezogenen Inhalten von Anfragen zu Datenauskünften so wie von deren Beantwortung nicht möglich ist.

(3) Über die Durchlaufstelle werden sowohl Auskünfte über Vorratsdaten als auch Auskünfte über Betriebsdaten abgewickelt. Ausnahmen sind nur in dem von § 3 normierten Ausmaß zulässig. Über die Durchlaufstelle werden alle Auskunftsfälle revisionssicher statistisch erfasst.

(4) In der Spezifikation zur Durchlaufstelle ist vorzusehen, dass die Integrität der Daten sowie die Identität des Senders durch den Empfänger überprüft werden kann (Signatur).

Vorratsdaten durften also vom Betreiber selbst nicht verwendet werden und jede Übermittlung nur über die Durchlaufstelle stattfinden, wodurch auch eine Kontrolle und spätere Nachvollziehbarkeit der Übermittlungen gesichert sein soll. Zur Verwendung in Forschungsprojekten wären Vorratsdaten demnach ungeeignet.

---

[7] BMVIT. „Verordnung der Bundesministerin für Verkehr, Innovation und Technologie betreffend die Datensicherheit (Datensicherheitsverordnung TKG-DSVO), http://www.ris.bka.gv.at/GeltendeFassung.wxe?Abfrage=Bundesnormen&Gesetzesnummer=20007596." 2011, letzter Zugriff: 1. November 2014.

7.3.7 Nationale Datenschutzbehörden

7.3.7.1 Datenschutzbehörde

Der Datenschutzbehörde (ehemals Datenschutzkommission)[8] obliegt die Führung des Datenverarbeitungsregisters und die Entscheidung über Beschwerden in Datenschutzangelegenheiten. Sie ist als Kontrollstelle im Sinne des Art. 28 Abs. 1 der Datenschutz-Richtlinie gesetzlich eingerichtet. (Siehe 8.2.2.)

Betroffene können sich wegen Verletzung ihrer Rechte oder wegen Verletzung von Pflichten eines Auftraggebers oder Dienstleisters nach dem DSG 2000 mit einer Eingabe an die Datenschutzbehörde wenden.

In einem förmlichen Verfahren nach § 31 DSG 2000 wird über Beschwerden wegen Rechtsverletzungen mit Bescheid entschieden, der nach den sonstigen Regeln des Verwaltungsrechtes durchsetzbar ist. Die Durchführung eines solchen förmlichen Verfahrens kann – soweit die Beschwerde keine Akte der Gesetzgebung oder Gerichtsbarkeit betrifft, für die die Datenschutzbehörde nicht zuständig ist – vom Betroffenen beantragt werden.

Dies betrifft Beschwerden gegen Auftraggeber des öffentlichen und des privaten Bereichs über behauptete Verletzungen des Rechtes auf Auskunft gemäß § 1 Abs. 3 Z 1 und § 26 DSG 2000 und für Beschwerden gegen Auftraggeber des öffentlichen Bereichs über behauptete Verletzungen des Rechts auf Geheimhaltung nach § 1 Abs. 1 und 2 und § 7 DSG 2000 oder des Rechts auf Richtigstellung oder auf Löschung nach § 1 Abs. 3 Z 2 und § 27 DSG 2000.

Ansprüche wegen Verletzung dieser Rechte durch Auftraggeber des privaten Bereiches können nur durch Klage bei Gericht geltend gemacht werden (§ 1 Abs. 5 und § 32 DSG 2000)

Jeder Betroffene kann eine Verletzung seiner Rechte nach dem DSG 2000 aber auch in einem sogenannten (nicht-förmlichen) „Ombudsmann-Verfahren" gemäß § 30 DSG 2000 vor der Datenschutzbehörde geltend machen. In einem solchen Verfahren kann auch eine Verletzung von Pflichten eines Auftraggebers oder Dienstleisters geltend gemacht werden, die nicht gleichzeitig ein subjektives Recht des Betroffenen darstellen (wie zum Beispiel Meldepflicht oder Informationspflicht). In diesem Verfahren können sowohl Auftraggeber des öffentlichen wie des privaten Bereichs belangt werden. Es gibt allerdings in diesem Verfahren keine rechtlich durchsetzbaren Entscheidungen. Die Datenschutzbehörde wird hier nur als „Ombudsmann", also „mediatisierend" tätig.

Darüber hinaus kann die Datenschutzbehörde im Fall eines begründeten Verdachtes auf Verletzung der im DSG 2000 enthaltenen Betroffenen-Rechte oder Auftraggeber/Dienstleister-Pflichten Datenanwendungen überprüfen. Hierbei kann sie vom Auftraggeber oder Dienstleister der überprüften Datenanwendung insbesondere alle notwendigen Aufklärungen verlangen und Einschau in Datenanwendungen und diesbezügliche Unterlagen nehmen. Diese Befugnis besteht auch außerhalb von Beschwerdeverfahren nach §§ 30 oder 31 DSG 2000.

---

[8] Siehe: http://www.dsb.gv.at/, letzter Zugriff: 1. November 2014.

7.3.7.2 Datenverarbeitungsregister

Bei der Datenschutzbehörde ist das Datenverarbeitungsregister eingerichtet (nach § 16 DSG 2000). Nach den Bestimmungen des DSG 2000, hat jeder Auftraggeber vor Aufnahme einer Datenanwendung eine Meldung an das Datenverarbeitungsregister bei der Datenschutzbehörde zu erstatten. Die Meldepflicht betrifft nur personenbezogene Daten. Das sind Angaben über Betroffene, deren Identität bestimmt oder bestimmbar ist. Der Auftraggeber ist – einfach ausgedrückt – derjenige, der die Entscheidung trifft, Daten für einen bestimmten Zweck zu verarbeiten (§ 4 Z 4 DSG 2000).

Prinzipiell hat jeder Auftraggeber jede Anwendung zu melden. Es bestehen aber Ausnahmen, die in § 17 Abs. 2 DSG 2000 aufgezählt sind. Nicht meldepflichtig sind beispielsweise Datenanwendungen, die ausschließlich veröffentlichte Daten enthalten (zum Beispiel Grundbuch, Firmenbuch, in Medien veröffentlichte Bilanzdaten). Datenanwendungen, die von natürlichen Personen ausschließlich für persönliche oder familiäre Tätigkeiten vorgenommen werden, sind auch nicht meldepflichtig, also zum Beispiel ein Organizer mit privaten Telefonnummern. Weiters besteht eine Ausnahme von der Meldepflicht für Anwendungen, die einer Standardanwendung entsprechen. Eine Standardanwendung ist wie eine Meldung beim Datenverarbeitungsregister aufgebaut, aber sie ist in einer Verordnung enthalten und ersetzt die sonst übliche Meldung.

7.3.7.3 Datenschutzrat

Der Datenschutzrat[9] ist ein im Bundeskanzleramt eingerichteter Beirat, der die Bundesregierung und die Landesregierungen in rechtspolitischen Fragen des Datenschutzes berät. Er ist zur Wahrung des Datenschutzes berufen und hat in dieser Funktion die primäre Zielsetzung, die Entwicklung des Datenschutzes in Österreich zu beobachten und Vorschläge für seine Verbesserung zu erarbeiten. Hauptaufgaben des Datenschutzrates sind die Beratung von Fragen von grundsätzlicher Bedeutung für den Datenschutz sowie die Abgabe von Stellungnahmen zu Gesetzesentwürfen der Bundesministerien, soweit diese datenschutzrechtlich von Bedeutung sind. Die Geschäftsführung für den Datenschutzrat obliegt dem Bundeskanzleramt.

Dem Datenschutzrat gehören Vertreter der politischen Parteien, der Bundeskammer für Arbeiter und Angestellte, der Wirtschaftskammer Österreich, der Länder, des Gemeindebundes, des Städtebundes und ein vom Bundeskanzler zu ernennender Vertreter des Bundes an. Die Tätigkeit der Mitglieder des Datenschutzrates ist ehrenamtlich. Die aktuellen Mitglieder des Datenschutzrates sind auf der BKA Website[10] angeführt, ebenso die Stellungnahmen dieses Gremiums.[11]

---

[9] Siehe: http://www.bka.gv.at/site/6417/default.aspx, letzter Zugriff: 1. November 2014.

[10] Datenschutzratsmitglieder: http://www.bka.gv.at/site/6418/default.aspx, letzter Zugriff: 1. November 2014.

[11] Stellungnahmen des DSR : http://www.bka.gv.at/site/6343/default.aspx, letzter Zugriff: 1. November 2014.

7.4   Privacy By Design (eingebauter Datenschutz)

7.4.1   Einbau des Datenschutzes bei der Konzeption eines Systems

Privacy by Design (PbD) stützt sich auf die Auffassung, dass die Zukunft des Datenschutzes nicht allein durch die Einhaltung von Rechtsvorschriften gewährleistet werden kann; vielmehr sollte idealerweise die Gewährleistung des Datenschutzes zum Standardbetriebsmodus jeder Organisation werden. Ursprünglich wurde der Einsatz datenschutzfreundlicher Technologien (PETs – Privacy Enhancing Technologies) als Lösung angesehen. Heute muss zur Kenntnis genommen werden, dass eine intensivere Herangehensweise erforderlich ist.

Privacy by Design erstreckt sich auf eine „Trilogie" von umfassenden Anwendungen: 1) IT-Systeme, 2) verantwortungsvolle Geschäftspraktiken und 3) physikalisches Design und vernetzte Infrastrukturen. Die Grundsätze des Privacy by Design sind auf alle Arten personenbezogener Informationen anwendbar, sie sollten aber mit besonderem Nachdruck auf sensible Daten wie medizinische und finanzielle Daten angewendet werden. Die Intensität der datenschutzrechtlichen Maßnahmen muss der Sensibilität der Daten gerecht werden.

Die Ziele des Privacy by Design – die Gewährleistung des Datenschutzes und die persönliche Kontrolle über die eigenen Daten sowie die Gewinnung eines nachhaltigen Wettbewerbsvorteil für Organisationen – können durch die Anwendung der folgenden 7 Grundprinzipien[12] erreicht werden:

1. Proaktiv, nicht reaktiv; als Vorbeugung und nicht als Abhilfe
   Der Privacy by Design Ansatz ist von proaktiven statt reaktiven Maßnahmen geprägt. Er sieht in die Privatsphäre vordringende Ereignisse voraus und verhindert sie, bevor sie geschehen können. Privacy by Design kommt zum Einsatz bevor die Risiken für den Datenschutz aufgetreten sind, es bietet keine Abhilfe im Falle von datenschutzrechtlichen Verletzungen, wenn sie erst einmal eingetreten sind – es verhindert vielmehr deren Auftreten. Kurz gesagt, Privacy by Design verhindert bereits, dass Fakten geschaffen werden.

2. Datenschutz als Standardeinstellung
   Man kann sich einer Sache gewiss sein – die Standardeinstellungen sind entscheidend! Privacy by Design soll den größtmöglichen Schutz der Privatsphäre bringen, indem sichergestellt wird, dass personenbezogene Daten automatisch in jedem IT-System und bei allen Geschäftspraktiken geschützt werden. Wenn eine Person nichts unternimmt, bleibt der Schutz ihrer Privatsphäre immer noch intakt. Einzelpersonen sind nicht gefordert, selbst etwas für den Schutz ihrer Privatsphäre zu unternehmen – der Schutz ist bereits systemimmanent, als Standardeinstellung.

---

[12] Information and Privacy Commissioner of Ontario. „P r i v a c y b y D e s i g n." Toronto: 2011.

3. Der Datenschutz ist in das Design eingebettet
   Privacy by Design ist in das Design und die Architektur von IT-Systemen und Geschäftspraktiken eingebettet. Es wird nicht nach dem Vorfall als add-on eingebaut. Das Ergebnis ist, dass der Datenschutz eine wesentliche Komponente der Kernfunktionalität wird. Datenschutz ist ein wesentlicher Bestandteil des Systems, ohne Abstriche bei der Funktionalität.

4. Volle Funktionalität – eine Positivsumme, keine Nullsumme
   Privacy by Design will allen berechtigten Interessen und Zielen entgegenkommen, und zwar durch eine Positivsumme, die ein zufriedenstellendes Ergebnis für beide Seiten erzielt, und nicht durch einen veralteten Nullsummenansatz, bei dem schließlich unnötige Kompromisse erforderlich werden. Durch Privacy by Design wird die Vortäuschung falscher Dichotomien wie Datenschutz versus Sicherheit vermieden. Privacy by Design zeigt, dass es möglich ist, beides zugleich zu erreichen.

5. Durchgängige Sicherheit – Schutz während des gesamten Lebenszyklus
   Nachdem Privacy by Design vor der Ersterfassung der Information in das System „eingebettet" wurde, erstreckt sich dessen Wirkung auf den gesamten Lebenszyklus der Daten – starke Sicherheitsmaßnahmen sind für den Datenschutz unerlässlich, und zwar von Anfang bis Ende. Dadurch wird erreicht, dass alle Daten sicher gespeichert und am Ende des Prozesses sicher und rechtzeitig vernichtet werden. So sorgt Privacy by Design von der Wiege bis zur Bahre durchgängig für eine sichere Datenverarbeitung.

6. Sichtbarkeit und Transparenz – Für Offenheit sorgen
   Privacy by Design will allen Beteiligten die Sicherheit geben, dass das System unabhängig von Geschäftspraktiken oder Technologien wirklich die angekündigten Maßnahmen und Ziele verfolgt und sich einer unabhängigen Prüfung unterwirft. Seine einzelnen Komponenten und Verfahren bleiben sichtbar und transparent, und zwar gleichermaßen für Nutzer und Anbieter. Denken Sie daran, Vertrauen ist gut, Kontrolle ist besser.

7. Die Wahrung der Privatsphäre der Nutzer – Für eine nutzerzentrierte Gestaltung sorgen
   Privacy by Design erfordert vor allem von den Architekten und Betreibern (von IT-Systemen), dass für sie die Interessen der Einzelpersonen an erster Stelle stehen. Sie bieten Maßnahmen wie strenge datenschutzfreundliche Voreinstellungen und angemessene Benachrichtigungen an und eröffnen benutzerfreundliche Optionen. Sie sorgen für eine nutzerzentrierte Gestaltung.

7.4.2 Frühzeitige Klärung datenschutzrechtlicher Fragen

Die einfache Grundregel lautet: je früher datenschutzrechtliche Überlegungen und Maßnahmen innerhalb eines IKT Forschungsprojektes Eingang finden, desto besser und einfacher ihre Implementierung. Bereits in die Spezifikationen für die Konzeption der von den Organen eingesetzten Technologie sowie in ihre organisatorischen Verfahren sollten auch Datenschutzgarantien und Vorkehrungen zum Schutz der Privatsphäre eingebaut werden.

Die Projektplanung sollte datenschutzrechtliche Audits und Evaluierungen als auch datenschutzrechtliche Erfordernisse wie Meldepflichten und Genehmigungen mit berücksichtigen. Bei der Konzeption und Prozessplanung ist die beste Vorgangsweise die Notwendigkeit der Verwendung personenbezogener Daten von vornherein zu hinterfragen und nur in den für die Erreichung des Projektziels unbedingt notwendigen Fällen ist sie zuzulassen. Anstelle einer nachträglichen datenschutzrechtlichen Betrachtung der Datenarten ist eine vorzeitige Datenschutz-verträgliche Datenauswahl vorzuziehen.

Bei der Konzeption und Planung eines IKT-Forschungsprojektes sollte mit Unterstützung eines eigenen oder beauftragten Datenschutzexperten (Datenschutzbeauftragten) eine erste Datenschutzbewertung durchgeführt werden, und zwar weit im Vorfeld einer Ausschreibung für Neuanschaffungen bzw. des Eingehens finanzieller Verpflichtungen. Damit können sich auch kostspielige oder projektverzögernde Fehler vermeiden lassen.

7.4.3 Folgenabschätzung

Insbesondere wenn dem IKT-Forschungsprojekt eine praktische oder kommerzielle Umsetzung bzw. Weiterführung folgen soll, ist die Durchführung einer datenschutzrechtlichen Folgenabschätzung mit zusätzlichem Nutzen verbunden. Mit dieser Folgenabschätzung kann ermittelt werden, welche Auswirkungen das vorgeschlagene System auf das Recht auf Privatsphäre und andere Grundrechte der betroffenen Personen hat und wie nachteilige Auswirkungen gemindert oder ganz vermieden werden können.

Es hängt von den jeweiligen Umständen und der Art des Projektes ab, welcher Aufwand in eine Folgenabschätzung investiert wird. Ein Datenverarbeitungssystem mit den damit verbundenen erheblichen Risiken oder ein System, das komplizierte oder neuartige Probleme aufwirft, rechtfertigt einen viel größeren Aufwand als ein System mit vergleichsweise begrenzten Auswirkungen auf das Recht auf Privatsphäre und andere Grundrechte.

Die Folgenabschätzung kann entweder intern oder durch einen unabhängigen Auftragnehmer durchgeführt werden. Sie sollte in einem Frühstadium des Projekts stattfinden. Aufgrund der Ergebnisse der Folgenabschätzung kann man beschließen, auf die geplante Implementierung zu verzichten oder diese abzuändern und/oder zusätzliche Schutzvorkehrungen zu ergreifen, die über die in diesen Leitlinien genannten hinausgehen.

Die Folgenabschätzung sollte hinreichend dokumentiert werden. Grundsätzlich sollte ein Bericht zur Folgenabschätzung klar auf die Risiken für das Recht auf Privatsphäre und/oder andere Grundrechte, die aufgezeigt wurden, sowie auf die vorgeschlagenen zusätzlichen Schutzvorkehrungen hinweisen.

7.4.4 Einsatz einer „privatsphärenfreundlichen" Technologie

Nach Möglichkeit sollten technologische Lösungen gewählt werden, die der Privatsphäre förderlich (Privacy Enhancing Technologies) sind. Auftragnehmer sollten bei der Bestellung des Systems und der Erstellung des Leistungsverzeichnisses aufgefordert werden, solche Lösungen anzubieten, und es sollten ihnen entsprechende Anreize angeboten werden.

Beispiele für privatsphärenfreundliche Technologien:

- Durch Verschlüsselung der Daten lassen sich potenzielle Schäden im Fall eines unbefugten Zugriffs auf die Daten reduzieren.
- Durch Anonymisierung, wenn der Personenbezug nur zur Verfolgung und Identifizierung der Datensätze dient.
- Aggregation (Zusammenfassung) der Daten, wo es möglich ist.
- Durch das Maskieren oder Verwürfeln von Bildern kann der Personenbezug bestimmter Bereiche, die für Ihr Forschungsziel nicht von Belang sind, ausgeschaltet werden. Diese Technik ist auch dann von Nutzen, wenn bei der Gewährung des Zugriffs auf die Bilder eines Betroffenen die Bilder von Dritten herausredigiert werden sollen.

7.4.5 Zweckbestimmung des Systems

Bei der Planung, also vor dem Start des Forschungsprojekts ist eine Zweckbestimmung der Verwendung personenbezogener Daten vorzunehmen und sicherstellen, dass diese Zweckbestimmung rechtmäßig ist. Dabei sind folgende Grundsätze zu beachten.

Drücken Sie sich klar, konkret und genau aus. Vage, zweideutige oder ganz einfach zu allgemein gefasste Beschreibungen reichen nicht aus. Wenn den Zweck der Verwendung personenbezogener Daten konkret beschrieben ist, kann ihnen dies bei der Einhaltung des Gesetzes, der Bewertung des Erfolgs ihres Systems und der Erklärung der Notwendigkeit eines solchen Systems gegenüber ihren Mitarbeitern und der Öffentlichkeit behilflich sein.

Beachtung der Problematik von Zweckentfremdung und schleichender Funktionsübertretung. Die Grenzen bei der Verwendung der Daten müssen klar festgelegt werden, insbesondere dann, wenn dies von Personalvertretern oder anderen Interessengruppen gefordert wird. Ferner muss gewährleistet sein, dass die Daten später nicht für unvorhergesehene Zwecke verwendet oder unvorhergesehenen Empfängern gegenüber offengelegt werden, die sie zu weiteren, mit dem eigentlichen Zweck nicht zu vereinbarenden Zwecken verwenden („schleichende Funktionsübertretung"). Zu den mit dem ursprünglichen Zweck nicht zu vereinbarenden Zweckbestimmungen gehören nicht nur neue Zweckbestimmungen, die in keinem Verhältnis zum ursprünglichen Zweck stehen, sondern auch alle Zweckbestimmungen, die von den betroffenen Personen berechtigterweise nicht erwartet werden. Eine weiter gefasste Definition des Zwecks auf hohem Niveau ist keine Begründung für eine weitere Nutzung der Daten zu nicht näher bezeichneten Zwecken.

7.5 Datenverwendungen in der Forschung

7.5.1 Zulässigkeit der Verwendung von Daten

Da das Datenschutzgesetz 2000 von einem Grundrecht auf Datenschutz (Verfassungsbe-stimmung) ausgeht, hat grundsätzlich Jedermann Anspruch auf Geheimhaltung der ihn betreffenden personenbezogenen Daten. Deshalb muss festgelegt werden, unter welchen Bedingungen eine Verwendung von personenbezogenen Daten trotzdem zulässig ist.

Nach DSG 2000 dürfen Daten nur dann verarbeitet werden, soweit Zweck und Inhalt der Datenanwendung von den gesetzlichen Zuständigkeiten oder rechtlichen Befugnissen des jeweiligen Auftraggebers gedeckt sind und die schutzwürdigen Geheimhaltungsinter-essen der Betroffenen nicht verletzen. (DSG 2000 § 7 Abs. 1)

Als Voraussetzung der Zulässigkeit einer Datenverwendung gilt, dass die dadurch ver-ursachten Eingriffe in das Grundrecht auf Datenschutz nur im erforderlichen Ausmaß und mit den gelindesten zur Verfügung stehenden Mitteln erfolgen und dass die Grundsätze des § 6 DSG 2000 eingehalten werden. (DSG 2000 § 7 Abs. 3)

Als Grundsätze für die Verwendung von personenbezogenen Daten wird im § 6 des DSG 2000 angeführt, dass die Daten nur nach Treu und Glauben und auf rechtmäßige Weise verwendet werden dürfen und dass sie nur für festgelegte, eindeutige und recht-mäßige Zwecke ermittelt und nicht in einer mit diesen Zwecken unvereinbaren Weise weiterverwendet werden dürfen, wobei die Weiterverwendung für wissenschaftliche oder statistische Zwecke nach Maßgabe der §§ 46 und 47 zulässig ist. Weitere Bedingungen sind, dass die Daten nur soweit sie für den Zweck der Datenanwendung wesentlich sind, verwendet werden und über diesen Zweck nicht hinausgehen; dass sie so verwendet wer-den, dass sie im Hinblick auf den Verwendungszweck im Ergebnis sachlich richtig und, wenn nötig, auf den neuesten Stand gebracht sind und dass sie solange in personenbezoge-ner Form aufbewahrt werden, als dies für die Erreichung der Zwecke, für die sie ermittelt wurden, erforderlich ist. Eine längere Aufbewahrungsdauer kann sich aber aus besonderen gesetzlichen, insbesondere archivrechtlichen Vorschriften ergeben. (DSG 2000 § 6 Abs. 1)

Der Auftraggeber trägt bei jeder seiner Datenanwendungen die Verantwortung für die Einhaltung der oben genannten Grundsätze; dies gilt auch dann, wenn er für die Datenan-wendung Dienstleister heranzieht. (DSG 2000 § 6 Abs. 2)

(3) Der Auftraggeber einer diesem Bundesgesetz unterliegenden Datenanwendung hat, wenn er nicht im Gebiet der Europäischen Union niedergelassen ist, einen in Österreich ansässigen Vertreter zu benennen, der unbeschadet der Möglichkeit eines Vorgehens gegen den Auftraggeber selbst namens des Auftraggebers verantwortlich gemacht werden kann.

Die erste Bedingung für die Zulässigkeit der Verwendung personenbezogener Daten war die rechtliche Deckung. Die zweite Bedingung besteht darin, dass die schutzwürdigen Geheimhaltungsinteressen des Betroffenen nicht verletzt werden. Wann dies der Fall ist wird im § 8 (für nicht-sensible Daten) und im § 9 (bei sensiblen Daten) festgelegt.

Also, schutzwürdige Geheimhaltungsinteressen bei der Verwendung personenbezoge-ner nicht-sensibler Daten werden dann nicht verletzt.

Hintergrundinformationen

§ 8. (1) ... wenn eine ausdrückliche gesetzliche Ermächtigung oder Verpflichtung zur Verwendung der Daten besteht oder der Betroffene der Verwendung seiner Daten zugestimmt hat, wobei ein Widerruf jederzeit möglich ist und die Unzulässigkeit der weiteren Verwendung der Daten bewirkt, oder lebenswichtige Interessen des Betroffenen die Verwendung erfordern oder überwiegende berechtigte Interessen des Auftraggebers oder eines Dritten die Verwendung erfordern.

(2) Bei der Verwendung von zulässigerweise veröffentlichten Daten oder von nur indirekt personenbezogenen Daten gelten schutzwürdige Geheimhaltungsinteressen als nicht verletzt. Das Recht, gegen die Verwendung zulässigerweise veröffentlichter Daten gemäß § 28 Widerspruch zu erheben, bleibt unberührt.

Bei der Verwendung sensibler personenbezogener Daten gibt es eine eigene Bestimmung für wissenschaftliche Forschung und Statistik. Schutzwürdige Geheimhaltungsinteressen werden bei der Verwendung sensibler Daten dann nicht verletzt, wenn

Hintergrundinformationen

... 10. Daten für private Zwecke gemäß § 45 oder für wissenschaftliche Forschung oder Statistik gemäß § 46, zur Benachrichtigung oder Befragung des Betroffenen gemäß § 47 oder im Katastrophenfall gemäß § 48a verwendet werden ... (DSG 2000 § 9 Abs. 10)

Es ist auf jeden Fall ratsam schon zu Beginn eines Projektes die Zulässigkeit der Verwendung von personenbezogener Daten von einem Datenschutzexperten oder Datenschutzbeauftragten überprüfen zu lassen.

7.5.2   Entscheidung über Verwendung personenbezogener Daten

Die Entscheidung über die Verwendung von personenbezogenen Daten sollte nicht leichtfertig getroffen werden und setzt eine sorgfältige Prüfung der potenziellen Vorteile und der Auswirkungen auf das Recht auf Privatsphäre und andere Grundrechte und legitimen Interessen derjenigen voraus, deren Daten Verwendung finden. Die Entscheidung sollte nach Möglichkeit schriftlich dokumentiert und argumentiert werden.

Während des Audits (siehe Abschn. 7.8.2) sollte überprüft und bewertet werden, ob eine schriftliche Begründung des Einsatzes und der Angemessenheit der Verwendung personenbezogener Daten vorliegt und angemessen ist.

Diese Analyse muss jedoch nicht unbedingt umfangreich oder zeitaufwändig sein. Der Umfang der Prüfung richtet sich nach der Größe des Forschungsprojektsund der Anzahl und Qualität der verwendeten personenbezogenen Daten.

Dabei sollten folgende Fragen gestellt werden:

- Welche Vorteile sind mit der Verwendung personenbezogener Daten verbunden und überwiegen sie die Nachteile?
- Ist der Zweck für den die personenbezogenen Daten verwendet werden eindeutig und genau beschrieben und rechtmäßig?

- Wird die Notwendigkeit der Verwendung von personenbezogenen Daten eindeutig
- nachgewiesen oder kann durch Anonymisierung der Daten das Ziel auch erreicht werden? Sind personenbezogene Daten unbedingt notwendig zur Erreichung des Verwendungszwecks oder gibt es Alternativen, die weniger stark in die Privatsphäre eingreifen?

Im DSG 2000 findet sich dazu folgende Bestimmung:

Hintergrundinformationen
§ 46 (5) Auch in jenen Fällen, in welchen gemäß den vorstehenden Bestimmungen die Verwendung von Daten für Zwecke der wissenschaftlichen Forschung oder Statistik in personenbezogener Form zulässig ist, ist der direkte Personsbezug unverzüglich zu verschlüsseln, wenn in einzelnen Phasen der wissenschaftlichen oder statistischen Arbeit mit nur indirekt personenbezogenen Daten das Auslangen gefunden werden kann. Sofern gesetzlich nicht ausdrücklich anderes vorgesehen ist, ist der Personsbezug der Daten gänzlich zu beseitigen, sobald er für die wissenschaftliche oder statistische Arbeit nicht mehr notwendig ist.

7.5.3 Wissenschaftliche Forschung und Statistik im DSG 2000

Das österreichische Datenschutzgesetz 2000 (DSG 2000) enthält eine eigene Bestimmung für den Datenschutz in wissenschaftliche Forschung und Statistik. Demnach ist zuerst die Unterscheidung zu treffen ob das Ziel der Forschungsarbeit personenbezogene Ergebnisse sind oder nicht.[13]

Demnach darf der Auftraggeber der Untersuchung für Zwecke wissenschaftlicher oder statistischer Untersuchungen, die keine personenbezogenen Ergebnisse zum Ziel haben, alle Daten verwenden, die öffentlich zugänglich sind, die er für andere Untersuchungen oder auch andere Zwecke zulässigerweise ermittelt hat oder die für ihn nur indirekt personenbezogen sind. (§ 46. Abs. 1) Andere Daten dürfen nur gemäß besonderer gesetzlicher Vorschriften, mit Zustimmung des Betroffenen oder mit Genehmigung der DSK verwendet werden. (§ 46. Abs. 2)

Somit gilt, dass gemäß DSG 2000 § 46 Abs. 1 Z 3, datenschutzrechtliche Auftraggeber für Zwecke wissenschaftlicher oder statistischer Untersuchungen, die keine personenbezogenen Ergebnisse zum Zweck haben, alle Daten verwenden dürfen, die für den Auftraggeber nur indirekt personenbezogen sind.

Und dass, gemäß DSG 2000 § 46 Abs. 2 andere Daten in Datenanwendungen für Zwecke wissenschaftlicher Forschung oder Statistik nur gemäß besonderen gesetzlichen Vorschriften, mit Zustimmung des Betroffenen oder mit Genehmigung der Datenschutzbehörde gemäß den besonderen Vorschriften des DSG 2000 § 46 Abs. 3 verwendet werden dürfen.

---

[13] (2010, Jänner 1). Bundesgesetz über den Schutz personenbezogener Daten (Datenschutzgesetz 2000 – DSG 2000).

7.5.4   Genehmigung durch die Datenschutzbehörde (DSB)

Nach DSG 2000 § 46 Abs. 3 ist eine Genehmigung der Datenschutzbehörde für die Verwendung von nicht-sensiblen personenbezogenen Daten für Zwecke der wissenschaftlichen Forschung oder Statistik auf Antrag des Auftraggebers der Untersuchung zu erteilen, wenn

1. die Einholung der Zustimmung der Betroffenen mangels ihrer Erreichbarkeit unmöglich ist oder sonst einen unverhältnismäßigen Aufwand bedeutet und
2. ein öffentliches Interesse an der beantragten Verwendung besteht und
3. die fachliche Eignung des Antragstellers glaubhaft gemacht wird.

Sollen sensible Daten ermittelt werden, muss ein wichtiges öffentliches Interesse an der Untersuchung vorliegen; weiters muss gewährleistet sein, dass die Daten beim Auftraggeber der Untersuchung nur von Personen verwendet werden, die hinsichtlich des Gegenstandes der Untersuchung einer gesetzlichen Verschwiegenheitspflicht unterliegen oder deren diesbezügliche Verlässlichkeit sonst glaubhaft ist. Die Datenschutzbehörde kann die Genehmigung an die Erfüllung von Bedingungen und Auflagen knüpfen, soweit dies zur Wahrung der schutzwürdigen Interessen der Betroffenen, insbesondere bei der Verwendung sensibler Daten, notwendig ist. (DSG 2000 § 46 Abs. 3)

7.5.5   Meldepflicht nach § 17 DSG 2000 (DVR)

Im Prinzip sind in Österreich alle Datenverarbeitungen, die personenbezogenen Daten verarbeiten, einer Meldepflicht unterworfen und werden in einem Register geführt und mit einer uniquen Nummer versehen. Das Datenverarbeitungsregister (DVR) entstammt eigentlich der Frühzeit der elektronischen Datenverarbeitung und verfolgte einst den Zweck zum Beispiel bei Aussendungen den Datenverarbeiter anhand der DVR Nummer identifizieren zu können. Inzwischen hat sich seine Bedeutung stärker in Richtung einer Vorabkontrolle und Korrektur bzw. Überprüfung der Rechtmäßigkeit von datenschutzrechtlich heiklen Datenanwendungen verschoben.

Im DSG 2000 § 17 (Abs. 2–3) sind die Ausnahmen von der Meldepflicht normiert.

Hintergrundinformationen
(2) Nicht meldepflichtig sind Datenanwendungen, die

1. ausschließlich veröffentlichte Daten enthalten oder
2. die Führung von Registern oder Verzeichnissen zum Inhalt haben, die von Gesetzes wegen öffentlich einsehbar sind, sei es auch nur bei Nachweis eines berechtigten Interesses oder
3. nur indirekt personenbezogene Daten enthalten oder
4. von natürlichen Personen ausschließlich für persönliche oder familiäre Tätigkeiten vorgenommen werden (§ 45) oder

5. für publizistische Tätigkeit gemäß § 48 vorgenommen werden oder

6. einer Standardanwendung entsprechen: Der Bundeskanzler kann durch Verordnung Typen von Datenanwendungen und Übermittlungen aus diesen zu Standardanwendungen erklären, wenn sie von einer großen Anzahl von Auftraggebern in gleichartiger Weise vorgenommen werden und angesichts des Verwendungszwecks und der verarbeiteten Datenarten die Gefährdung schutzwürdiger Geheimhaltungsinteressen der Betroffenen unwahrscheinlich ist. In der Verordnung sind für jede Standardanwendung die zulässigen Datenarten, die Betroffenen- und Empfängerkreise und die Höchstdauer der zulässigen Datenaufbewahrung festzulegen.

(3) Weiters sind Datenanwendungen für Zwecke

1. des Schutzes der verfassungsmäßigen Einrichtungen der Republik Österreich oder

2. der Sicherung der Einsatzbereitschaft des Bundesheeres oder

3. der Sicherstellung der Interessen der umfassenden Landesverteidigung oder

4. des Schutzes wichtiger außenpolitischer, wirtschaftlicher oder finanzieller Interessen der Republik Österreich oder der Europäischen Union oder

5. der Vorbeugung, Verhinderung oder Verfolgung von Straftaten

von der Meldepflicht ausgenommen, soweit dies zur Verwirklichung des Zweckes der Datenanwendung notwendig ist.

Die Liste der Standardanwendungen und deren Datenfelder[14] kann auf der Website der DSB eingesehen werden.

7.6 Datensicherheit, Datensicherheitsmaßnahmen

7.6.1 Gesetzlich vorgeschriebene Datensicherheitsmaßnahmen

Das österreichische Datenschutzgesetz enthält eigene Bestimmungen zur Datensicherheit. Laut § 14 (1) DSG 2000 sind:

Hintergrundinformationen
„für alle Organisationseinheiten eines Auftraggebers oder Dienstleisters, die Daten verwenden, Maßnahmen zur Gewährleistung der Datensicherheit zu treffen. Dabei ist je nach der Art der verwendeten Daten und nach Umfang und Zweck der Verwendung sowie unter Bedachtnahme auf den Stand der technischen Möglichkeiten und auf die wirtschaftliche Vertretbarkeit sicherzustellen, dass die Daten vor zufälliger oder unrechtmäßiger Zerstörung und vor Verlust geschützt sind, dass ihre Verwendung ordnungsgemäß erfolgt und dass die Daten Unbefugten nicht zugänglich sind.
(2) Insbesondere ist soweit dies im Hinblick auf Abs. 1 letzter Satz erforderlich ist,

1. die Aufgabenverteilung bei der Datenverwendung zwischen den Organisationseinheiten und zwischen den Mitarbeitern ausdrücklich festzulegen,

---

[14] http://www.dsk.gv.at/DocView.axd?CobId=40366, letzter Zugriff: 1. November 2014.

2. die Verwendung von Daten an das Vorliegen gültiger Aufträge der anordnungsbefugten Organisationseinheiten und Mitarbeiter zu binden,

3. jeder Mitarbeiter über seine nach diesem Bundesgesetz und nach innerorganisatorischen Datenschutzvorschriften einschließlich der Datensicherheitsvorschriften bestehenden Pflichten zu belehren,

4. die Zutrittsberechtigung zu den Räumlichkeiten des Auftraggebers oder Dienstleisters zu regeln,

5. die Zugriffsberechtigung auf Daten und Programme und der Schutz der Datenträger vor der Einsicht und Verwendung durch Unbefugte zu regeln,

6. die Berechtigung zum Betrieb der Datenverarbeitungsgeräte festzulegen und jedes Gerät durch Vorkehrungen bei den eingesetzten Maschinen oder Programmen gegen die unbefugte Inbetriebnahme abzusichern,

7. Protokoll zu führen, damit tatsächlich durchgeführte Verwendungsvorgänge, wie insbesondere Änderungen, Abfragen und Übermittlungen, im Hinblick auf ihre Zulässigkeit im notwendigen Ausmaß nachvollzogen werden können,

8. und eine Dokumentation über die getroffenen Maßnahmen zu führen, um die Kontrolle und Beweissicherung zu erleichtern.

Diese Maßnahmen müssen unter Berücksichtigung des Standes der Technik und der bei der Durchführung erwachsenden Kosten ein Schutzniveau gewährleisten, das den von der Verwendung ausgehenden Risiken und der Art der zu schützenden Daten angemessen ist." …

„(4) Protokoll- und Dokumentationsdaten dürfen nicht für Zwecke verwendet werden, die mit ihrem Ermittlungszweck – das ist die Kontrolle der Zulässigkeit der Verwendung des protokollierten oder dokumentierten Datenbestandes – unvereinbar sind. Unvereinbar ist insbesondere die Weiterverwendung zum Zweck der Kontrolle von Betroffenen, deren Daten im protokollierten Datenbestand enthalten sind, oder zum Zweck der Kontrolle jener Personen, die auf den protokollierten Datenbestand zugegriffen haben, aus einem anderen Grund als jenem der Prüfung ihrer Zugriffsberechtigung, es sei denn, dass es sich um die Verwendung zum Zweck der Verhinderung oder Verfolgung eines Verbrechens nach § 278a StGB (kriminelle Organisation) oder eines Verbrechens mit einer Freiheitsstrafe, deren Höchstmaß fünf Jahre übersteigt, handelt.

(5) Sofern gesetzlich nicht ausdrücklich anderes angeordnet ist, sind Protokoll- und Dokumentationsdaten drei Jahre lang aufzubewahren. Davon darf in jenem Ausmaß abgewichen werden, als der von der Protokollierung oder Dokumentation betroffene Datenbestand zulässigerweise früher gelöscht oder länger aufbewahrt wird.

(6) Die Datensicherheitsvorschriften sind so zu erlassen und zur Verfügung zu halten, dass sich die Mitarbeiter über die für sie geltenden Regelungen jederzeit informieren können."

Bei einer Meldung im Datenverarbeitungsregister sind die davon tatsächlich getroffenen Maßnahmen anzuführen. Der Hauptaugenmerk dieser Bestimmungen richtet sich darauf, dass keine Unbefugten auf die Daten zugreifen können sollen. Auf die technischen Aspekte der Datensicherheit wird hier nicht genauer eingegangen, sondern nur darauf hingewiesen, dass die Maßnahmen unter Bedachtnahme auf den Stand der technischen Möglichkeiten zu setzen sind.

7.6.2 Meldungspflichten bei Sicherheitsvorkommnissen

In den Datenschutzbestimmungen des Telekommunikationsgesetzes 2003 (TKG 2003) werden eigene Datenschutzverpflichtungen für Betreiber öffentlicher Kommunikationsdienste normiert (TKG 2003 § 95–§ 96). Allerdings ist in dem Gesetz der Normadressat, der „Betreiber öffentlicher Kommunikationsdienste", nicht eindeutig definiert. In den Begriffsbestimmungen (TKG 2003 § 3 Abs. 3) des Gesetzes findet man nur:

Hintergrundinformationen

3. „Betreiber eines Kommunikationsdienstes" ein Unternehmen, das die rechtliche Kontrolle über die Gesamtheit der Funktionen, die zur Erbringung des jeweiligen Kommunikationsdienstes notwendig sind ausübt und diese Dienste anderen anbietet;

und weiters eine Definition des Begriffs Kommunikationsdienst (TKG 2003 § 3 Abs. 9):

Hintergrundinformationen

9. „Kommunikationsdienst" eine gewerbliche Dienstleistung, die ganz oder überwiegend in der Übertragung von Signalen über Kommunikationsnetze besteht, einschließlich Telekommunikations- und Übertragungsdienste in Rundfunknetzen, jedoch ausgenommen Dienste, die Inhalte über Kommunikationsnetze und -dienste anbieten oder eine redaktionelle Kontrolle über sie ausüben. Ausgenommen davon sind Dienste der Informationsgesellschaft im Sinne von § 1 Abs. 1 Z 2 des Notifikationsgesetzes, BGBl. I Nr. 183/1999, die nicht ganz oder überwiegend in der Übertragung von Signalen über Kommunikationsnetze bestehen;

und eine Definition des Begriffs des öffentliches Kommunikationsnetzes (TKG 2003 § 3 Abs. 17):

Hintergrundinformationen

17. „öffentliches Kommunikationsnetz" ein Kommunikationsnetz, das ganz oder überwiegend zur Bereitstellung öffentlich zugänglicher Kommunikationsdienste dient;

während „Betreiber öffentlicher Kommunikationsdienste" in den Begriffsbestimmungen des TKG 2003 nicht vorkommt. Man kann allerdings davon ausgehen, dass diese Unstimmigkeiten im TKG durch die Hinzufügung der Datenschutzbestimmungen mit dem Gesetz zur „Änderung des Telekommunikationsgesetzes 2003, des KommAustria-Gesetzes sowie des Verbraucherbehörden-Kooperationsgesetzes"[15] im November 2011 entstanden sind und als Normadressaten alle Betreiber von überwiegend öffentlich zugänglicher Kommunikationsdiensten gemeint sind.

Für diese gelten folgende Bestimmungen zur Benachrichtigung bei Sicherheitsverletzungen:

---

[15] BMVIT. „102. Bundesgesetz, mit dem das Telekommunikationsgesetz 2003, das KommAustria-Gesetz sowie das Verbraucherbehörden-Kooperationsgesetz geändert werden – http://www.ris.bka.gv.at/Dokumente/BgblAuth/BGBLA_2011_I_102/BGBLA_2011_I_102.pdf." 2011, letzter Zugriff: 1. November 2014.

Hintergrundinformationen

§ 95a. (1) Im Fall einer Verletzung des Schutzes personenbezogener Daten hat unbeschadet des § 16a sowie unbeschadet der Bestimmungen des Datenschutzgesetzes 2000 der Betreiber öffentlicher Kommunikationsdienste unverzüglich die Datenschutzbehörde von dieser Verletzung zu benachrichtigen. Ist anzunehmen, dass durch eine solche Verletzung Personen in ihrer Privatsphäre oder die personenbezogenen Daten selbst beeinträchtigt werden, hat der Betreiber auch die betroffenen Personen unverzüglich von dieser Verletzung zu benachrichtigen.

(2) Der Betreiber öffentlicher Kommunikationsdienste kann von einer Benachrichtigung der betroffenen Personen absehen, wenn der Datenschutzbehörde nachgewiesen wird, dass er geeignete technische Schutzmaßnahmen getroffen hat und dass diese Maßnahmen auf die von der Sicherheitsverletzung betroffenen Daten angewendet worden sind. Diese technischen Schutzmaßnahmen müssen jedenfalls sicherstellen, dass die Daten für unbefugte Personen nicht zugänglich sind.

(3) Unbeschadet der Verpflichtung des Betreibers nach Abs. 1 zweiter Satz kann die Datenschutzbehörde den Betreiber öffentlicher Kommunikationsdienste – nach Berücksichtigung der wahrscheinlichen nachteiligen Auswirkungen der Verletzung – auch auffordern, eine Benachrichtigung durchzuführen.

(4) In der Benachrichtigung an die betroffenen Personen sind jedenfalls die Art der Verletzung des Schutzes personenbezogener Daten zu beschreiben, Kontaktstellen zu nennen, bei denen weitere Informationen erhältlich sind, und Maßnahmen zur Begrenzung der möglichen nachteiligen Auswirkungen der Verletzung des Schutzes personenbezogener Daten zu empfehlen. In der Benachrichtigung an die Datenschutzbehörde sind zusätzlich die Folgen der Verletzung des Schutzes personenbezogener Daten und die vom Betreiber öffentlicher Kommunikationsdienste nach der Verletzung vorgeschlagenen oder ergriffenen Maßnahmen darzulegen.

(5) Nähere Einzelheiten, insbesondere Form, Verfahrensweise oder Voraussetzungen für die Benachrichtigung bei einer Sicherheitsverletzung, kann der Bundeskanzler durch Verordnung festlegen. Die Datenschutzbehörde kann im Einzelfall auch entsprechende Anordnungen treffen, um eine den Auswirkungen der Sicherheitsverletzung angemessene Benachrichtigung der betroffenen Personen sicherzustellen. Sie kann auch Leitlinien im Zusammenhang mit Sicherheitsverletzungen erstellen.

(6) Die Betreiber öffentlicher Kommunikationsdienste haben ein Verzeichnis der Verletzungen des Schutzes personenbezogener Daten zu führen. Es hat Angaben zu den Umständen der Verletzungen, zu deren Auswirkungen und zu den ergriffenen Abhilfemaßnahmen zu enthalten und muss geeignet sein, der Datenschutzbehörde die Prüfung der Einhaltung der Bestimmungen gemäß Abs. 1 bis 4 zu ermöglichen.

(7) Die Datenschutzbehörde hat die Regulierungsbehörde über jene Sicherheitsverletzungen zu informieren, die für die Erfüllung der der Regulierungsbehörde durch § 16a übertragenen Aufgaben notwendig sind.

Dies ist insofern von Bedeutung, als bei Forschungsprojekten im IKT Bereich, insbesondere wenn es um Informations- und Netzsicherheit geht, Betreiber öffentlicher Kommunikationsdienste oft als Projektpartner fungieren, und Teile deren Daten im Projekt verwendet werden.

Außerdem kann davon ausgegangen werden, dass solche Bestimmungen zur Benachrichtigung und Anzeige von Sicherheitsverletzungen (data breaches) in der Zukunft auf Auftraggeber, Dienstleister und Übermittlungsempfänger von Datenverarbeitungen ausgedehnt werden, In der derzeit diskutierten Datenschutzverordnung der Europäischen Kommission (siehe 8.2) finden sich entsprechende Bestimmungen im Artikel 31 (Notification of a personal data breach to the supervisory authority). Es bleibt noch abzuwarten, wie die endgültigen Bestimmungen lauten werden und wann die Verordnung in Kraft treten wird, aber dass sie in der einen oder anderen Form kommen werden, ist als sicher anzunehmen.

7.6.3   Wie lange sind die Daten aufzubewahren?

Personenbezogene Daten dürfen nicht länger aufbewahrt werden, als es für die konkreten Zwecke, für die sie verwendet werden, notwendig ist. Dabei ist auch zu berücksichtigen, ob eine Speicherung überhaupt notwendig ist und ob eine Verwendung ohne Speicherung nicht ausreichen würde.

Wenn man sich für eine Speicherung entscheidet, muss man den Zeitraum der Speicherung genau angegeben. Nach Ablauf dieser Frist müssen die Daten gelöscht werden. Der Löschvorgang sollte wenn möglich automatisiert werden, etwa durch automatisches und regelmäßiges Überschreiben der Datenträger nach dem FIFO-Prinzip (First In First Out – die ältesten Daten zuerst). Sobald die Datenträger nicht mehr länger verwendbar sind (nach vielen Einsatzzyklen), müssen sie so sicher entsorgt werden, dass die darauf verbleibenden Daten für immer und unwiderruflich gelöscht sind (z. B. durch Schreddern oder ähnliches).

Falls ein Sicherheitsvorfall eintritt und festgestellt wird, dass die gespeicherten Daten für die weitere Untersuchung des Vorfalls notwendig sind oder als Beweismittel dienen könnten, kann das entsprechende Datenmaterial über die normale Speicherungsfrist hinaus so lange aufbewahrt werden, wie es diese Zwecke erfordern. Anschließend müssen die Daten jedoch ebenfalls gelöscht werden.

Es sollte ein Register – möglichst in elektronischer Form – geführt werden, in dem alle Daten, die über die normale Aufbewahrungszeit hinaus gespeichert werden, zurückverfolgt werden können.

7.6.4   Wem sollte Zugriff auf die personenbezogenen Daten gewährt werden?

Die Rechte auf Zugriff müssen auf eine kleine Zahl von klar bestimmten Personen streng gemäß dem Grundsatz „Kenntnis nur, wenn nötig" beschränkt werden. Außerdem ist zu gewährleisten, dass autorisierte Nutzer ausschließlich auf die personenbezogenen Daten zugreifen können, auf die sich ihre Zugriffsberechtigung erstreckt. Es sollten Strategien für die Zugriffskontrolle nach dem Prinzip der minimalen Zugriffsrechte formuliert werden, d. h., die Zugriffsberechtigung der Nutzer sollte nur für solche Ressourcen gewährt werden, die zur Wahrnehmung ihrer Aufgaben unbedingt erforderlich sind.

Lediglich der „für die Verarbeitung Verantwortliche", der Systemadministrator oder andere Mitarbeiter, die vom für die Verarbeitung Verantwortlichen speziell zu diesem

Zweck benannt werden, sollten in die Lage versetzt werden, Personen Zugriffsberechtigungen zu gewähren und diese abzuändern oder aufzuheben. Die Gewährung, Änderung oder Aufhebung von Zugriffsberechtigungen muss nach den Kriterien erfolgen, die in der Datenverwendungsstrategie des Forschungsprojekts verankert sind.

Zugriffsberechtigte müssen Personen sein, die jederzeit eindeutig bestimmbar sind. Es sollten z. B. keine allgemeinen oder gängigen Nutzernamen oder Passwörter an eine ausgegliederte Firma vergeben werden, die mehrere Personen beschäftigt, die für Ihr Projekt tätig sind.

Eigenes Personal und externe Auftragnehmer nehmen ebenfalls unterschiedliche Aufgaben wahr und sollten daher auch unterschiedliche Zugriffsberechtigungen bekommen. Die Zugriffsberechtigungen sollten technisch in das System eingebaut sein.

Darüber hinaus muss in der Zugriffsstrategie aber auch klar beschrieben werden, unter welchen Bedingungen die Zugriffsrechte wahrgenommen werden können. Zum Beispiel, in welchen Fällen eine Person, die aufgrund ihres Profils zum Kopieren oder Löschen berechtigt ist, tatsächlich auch berechtigt ist, personenbezogene Daten zu kopieren oder zu löschen.

7.6.5 Schulungen in datenschutzrechtlichen Fragen

Alle Mitarbeiter mit Zugriffsberechtigungen, einschließlich ausgegliederten Personals, das für den Betrieb oder die Wartung des Systems zuständig ist, sollte in datenschutzrechtlichen Fragen geschult und mit den Bestimmungen dieser Leitlinien insofern vertraut sein, als diese für ihre Aufgaben von Belang sind.

Bei diesen Schulungen sollte ein besonderes Augenmerk darauf gelenkt werden, dass die Weitergabe von personenbezogenen Daten an andere als die autorisierten Personen verhindert werden muss.

Schulungen sollten dann stattfinden, wenn ein neues System installiert wird, wenn größere Änderungen am System vorgenommen werden, wenn ein neuer Mitarbeiter seine Stelle antritt, sowie in regelmäßigen Abständen im Anschluss daran.

7.6.6 Vertraulichkeit

Alle Mitarbeiter mit Zugriffsberechtigungen, einschließlich ausgegliederten Personals, das für den Betrieb oder die Wartung des Systems zuständig ist, einschließlich der ausgegliederten Firmen selbst, sollten Vertraulichkeitserklärungen unterzeichnen, um zu gewährleisten, dass sie den Inhalt personenbezogener Daten nicht übertragen, zeigen oder anderweitig an andere als die autorisierten Personen weitergeben.

7.7 Übermittlung und Weitergabe von Daten

7.7.1 Allgemeiner Rahmen

Unter Übermittlung wird das Übermitteln von Daten: die Weitergabe von Daten an andere Empfänger als den Betroffenen, den Auftraggeber oder einen Dienstleister, insbesondere auch das Veröffentlichen von Daten; darüber hinaus auch die Verwendung von Daten für ein anderes Aufgabengebiet des Auftraggebers verstanden. (DSG 2000 § 4 Abs. 12)

Die Zulässigkeit einer Übermittlung personenbezogener Daten wird im DSG 2000 § 7 Abs. 2 folgendermaßen geregelt:

Hintergrundinformationen
(2) Daten dürfen nur übermittelt werden, wenn
    1. sie aus einer gemäß Abs. 1 zulässigen Datenanwendung stammen und der
    2. Empfänger dem Übermittelnden seine ausreichende gesetzliche Zuständigkeit oder rechtliche Befugnis – soweit diese nicht außer Zweifel steht – im Hinblick auf den Übermittlungszweck glaubhaft gemacht hat und
    3. durch Zweck und Inhalt der Übermittlung die schutzwürdigen Geheimhaltungsinteressen des Betroffenen nicht verletzt werden.

Je nachdem, ob die gespeicherten Daten an einen Empfänger innerhalb Österreichs, an andere Empfänger innerhalb der Europäischen Union oder außerhalb der Europäischen Union übermittelt werden, sieht das DSG unterschiedliche Regelungen vor. Dabei wird zwischen einer genehmigungsfreien (DSG 2000 § 12) und einer genehmigungspflichtigen (DSG 2000 § 13) Übermittlung und Überlassung von Daten ins Ausland unterschieden.

Bei der Beurteilung der Rechtmäßigkeit einer Übermittlung sind allerdings auch weitere Bestimmungen des DSG 2000 zu beachten, in denen zusätzliche Voraussetzungen definiert werden, bevor eine Übermittlung stattfinden kann. Wichtig ist vor allem, dass eine Übermittlung zu Zwecken, die mit dem ursprünglich beschriebenen Zweck eines Datenverarbeitungssystems nicht in Einklang stehen, meist nicht stattfinden darf.

7.7.2 Register der Übermittlung und Weitergabe von Daten

Der Auftraggeber sollte ein Register – nach Möglichkeit in elektronischer Form – der übermittelten und weitergegebenen Daten führen. Darin sollte jede Übermittlung an Dritte erfasst werden. Dritte sind auch alle Personen innerhalb eines Organs, an die Daten von denjenigen übermittelt werden, die zunächst Zugriff auf die gespeicherten Daten haben. Darunter fällt typischerweise auch jede Übermittlung an Empfänger außerhalb der Sicherheitsabteilung

Das Register sollte mindestens folgende Angaben enthalten:

- Datum der übermittelten Daten,
- Antrag stellende Partei (Name, Titel und Organisation),

- Name und Titel der Person, die die Übermittlung genehmigt hat,
- kurze Beschreibung des Inhalts der Daten,
- Grund für den Antrag und Grund für dessen Bewilligung.

7.7.3   Ausgliederung der Verarbeitung

Nach DSG 2000 § 10. Abs. 1 dürfen Auftraggeber bei ihren Datenanwendungen Dienstleister in Anspruch nehmen, wenn diese ausreichende Gewähr für eine rechtmäßige und sichere Datenverwendung bieten. Der Auftraggeber hat mit dem Dienstleister die hierfür notwendigen Vereinbarungen zu treffen und sich von ihrer Einhaltung durch Einholung der erforderlichen Informationen über die vom Dienstleister tatsächlich getroffenen Maßnahmen zu überzeugen.

Auch wenn der Auftraggeber einen Teil seiner Datenverarbeitung ausgliedert, haftet er weiterhin als „für die Verarbeitung Verantwortlicher". Daher ist bei der Auswahl der Auftragnehmer die gebührende Sorgfalt walten zu lassen, und bei der Überprüfung der Vereinbarkeit muss ein proaktiver Ansatz gewählt werden.

Laut DSG 2000 § 4 Abs. 4 sind Auftraggeber natürliche oder juristische Personen, Personengemeinschaften oder Organe einer Gebietskörperschaft beziehungsweise die Geschäftsapparate solcher Organe, wenn sie allein oder gemeinsam mit anderen die Entscheidung getroffen haben, Daten zu verwenden, unabhängig davon, ob sie die Daten selbst verwenden oder damit einen Dienstleister beauftragen. Sie gelten auch dann als Auftraggeber, wenn der mit der Herstellung eines Werkes beauftragte Dienstleister die Entscheidung trifft, zu diesem Zweck Daten zu verwenden, es sei denn dies wurde ihm ausdrücklich untersagt oder der Beauftragte hat auf Grund von Rechtsvorschriften oder Verhaltensregeln über die Verwendung eigenverantwortlich zu entscheiden.

Die datenschutzrechtlichen Verpflichtungen des Auftragsverarbeiters sind in Schriftform und rechtsverbindlich niederzulegen. Dies bedeutet normalerweise, dass zwischen dem Auftraggeber und der ausgegliederten Firma ein schriftlicher Vertrag geschlossen werden muss. Die ausgegliederte Firma muss auch mit ihren Unterauftragnehmern einen schriftlichen Vertrag schließen.

Der Vertrag sowie die Leistungsbeschreibung sollten beinhalten, dass der Auftragnehmer die Bestimmungen des DSG 2000, die Datenschutzbestimmungen des TKG, den Inhalt dieser Leitlinien und die Datenverwendungsstrategie des Auftraggebers einhalten sollte.

Der Vertrag sowie die Leistungsbeschreibung müssen außerdem einen klaren und konkreten Verweis enthalten auf die Verpflichtungen des Vertragsunternehmens im Hinblick auf Sicherheit, Vertraulichkeit und auf seine Verpflichtung, ausschließlich auf Anweisung des Organs tätig zu werden.

Das Vertragsunternehmen muss außerdem sein Personal entsprechend schulen, einschließlich in datenschutzrechtlichen Fragen. Jeder direkte oder indirekte Unterauftragnehmer unterliegt denselben Verpflichtungen wie der direkte Auftragnehmer. Der Auftraggeber sollte in der Lage sein, gegen die Wahl der Unterauftragnehmer Einspruch zu erheben, falls begründete Zweifel in Bezug auf deren Fähigkeit aufkommen, die datenschutzrechtlichen Anforderungen zu erfüllen.

Falls erforderlich, sollten dem Auftragsverarbeiter ausführliche Anweisungen erteilt werden, um die Einhaltung der Schutzgarantien in der Verordnung und in diesen Leitlinien zu gewährleisten. Diesbezüglich sollte man besonders darauf achten, dass gewährleistet ist, dass der Öffentlichkeit und den Mitarbeitern des Auftraggebers angemessene Datenschutzerklärungen vorgelegt werden.

7.8 Gewährleistung und Nachweis guter Verwaltungspraxis

Es müssen Strategien und Verfahren einrichtet werden, die gewährleisten, dass die Verwendung personenbezogener Daten im Einklang mit der Gesetzeslage geschieht. Im Sinne von Transparenz und guter Verwaltungspraxis und als Nachweis gegenüber seinen Mitarbeitern, der DSK sowie anderen Interessengruppen, sollte jeder Auftraggeber die Einhaltung seiner Verfahren mit den Bestimmungen dieser Leitlinien überprüfen und dokumentieren.

Es wird insbesondere nachdrücklich empfohlen, dass jeder Auftraggeber eine Datenverwendungsstrategie (7.1) beschließt, in regelmäßigen Abständen Audits (7.2) durchführt und deren Ergebnisse in Auditberichten dokumentiert.

Darüber hinaus sollte in Fällen, wo eine zukünftige Implementierung des Projekts vorgesehen ist, auch eine Folgenabschätzung durchgeführt und in einem Bericht zur Folgenabschätzung dokumentiert werden.

7.8.1 Datenverwendungsstrategie

Die Datenverwendungsstrategie sollte

- einen Überblick über das Datenverarbeitungssystem geben und dessen Zweckbestimmungen beschreiben,
- beschreiben, wie das System betrieben wird, welche personenbezogenen Daten verwendet werden und welche Datenschutzvorkehrungen eingerichtet wurden,
- ausdrücklich die Übereinstimmung und Vereinbarkeit mit dem DSG 2000 und den Leitlinien bestätigen,
- Abweichungen von den in den Leitlinien empfohlenen üblichen Verfahren beschreiben und die Gründe dafür erläutern,
- erforderliche Umsetzungsmaßnahmen darstellen.

Bei der Datenverwendungsstrategie handelt es sich um ein Dokument, das mehreren Zwecken dient und das die folgenden Anforderungen an eine gute Verwaltungspraxis erfüllen soll:

Die Verabschiedung dieses Dokuments ist häufig erforderlich, um die Rechtsgrundlage zu vervollständigen und genau darzulegen und damit eine rechtmäßige Begründung für die Datenverarbeitung anzuführen.

Durch die schriftliche Darstellung vorhandener bewährter Verfahren und gründliche Überlegungen darüber, welche weiteren Maßnahmen ergriffen werden müssen, können die Verfahren verbessert und eine bessere Vereinbarkeit gewährleistet werden.

In der Strategie wird eine Reihe von Regeln festgelegt, anhand derer die Vereinbarkeit gemessen werden kann (z. B. bei einem Audit).

Und schließlich können Auftraggeber durch die Verbesserung der Transparenz und den Nachweis ihrer Bemühungen um Vereinbarkeit Vertrauen bei ihren Mitarbeitern und bei Dritten schaffen, die Anhörung von Interessengruppen erleichtern und die wechselseitigen Beziehungen mit der DSK vereinfachen.

Die Auftraggeber sollten ihre Datenverwendungsstrategien in ihrem Intranet und auf ihren Internet-Seiten der Öffentlichkeit zugänglich machen. Falls dieses Dokument vertrauliche Informationen enthält, sollte eine nicht vertrauliche Fassung für die Öffentlichkeit bereitgestellt werden.

7.8.2   Datenschutzaudit

Jedes Forschungsprojekt sollte überprüfen und in einem Datenschutzaudit („Audit") dokumentieren, ob seine Verfahren mit den Bestimmungen des DSG 2000, mit diesen Leitlinien und mit seiner eigenen Datenverwendungsstrategie in Einklang stehen. Die Ergebnisse sollten in einem schriftlichen Auditbericht zusammengefasst werden.

Mit dem Audit werden zwei Ziele verfolgt:

- Es soll überprüft werden, ob es eine dokumentierte und aktualisierte Datenverwendungsstrategie gibt und ob diese Strategie mit dem DSG 2000, dem TKG 2003 und den Leitlinien übereinstimmt („Angemessenheitsaudit"), und
- es soll geprüft werden, ob die Organisation tatsächlich im Einklang mit ihrer Datenverwendungsstrategie arbeitet („Konformitätsaudit"). Dazu gehört auch eine Überprüfung, ob sich das Personal dieser Strategie bewusst ist, sie versteht, ihre Bestimmungen einhält und ob die Strategie tatsächlich funktioniert und wirksam ist.

In einem Angemessenheitsaudit geht es an erster Stelle darum, dass eine dokumentierte Strategie zu der Frage vorhanden ist, wie mit datenschutzrechtlichen Fragen umgegangen wird und dass sich diese Strategie tatsächlich hinlänglich mit allen Anforderungen der Verordnung und der Leitlinien befasst. Bei einem Konformitätsaudit geht es um die Frage, wie die Strategie in Wirklichkeit genutzt wird und wie wirksam sie ist.

Das Audit ist unter anderem mit folgenden Vorteilen verbunden:

- Es erleichtert die Einhaltung der Datenschutzvorschriften,
- es schärft das Problembewusstsein für datenschutzrechtliche Fragen bei Leitung und Mitarbeitern;
- es liefert Impulse im Hinblick auf die notwendige Überprüfung der Datenverwendungsstrategie und
- es verringert die Wahrscheinlichkeit von Fehlern, die zu einer Beschwerde führen.

Der Auditbericht sollte

- Aufschluss geben über Datum, Umfang und Mitglieder des Auditteams usw.,
- die wichtigsten Ergebnisse des Audits und die dabei festgestellten Fälle von Nichtübereinstimmung zusammenfassen,
- Vorschläge für Korrekturmaßnahmen dokumentieren und
- Aufschluss über die Art und den zeitlichen Rahmen vereinbarter Folgemaßnahmen geben.

Ein Teil des Angemessenheitsaudits kann extern anhand von schriftlichen Unterlagen erstellt werden. Für ein vollständiges Audit ist es jedoch von zentraler Bedeutung, Besuche vor Ort durchzuführen, Software und Hardware für die Datenverarbeitung sowie vor Ort ausgehängte Datenschutzerklärungen, Register der Aufbewahrung und Übermittlung von Daten, Protokolldateien, Anträge auf Zugang und andere Unterlagen über die Nutzung des Systems zu begutachten und Gespräche mit der Leitung und mit Mitarbeitern zu führen.

Das Audit kann intern (Selbstaudit) durchgeführt werden, oder aber es werden unabhängige Dritte mit seiner Durchführung beauftragt (Drittaudit). Der Drittprüfer kann beispielsweise eine andere Forschungsorganisation sein, wenn Audits gegenseitig erstellt werden. In diesem Fall prüfen die Organisationen gegenseitig ihre Verfahren, was Leistungsvergleichen und der Annahme bewährter Verfahren zugute kommen kann. Es sollte nach Möglichkeit gewährleistet werden, dass die Prüfer unabhängig von der Funktion sind, die geprüft wird (typischerweise die Sicherheitsabteilung). Außerdem wird dringend empfohlen, dass der DSB des Auftraggebers eine maßgebliche Rolle sowohl bei der Konzeption als auch bei der Umsetzung der Prüfverfahren spielen sollte und dass ihm hierfür ausreichende Ressourcen zur Verfügung gestellt werden sollten.

Für Selbstaudits sollten nach Möglichkeit die internen Prüfer des Auftraggebers in das Auditteam einbezogen und angemessen in datenschutzrechtlichen Fragen und den Leitlinien geschult werden sollten.

Ein Audit sollte vor Inbetriebnahme des Datenverarbeitungssystems, aber auch in regelmäßigen Abständen danach stattfinden, mindestens jedoch alle zwei Jahre, und außerdem jedes Mal, wenn eine wichtige Änderung der Umstände eine Überprüfung rechtfertigt. Bei einem wichtigen Systemausbau ist normalerweise eine Überprüfung ebenfalls gerechtfertigt.

Empfehlung an die Politik und Ausblick

Alexander Klimburg, Philipp Mirtl und Kurt Einzinger

8.1 Der sicherheitspolitische Rahmen des Nationalen Cyber-Lagezentrums

Heute sind beinahe alle Bereiche unseres täglichen Lebens von funktionierenden Informations- und Kommunikationstechnologien (IKT) abhängig. Neben staatlichen Stellen sind davon insbesondere auch Unternehmen und Bürger betroffen. In der Tat sind die meisten Sektoren unserer Volkswirtschaft auf einen möglichst reibungslosen, verlässlichen und durchgehenden Betrieb ihrer IKT angewiesen, was den Cyber-Raum letztlich nicht nur zu einer wichtigen Grundlage unseres Wirtschaftswachstums, sondern darüber hinaus auch zu einer besonders schützenswerten Domäne macht.

Nachdem Sicherheitsvorfälle im Cyber-Space keine Grenzen kennen, betonte die am 7. Februar 2013 gemeinsam von der Europäischen Kommission und der Hohen Vertreterin der Europäischen Union für Außen- und Sicherheitspolitik vorgelegte „Cyber-Sicherheitsstrategie der Europäischen Union"[1]: „Alle Akteure (u. a. die NIS-Behörden, CERTs, Strafverfolgungsbehörden, Industrie) müssen sowohl auf nationaler als auch auf EU-Ebene Verantwortung übernehmen und im Hinblick auf eine höhere Cyber-Sicherheit zusammenarbeiten."[2] Während die Strategie hier keine zentralisierte Aufsicht auf EU-Ebene vorsieht, betont sie die Rolle nationaler Regierungen, die am besten dazu in der Lage seien, „Prävention und Reaktion auf Cyber-Vorfälle und -Angriffe zu organisieren und im Rahmen ihrer bestehenden Strategien und Rechtssysteme mit dem Privatsektor

Alexander Klimburg ✉ · Philipp Mirtl
Österreichisches Institut für internationale Politik, Wien, Österreich

Kurt Einzinger
Netelligenz e.U., Wien, Österreich

[1] Siehe: „Cyber-Sicherheitsstrategie der Europäischen Union – ein offener, sicherer und geschützter Cyber-Raum" (2013), http://eur-lex.europa.eu/LexUriServ/LexUriServ.do?uri=JOIN:2013:0001: FIN:DE:PDF, letzter Zugriff: 1. November 2014.
[2] Ebd., S. 20.

© Springer-Verlag Berlin Heidelberg 2015
H. Leopold et al. (Hrsg.), *Cyber Attack Information System*, Xpert.press,
DOI 10.1007/978-3-662-44306-4_8

und der Öffentlichkeit Kontakte zu pflegen und Netze zu bilden."[3] Diese Strategie wurde darüber hinaus mit einem weitreichenden Vorschlag für eine neue Richtlinie verknüpft. Der Vorschlag für eine Richtlinie „über Maßnahmen zur Gewährleistung einer hohen gemeinsamen Netz- und Informationssicherheit in der Union"[4] (kurz „NIS-Richtlinie") ist zweifellos der ambitionierteste Versuch der EU-Behörden, europäische „Mindeststandards" im Bereich der Cyber-Sicherheit zu erfüllen. Sie enthält einen ganzen Katalog an Maßnahmen, der – falls die Richtlinie in Kraft treten sollte – von den Mitgliedstaaten umgesetzt werden muss.

Am 20. März 2013 präsentierte die Österreichische Bundesregierung die in Zusammenarbeit zwischen dem Bundeskanzleramt (BKA), dem Bundesministerium für europäische und internationale Angelegenheiten (BMeiA), dem Bundesministerium für Inneres (BMI) sowie dem Bundesministerium für Landesverteidigung und Sport (BMLVS) erarbeitete „Österreichische Strategie für Cyber Sicherheit" (ÖSCS).[5] Die Gewährleistung von Cyber-Sicherheit wird darin als „eine zentrale gemeinsame Herausforderung für Staat, Wirtschaft und Gesellschaft im nationalen und internationalen Kontext" verstanden. Im Rahmen von insgesamt 7 Handlungsfeldern und 15 damit zusammenhängenden Maßnahmen soll die Strategie die „Sicherheit und Widerstandskraft der österreichischen Infrastrukturen und Leistungen im Cyber-Raum verbessern, vor allem aber wird sie Bewusstsein und Vertrauen in der österreichischen Gesellschaft schaffen."[6] Mit Bezug auf die der Strategie zugrundeliegenden Prinzipien wird betont, dass eine moderne Cyber-Sicherheitspolitik „umfassend und integriert angelegt, aktiv gestaltet und solidarisch umgesetzt werden"[7] muss.

Unter Handlungsfeld 1 der ÖSCS wird vorgesehen, bestimmte „Strukturen und Prozesse" festzulegen, „die eine übergeordnete Koordination sowohl auf politisch-strategischer Ebene als auch auf operativer Ebene unter Einschluss aller relevanten Stakeholder im öffentlichen und privaten Bereich sicherstellen."[8] Neben der bereits mit Ministerratsbeschluss vom 11. Mai 2012 eingerichteten „Cyber Sicherheit Steuergruppe" auf politisch-strategischer Ebene (Maßnahme 1) ist auch die „Schaffung einer Struktur zur Koordination auf der operativen Ebene" (Maßnahme 2). Dazu heißt es:

> Aufbauend auf bestehende operative Strukturen sowie unter deren Einbindung wird eine Struktur zur Koordination auf der operativen Ebene geschaffen. In ihrem Rahmen soll insbesondere ein periodisches und anlassbezogenes Lagebild Cyber-Sicherheit erstellt und über

---

[3] Ebd.

[4] http://eeas.europa.eu/policies/eu-cyber-security/cybsec_directive_de.pdf, letzter Zugriff: 1. November 2014.

[5] http://www.bka.gv.at/DocView.axd?CobId=50748, letzter Zugriff: 1. November 2014.

[6] „Österreichische Strategie für Cyber Sicherheit" (2013), S. 5, http://www.bka.gv.at/site/7863/default.aspx, letzter Zugriff: 1. November 2014.

[7] „Österreichische Strategie für Cyber Sicherheit" (2013), S. 7, http://www.bka.gv.at/site/7863/default.aspx, letzter Zugriff: 1. November 2014.

[8] „Österreichische Strategie für Cyber Sicherheit" (2013), S. 10, http://www.bka.gv.at/site/7863/default.aspx, letzter Zugriff: 1. November 2014.

zu treffende Maßnahmen auf der operativen Ebene beraten werden. Gewährleistet werden soll auch ein kontinuierlicher Überblick über die aktuelle Situation im Cyber-Space durch Sammeln, Bündeln, Auswerten und Weitergeben von relevanten Informationen.[9]

Des Weiteren heißt es im Zusammenhang mit Maßnahme 2:

Die Arbeiten im Rahmen der Operativen Koordinierungsstruktur werden unter Einbindung der Ressorts und operativer Strukturen aus Wirtschaft und Forschung vom BM.I koordiniert (PPP-Modell). Es wird bei der entsprechenden Koordination auf der operativen Ebene vom BMLVS unterstützt, auf das die Federführung im Cyber-Defence Fall übergeht. Die operativen organisations-, sektoren- bzw. zielgruppenorientierten Strukturen bleiben im jeweiligen Verantwortungsbereich. Im Rahmen der Operativen Koordinierungsstruktur sollen Einrichtungen zusammenarbeiten, die sich mit der Sicherheit von Computersystemen und des Internets sowie dem Schutz von kritischen Infrastrukturen beschäftigen.[10]

Zu den oben abgesprochen Maßnahmen wird auch zusätzlich die „Einrichtung eines Cyber-Krisenmanagements" (Maßnahme 3) sowie die „Stärkung bestehender Cyber-Strukturen" (Maßnahme 4) betont.

Mit Bezug auf die Einrichtung einer operativen Koordinierungsstruktur (Maßnahme 2) wurde ein breites Aufgabenspektrum definiert. So soll „insbesondere ein periodisches und anlassbezogenes Lagebild Cyber-Sicherheit erstellt und über zu treffende Maßnahmen auf der operativen Ebene beraten werden."[11] Darüber hinaus soll „ein kontinuierlicher Überblick über die aktuelle Situation im Cyber Space"[12] gewährleistet werden, wobei „auch die Wirtschaft in geeigneter Form auf Augenhöhe einzubinden"[13] ist. Die beteiligten Akteure sollen in ihrer Arbeit vom BMI über ein PPP-Modell koordiniert und auf operativer Ebene vom BMLVS unterstützt werden, „auf das die Federführung im Cyber-Defence Fall übergeht."[14] Auf diese Weise „sollen Einrichtungen zusammenarbeiten, die sich mit der Sicherheit von Computersystemen und des Internets sowie dem Schutz von kritischen Infrastrukturen beschäftigen."[15] Im staatlichen Bereich zählen dazu insbesondere das GovCERT, MilCERT sowie das Cyber-Crime Competence Center (C 4). In einem zweiten Kreis werden weitere staatliche Einrichtungen eingebunden, und in einem erweiterten Kreis private CERTs, Wirtschaft und Forschung. Zur Erarbeitung von Vorschlägen „für notwendige Prozesse und Strukturen zur permanenten Koordination auf der operativen Ebene"[16] wird schließlich von der Cyber-Sicherheit Steuerungsgruppe auch eine Arbeitsgruppe eingerichtet. Von entscheidender Bedeutung ist hier vor allem der Hinweis,

---

[9] „Österreichische Strategie für Cyber Sicherheit" (2013), S. 10, http://www.bka.gv.at/site/7863/default.aspx, letzter Zugriff: 1. November 2014.

[10] Ebd., S. 10.

[11] Ebd.

[12] Ebd.

[13] Ebd.

[14] Ebd., S. 11.

[15] Ebd.

[16] Ebd.

dass die Operative Koordinierungsstruktur so zu gestalten sei, „dass es möglich ist, sie als operatives Ausführungsorgan des übergreifenden Cyber-Krisenmanagement zu nutzen."[17] Konkrete Details wurden jedoch nicht weiter ausgeführt.

Ähnlich wie im Fall der Operativen Koordinierungsstruktur wurde auch im Rahmen der Einrichtung eines Cyber-Krisenmanagements (Maßnahme 3) ein breites Aufgabenspektrum definiert. Das Cyber-Krisenmanagement „setzt sich aus Vertretern des Staates und der Betreiber von kritischen Infrastrukturen zusammen"[18] und ist am staatlichen Krisen- und Katastrophenmanagement (SKKM) orientiert. Im Sinne der *inneren* Sicherheit übernimmt bei übergreifenden Bedrohungen der Cyber-Sicherheit das BMI die Federführung, während diese Aufgabe im Sinne der *äußeren* Sicherheit dem BMLVS (Cyber-Defence) zukommt. Des Weiteren werden „auf Basis von Risikoanalysen für sektorspezifische und sektorübergreifende Cyber-Bedrohungen in Zusammenarbeit von öffentlichen Einrichtungen und den Betreibern von kritischen Infrastrukturen"[19] sogenannte Krisenmanagement- und Kontinuitätspläne ausgearbeitet. Sowohl das Cyber-Krisenmanagement als auch die Krisenmanagement- und Kontinuitätspläne sollen bei regelmäßigen Cyber-Übungen getestet werden.

8.1.1 Aufgaben und Kategorien von „National Cybersecurity Centers" (NCC)

Als Basis-Organisationen des operativen Cyber-Schutzes werden weltweit die sogenannten „Computer Emergency Response Teams" (CERTs) gesehen. Diese Organisationsform ist vor allem auf die präventive Abwehr von Sicherheitsvorfällen (im IKT-Bereich) sowie das damit verbundene reaktive Cyber-Krisenmanagement ausgerichtet. Dies ist weitgehend unabhängig von den dafür abgestellten Ressourcen. Je nach Bedarf kann ein CERT entweder nur eine Viertel-Planstelle ausmachen oder sogar Dutzende Personen und einen 24/7-Schichtbetrieb umfassen. Das allererste CERT wurde 1988 an der Carnegie Mellon Universität in den USA aufgestellt. Der Begriff „CERT" gilt als markenrechtlich geschützt. Eine alternative Bezeichnung ist das sogenannten „Computer Security and Incident Response Team" (CSIRT), das jedoch de facto dasselbe wie ein CERT ist. Im Unterschied zu CERT/CSIRT ist jedoch das „Network Operations Centre" (NOC) zu sehen, welches eher mit Routine-Netzwerkwartung beauftragt ist. Anstelle eines CERTs/CSIRTs wird aber oft auch das „Security Operations Centre" (SOC) als mögliche Organisationsvariante genannt, wobei ein SOC in der Regel auch operative Eingriffsmöglichkeiten (also direkte Kontrolle über die Netzwerke) aufweist, was bei einem CERT nicht unbedingt der Fall sein muss.

---

[17] Ebd., S. 10.
[18] Ebd., S. 11.
[19] Ebd.

Obwohl CERTs durchaus stark skalierbar sind wurden sie ursprünglich nur im Kontext von Organisationen gesehen. Seit spätestens 2007 gibt es aber einen globalen Trend, dass auch Staaten „nationale" CERTs betreiben. Manche Staaten trennen hier zwischen CERTs die nur für die staatliche Verwaltung bestimmt sind (wie z. B. das österreichische govCERT) und CERTs, die tatsächlich auch der Öffentlichkeit als Ganzes (und vor allem kleinen und mittleren Unternehmen) zur Verfügung gestellt werden (wie z. B. CERT.at). Da diese Trennung jedoch nur zum Teil sinnvoll erscheint (vor allem da der Staat – falls überhaupt – nur die eigenen Netzwerke, und nicht die privaten, beeinflussen kann) wird in letzter Zeit ebenso ein klar erkennbarer Trend in Richtung „National Cybersecurity Center" (NCC) erkennbar. Es gibt keine standardisierte Definition eines NCC, obwohl die angestrebte EU NIS-Richtlinie sehr wohl klare diesbezügliche Vorgaben vorsieht. Grundsätzlich unterhält ein NCC aber auch Fähigkeiten, die über die eines CERT hinausgehen und verfügt z. B. auch über umfassende Ressourcen für die prozess-bezogene (und nicht nur technik-bezogene) Informationssicherheit.[20] Somit gilt allgemein die Formel: SOC < CERT < NCC, wobei jedoch die „Kontrollmöglichkeiten" (d. h. die Zuständigen) des Öfteren umgekehrt verlaufen.

Da die Aufgaben eines NCC sicherlich auch jene eines CERTs umfassen, ist es hilfreich, diese Aufgaben zu verstehen. Eine von der European Network and Information Security Agency (ENISA) erstellte Studie[21] hat die Aufgaben eines CERTs in proaktive und reaktive Maßnahmen unterteilt (siehe Tab. 8.1).

8.1.2 Lagebilderstellung, Berichte und Sensoren

Eine wesentliche Aufgabe, die sowohl CERTs als auch NCCs miteinander gemein haben ist die sogenannte „Erstellung des Lagebildes" (siehe Beispiel in Abb. 8.1). Diese ist ebenso Teil der dem CAIS-Projekt zugrundeliegenden Forschungsfrage. Das „Cyber-Lagebild" (das im Allgemeinen mit „Situational Awareness" tituliert wird) entsteht jedoch nicht in einem analytisch-freien Raum, sondern muss – ähnlich zu den Lagebildern des Militärs, Nachrichtendienstes oder auch der Finanz und Betriebswirtschaft – in einem „Bottom-Up"-Prozess anhand täglich aktueller Daten und Berichte generiert werden.

---

[20] „Als Informationssicherheit bezeichnet man Eigenschaften von informationsverarbeitenden und -lagernden (technischen oder nicht-technischen) Systemen, die die Vertraulichkeit, Verfügbarkeit und Integrität sicherstellen. Informationssicherheit dient dem Schutz vor Gefahren bzw. Bedrohungen, der Vermeidung von Schäden und der Minimierung von Risiken. In der Praxis orientiert sich die Informationssicherheit heute unter anderem an der ISO/IEC Standard-Reihe 2700x, zunehmend aber auch an ISO/IEC 15408 bzw. gemeinsamen Kriterien zur Evaluierung von IT-Sicherheit (bzw. Common Criteria). http://de.wikipedia.org/wiki/Informationssicherheit, letzter Zugriff: 1. November 2014.

[21] http://www.enisa.europa.eu/activities/cert/support/guide/files/csirt-setting-up-guide-in-german, letzter Zugriff: 1. November 2014.

Tab. 8.1 Liste der CSIRT-Dienste von CERT/CC[22]

Reaktive Dienste	Proaktive Dienste	Behandlung von Artefakten	Sicherheitsqualitätsmanagement
• Alarm- und Warnmeldungen • Behandlungen von Sicherheitsvorfällen • Analyse von Sicherheitsvorfällen • Unterstützung bei der Reaktion auf Sicherheitsvorfälle • Koordination der Reaktion auf Sicherheitsvorfälle • **Reaktion auf Sicherheitsvorfälle vor Ort** • **Behandlungen von Sicherheitslücken** • **Analyse von Sicherheitslücken** • **Reaktion auf Sicherheitslücken** • **Koordination der Reaktion auf Sicherheitslücken**	• **Bekanntgaben** • Technologieüberwachung • Sicherheitsaudits oder -analysen • Konfiguration und Pflege des Sicherheitssystems • Entwicklung von Sicherheitswerkzeugen • Dienste für die Erkennung von Angriffsversuchen • Verteilung von sicherheitsrelevanten Informationen	• Analyse von Artefakten • Reaktion auf Artefakte • Koordination der Reaktion auf Artefakte	• Risikoanalyse • Kontinuität des Geschäftsbetriebs und Wiederherstellung nach Notfällen • Beratung in Sicherheitsfragen • Sensibilisierung des Sicherheitsbewusstseins • Ausbildung/Schulung • Produktevaluierung oder -zertifizierung

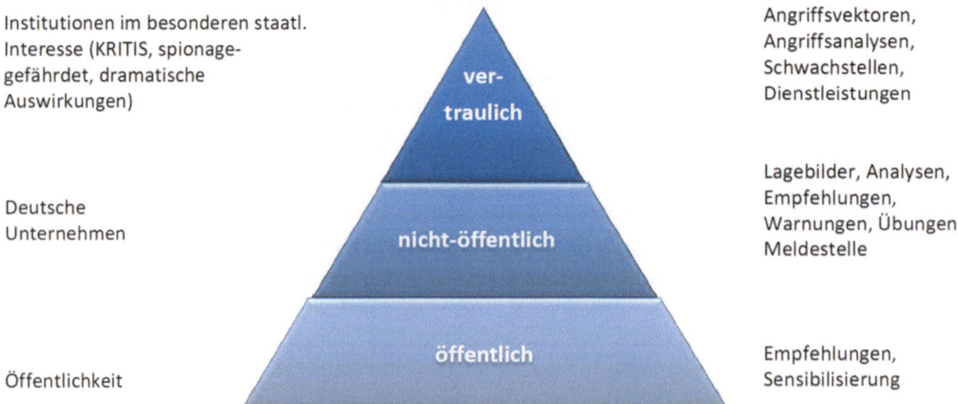

Abb. 8.1 BSI – Deutschland Lagebildverteilung[23]

---

[22] S. 14 ENISA, Einrichtung eines CSIRT Schritt für Schritt, Resultat WP2006/5.1 (CERT-D1/D2), http://www.enisa.europa.eu/activities/cert/support/guide/files/csirt-setting-up-guide-in-german, letzter Zugriff: 1. November 2014.

[23] S. 14 https://www.bsi.bund.de/SharedDocs/Downloads/DE/BSI/Veranstaltungen/Fachkonferenz_Cyber-Sicherheit/2012_05_30_Fachkonferenz_BSI_Isselhorst.pdf?__blob=publicationFile, letzter Zugriff: 1. November 2014.

Ein hilfreiches Instrument dabei ist die Unterscheidung von Tätigkeiten auf politischer, strategischer, operativer und taktischer/technischer Ebene.[24] Viele europäische Staaten verfassen mindestens einmal im Jahr (manche sogar quartalsmäßig) einen „High-Level"-Überblick zur nationalen Cyber-Sicherheit. Ein Beispiel dafür sind die „Halbjahresberichte" des eidgenossenschaftlichen MELANI[25] – oft in einer öffentlichen und einer nicht-öffentlichen/geheimen Fassung. Diese Berichte bauen oft auf eine Reihe von anderen Berichten auf, die der operativen/strategischen Ebene entweder als Zusammenfassung oder bei besonderen Vorfällen zur Verfügung gestellt werden können.

Diese Berichte sind oft eine Zusammenschau technischer und nicht-technischer, sowie öffentlicher und nicht-öffentlicher Informationen. Dieses Zusammenwirken von öffentlich/nicht öffentlich sowie interner/externer Ressourcen gilt auch für die niedrigste, technische/taktische Ebene, wo jeden Tag ein eigener Bericht verfasst wird (ein sogenannter „End of Shift Report"), der hauptsächlich sehr technische Informationen zu Cyber-Angriffen aufweist.

Ein wesentlicher Beitrag zu allen „Lagebildern" ist somit die Übersicht über die Netzwerkaktivitäten im eigenen Zuständigkeitsbereich. Dies wird vor allem mit dem Zusammenwirken von „Sensoren" sowie verschiedenen einheitlichen Sicherheitssystemen (Intrusion Detection Systems – IDS/Intrusion Prevention Systems – IPS) bewirkt. Dabei findet im Optimalfall ein positiver „Feedback Loop" statt, in dem Sensoren dazu beitragen können, die besonderen Signaturen eines Angriffs (sogenannte „Indicators of Compromise" – IOCs) aufzudecken und diese anschließend für die einzelnen Sicherheitssysteme (IDS oder IPS) zur Verfügung zu stellen.

In einer Studie für das Bundeskanzleramt (BKA)[26] wurde gezeigt, dass die Bereitstellung eines „Sensornetzwerkes" (vgl. Abb. 8.2) durch ein NCC in einigen europäischen Vergleichsländern einen wesentlichen Beitrag zum Schutz der kritischen (Informations-) Infrastruktur leistet. Die genauen Details zu den jeweiligen „Sensornetzwerken" sind unterschiedlich, dennoch haben sie eines gemeinsam: die Sensoren befinden sich alle bei den teilnehmenden Unternehmen, die (für diese Dienstleistungen teilweise zahlen und) dadurch direkt mit dem NCC verbunden sind. Dabei wird, grob gesagt, auf zwei verschiedene Arten zugegriffen.

Manche Staaten betreiben eine „Central Sensor Network", in dem die zentralen Sensoren (außer „Netflow Analysis") auch die Möglichkeit zu „Full-Packet Capture" haben. Dies erlaubt eine zentrale Auswertung der Datenströme nach möglicher neuer Malware. Die Daten (IOCs) können den einzelnen Sicherheitssystemen anschließend zur Verfügung gestellt werden. Dieses Netzwerksystem grenzt an ein eigenes „Intrusion Prevention Sys-

---

[24] Sie z. B. auch Klimburg, A. (Hg) „National Cybersecurity Framework Manual", NATO CCDCOE.
[25] http://www.melani.admin.ch/dokumentation/00123/00124/01555/index.html?lang=de, letzter Zugriff: 1. November 2014.
[26] BKA-406.910/0001-IV/6/2013, Bericht ist EINGESCHRÄNKT/RESTREINT.

Abb. 8.2 Beispiel eines Sensornetzwerkes[27]

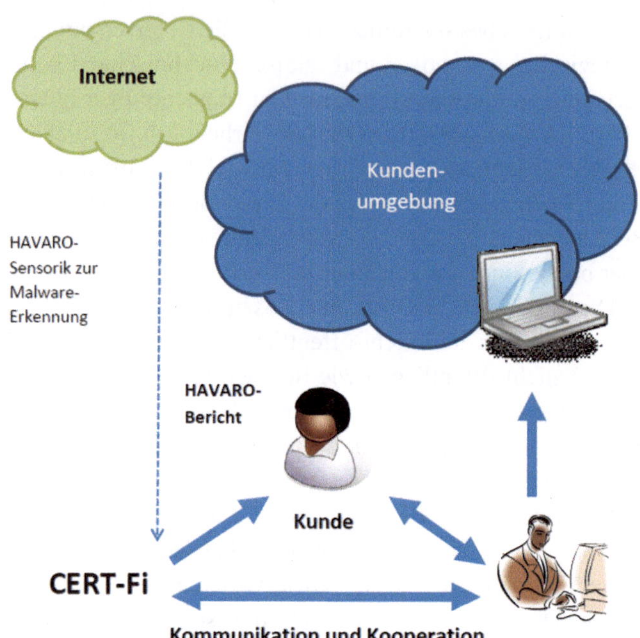

tem", und wurde zum Teil schon vor Jahren in den USA (Stichwort: EINSTEIN 2/3[,28]) vorgestellt. Dieses System gilt als sehr invasiv, da die Daten der Sensorteilnehmer zentral gefiltert werden.

Ein alternativer Zugang ist das „Supported Sensor Network". Hier macht das NCC eine zentrale Netflow Analyse, kann aber nicht Full Packet Capture initiieren – obwohl die einzelnen Unternehmen das selber auch auf Zuruf des NCC machen können. Aber auch hier müssen Daten geteilt werden, was für österreichische Befindlichkeiten wahrscheinlich nicht hinnehmbar wäre. Die Alternative wäre demnach ein „Distributed Sensor Network", in dem weder „Netflow Analyse" noch „Full Packet Capture" zentral durchgeführt werden können.

In Anlehnung an die „IKT-Sicherheitsstrategie des Bundes"[29] (sowie das holländische National Cyber Security Centre – NCSC) wurden in der Studie an das BKA, mehrere Aufgaben eines NCC identifiziert und als Venn-Diagramm veranschaulicht.

Demnach gibt es drei Hauptgebiete eines NCCs: Erstens die Fähigkeit zur technischen „Entdeckung und Analyse", die z. B. vom Aufspüren und Katalogisieren von Malware

---

[27] http://www.hackingthroughcomplexity.fi/2013/04/idsn-kayttoonotto-herattaa.html, letzter Zugriff: 1. November 2014.

[28] Einen Datenschutzbericht zu EINSTEIN 3 findet sich unter: http://www.dhs.gov/xlibrary/assets/privacy/privacy_pia_nppd_initiative3.pdf, letzter Zugriff: 1. November 2014.

[29] Seite 15, http://www.oesterreich.gv.at/DocView.axd?CobId=47986, letzter Zugriff: 1. November 2014.

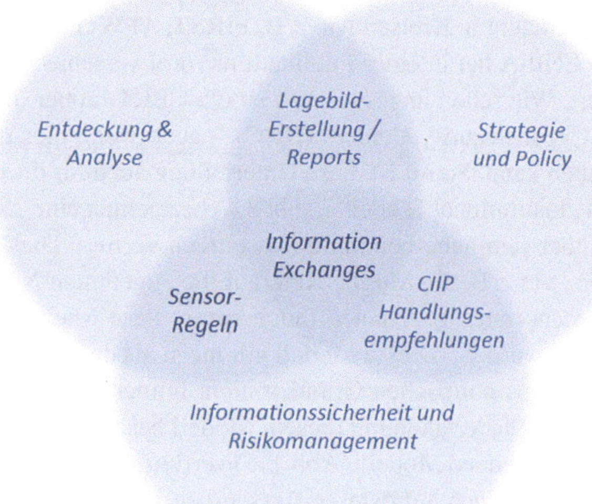

Abb. 8.3 Aufgaben eines NCC

bis hin zur Lösung von Netzwerk- und Hardware-Angriffen reichen kann.[30] Zweitens, die Fähigkeit zu „Informationssicherheit und Risikomanagement", die sowohl intern als auch extern für die Erstellung und Bewertung von Informationssicherheit-spezifischen Prozessen angesiedelt sein kann (Stichwort ISO 27000 oder das „Informationssicherheitshandbuch" des Bundes). Drittens eine Fähigkeit zu „Strategie und Policy", die mit anderen Stellen Strategien entwickelt und für die Zusammenarbeit mit externen Stellen (national und international) verantwortlich ist. Eine Ressourcenaufteilung ist schwer durchzuführen, da es auch jeweils immer „verstärkende" Möglichkeiten gibt. Allgemein stellt die „Entdeckung und Analyse"-Abteilung jedoch zwischen 50 % und 66 % aller personellen Ressourcen.

Die wichtigsten Tätigkeiten eines CERT (geschweige denn eines NCC) liegen in der Führung von Gruppen zum Informationsaustausch (auf Englisch „Information Exchanges" – IE oder InfoX), die den Austausch zwischen vielen Stakeholdern gewährleisten sollen (vgl. Abb. 8.3). Dies betrifft nicht nur die KI-spezifischen InfoX, sondern z. B. auch im Austausch mit ausländischen Stellen, oder mit der sogenannten „(Information) Secu-

---

[30] Siehe Anhang III als Beispiel.

rity Community", also die weltweit agierenden Netzwerke von technischen Experten, die sich regelmäßig in Kreisen wie z. B. FIRST, APWG oder NANOG treffen.[31, 32]

Die ENISA hat in einer Publikation[33] drei verschiedene Modelle von CSIRTs/CERTs definiert. Wie schon angesprochen ist ein CERT immer die Basis für ein „operatives National Cyber-Security Center" (NCC) – auch wenn dies durchaus zusätzliche Aufgaben beinhalten kann. Somit ist diese Unterteilung auch für diese Studie nützlich.

Das „Institutional Model" (Abb. 8.4) bezeichnet eine „Stand-Alone"-Organisation, die intern über sämtliche benötigte Ressourcen verfügt. Dies betrifft auch „rechtliche" Ressourcen, wie z. B. die Möglichkeit, auf die zugeteilten Netzwerke die notwendigen Maßnahmen anordnen zu können (auch wenn diese Maßnahmen nicht im eigenen System umgesetzt werden). Dieses Modell gilt meist als das von der technischen Seite präferierte, ist jedoch aus politischen Gründen nicht immer einsetzbar. Als Beispiel lassen sich am ehesten die Niederlande mit diesem Modell beschreiben.

Das „Embedded Model" (Abb. 8.5) verfügt zwar über eigene, interne Ressourcen, kann (oder muss) jedoch auf externe Ressourcen zurückgreifen. Im ENISA-Modell wird nicht berücksichtigt, ob die betreffende Organisation uneingeschränkt über die „externen" Ressourcen verfügen oder nur um Assistenz „ansuchen" kann. Letzteres würde z. B. eine zentrale Krisenmanagementfunktion deutlich erschweren. Am Ehesten lässt sich Schwe-

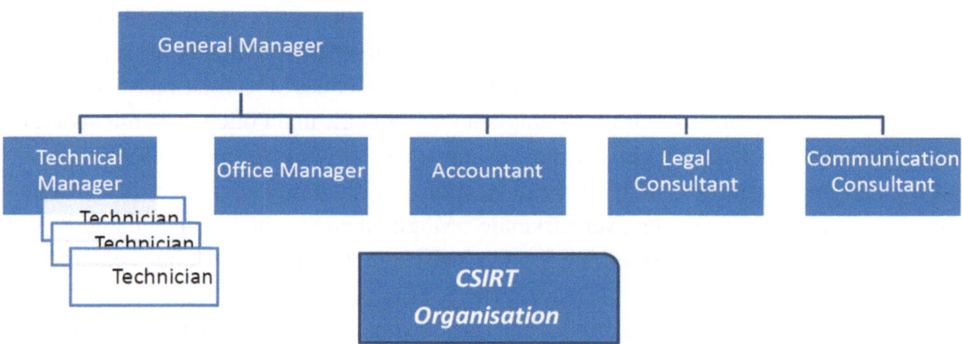

Abb. 8.4 Institutional Model[34]

---

[31] Das FIRST (Forum of Incident Response and Security Teams) ist die weltweite CERT-Vereinigung, die auch zertifiziert, wenn sich eine Organisation „CERT" nennen möchte. Die APWG (Anti-Phishing Working Group) ist eine inoffizielle Vereinigung von Personen, die Cyber-Kriminalität bekämpfen, während die NANOG (North America Network Operators Group) der inoffizielle Zusammenschluss der Backbone Provider in den USA und Kanada ist.

[32] Für weitere Informationen darüber, wie „Information Exchanges" im Rahmen von „Public Private Partnerships" abgewickelt werden können, siehe oiip-Studie „Schutz Strategischer Infrastrukturen undPublic Private Partnerships", im Auftrag des Bundeskanzleramts Österreich, Dezember 2011.

[33] http://www.enisa.europa.eu/activities/cert/support/guide/files/csirt-setting-up-guide-in-german, letzter Zugriff: 1. November 2014.

[34] S. 26 http://www.enisa.europa.eu/activities/cert/support/guide/files/csirt-setting-up-guide-in-german, letzter Zugriff: 1. November 2014.

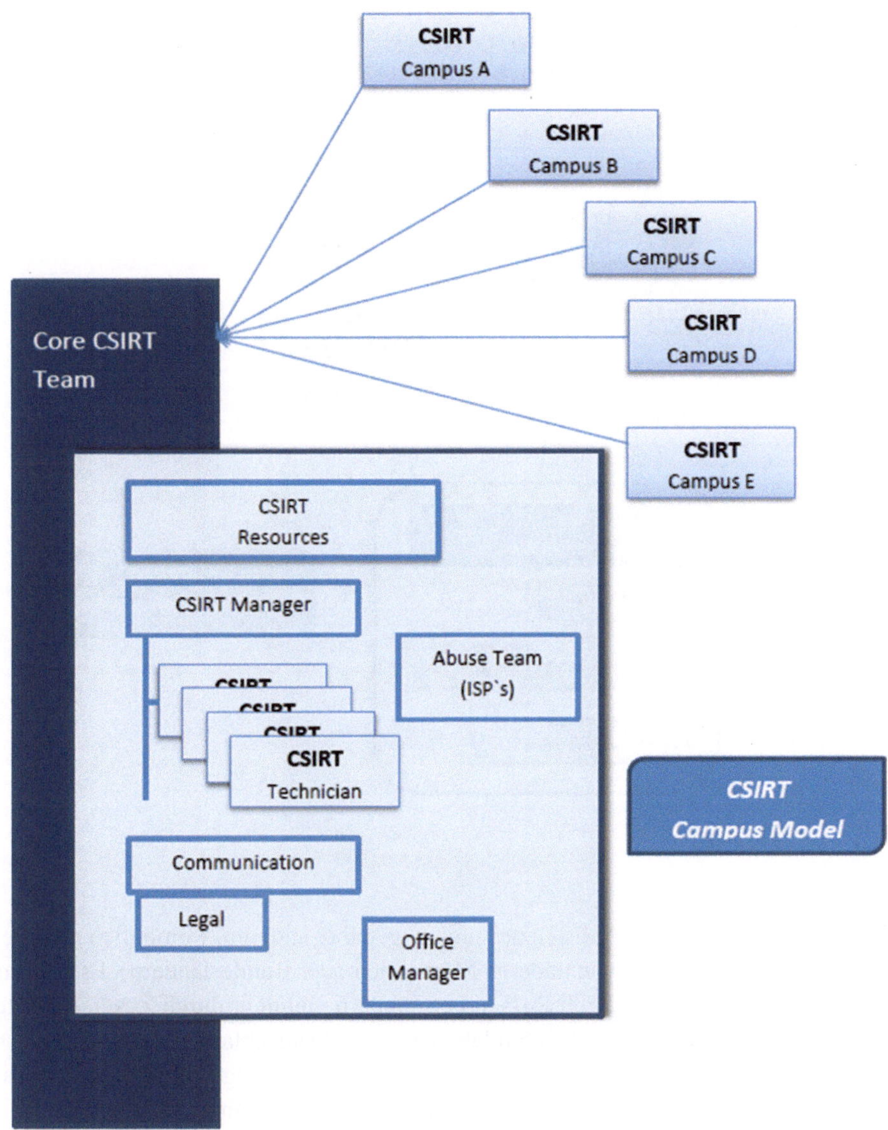

Abb. 8.5 Embedded Model[35]

den mit diesem Model beschreiben, wobei jedoch die Schweiz über ähnliche (wenngleich andersgelagerte) Strukturen verfügt.

Das „Campus Model" (Abb. 8.6) beschreibt eine selbstständige Organisation mit vielen internen Ressourcen (ähnlich dem „Institutional Model"), das aber von seiner Funktion

---

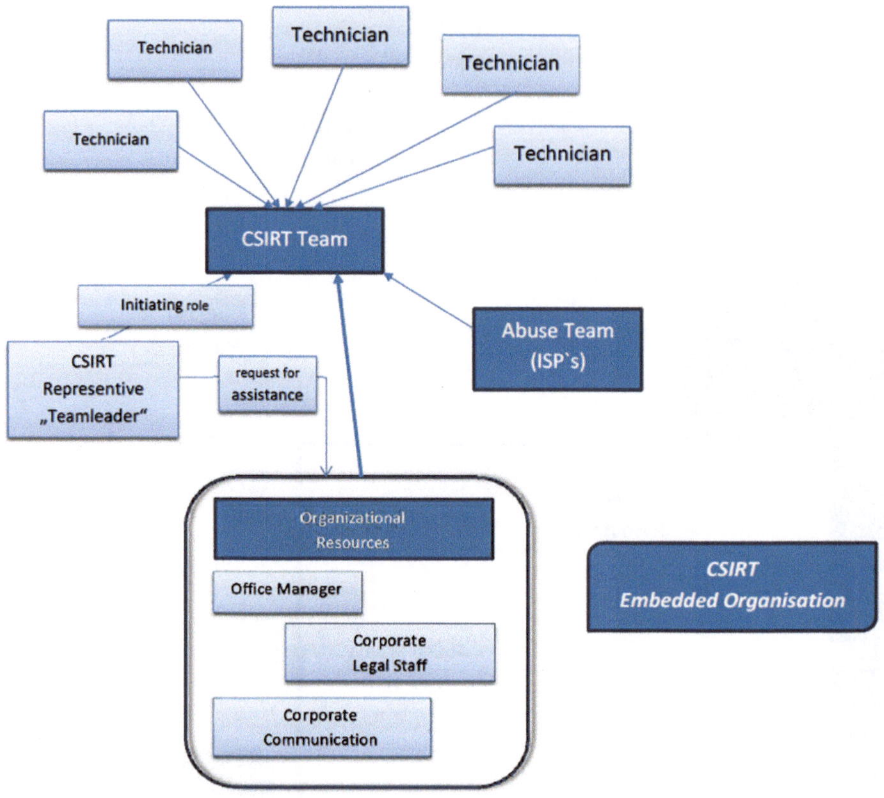

Abb. 8.6 Campus Model[36]

her als Ganzes „nur" eine Art Assistenzleistung gegenüber anderen, womöglich größeren, CERTs auszuführen hat (z. B. von anderen Ministerien oder Bundesländern). Es ist somit in seiner Funktionalität nicht durch Ressourcen sondern vielmehr durch Zuständigkeiten eingeschränkt. Dieses Modell lässt sich relativ leicht auf Deutschland anwenden.

Grundsätzlich kann auf Basis bestehender Recherche die Aussage getätigt werden, dass das „Institutional Model" dem „Embedded Model" und dem „Campus Model" grundsätzlich eher vorzuziehen ist. Beim „Embedded Model" besteht eine wesentliche Herausforderung darin, dass zwar extern Ressourcen zur Verfügung stehen, diese jedoch dem NCC „gehören". Somit muss das NCC jeweils verhältnismäßig viele Ressourcen (Zeit bzw. politisches Kapital) aufbringen, um diese Ressourcen „ausborgen" zu können. Weiters besteht auch die Möglichkeit, dass im Ernstfall (z. B. im übergreifenden Cyber-Krisenfall) genau diese geteilten Ressourcen (z. B. Forensiker, Malware-Spezialisten und Ähnliches)

---

[36] S. 29 http://www.enisa.europa.eu/activities/cert/support/guide/files/csirt-setting-up-guide-in-german, letzter Zugriff: 1. November 2014.

bei ihrer eigenen Organisation gebraucht werden und somit eigentlich das NCC seine Aufgaben nicht erfüllen kann.

Beim „Campus Model" besteht die Herausforderung darin, dass das NCC nur beschränkte reguläre Aufgaben hat, und nach dem Subsidiaritätsprinzip bei Krisenmanagementaufgaben zunächst den „örtlichen" (lokalen, internen) CERTs das Krisenmanagement überlässt und erst bei höheren Ebenen aktiv wird. Somit müssen viele Ressourcen de facto als „Reserve" gehalten werden – eine relativ teure Lösung. In beiden Fällen („Embedded" und „Campus") gibt es kreative Lösungen, die z. B. auch in Deutschland und der Schweiz angewandt wurden, um den Nachteilen des jeweiligen Modells entgegenzuwirken. Dabei zeigt sich aber, dass sich eine (auch politisch genehme) Lösung wohl an den praktischen Gegebenheiten orientieren muss.

8.1.3   Anforderungen der Europäischen Union

In Februar 2013 wurde der Vorschlag für eine neue Richtlinie „über Maßnahmen zur Gewährleistung einer hohen gemeinsamen Netz- und Informationssicherheit in der Union" (kurz „NIS-Richtlinie") von der Europäischen Kommission vorgestellt.[37] Die vorgeschlagene Richtlinie ist zweifellos der ambitionierteste Versuch der EU-Behörden, europäische „Mindeststandards" im Bereich Cyber-Sicherheit zu erfüllen. Sie enthält einen ganzen Katalog an Maßnahmen, die – falls die Richtlinie in Kraft treten sollte – von den Mitgliedstaaten umgesetzt werden müssen.

Diese Maßnahmen lassen sich wie folgt zusammenfassen: Mitgliedstaaten werden dazu verpflichtet, eine für die „Netzwerk- und Informationssicherheit" (NIS) zuständige Behörde zu identifizieren.[38] Diese Behörde muss dann eine „NIS-Strategie"[39] entwickeln, einen NIS-Kooperationsplan erstellen und die Rahmenbedingungen für ein europäisches Kooperationsnetzwerk schaffen. Des Weiteren muss diese Behörde auch die Kontaktstelle für die Europa-weit allgemein-eingeführte Meldepflicht für schwerwiegende Cyber-Angriffe auf sogenannte „Marktteilnehmer" sein. Während der Begriff „Marktteilnehmer" sehr umstritten ist, umfasst er im Wesentlichen die sog. „Kritischen *Informations*infrastruktur" (KII), aber auch Firmen wie Facebook und andere. Die Meldungen über Cyber-Angriffe müssen auch dem „nationalen CERT" gemeldet werden.

Alle Mitgliedstaaten werden gesetzlich dazu verpflichtet, ein „nationales CERT" aufzustellen, und mit adäquaten Kapazitäten und Ressourcen zu bestücken. Diese Ressourcen

---

[37] Die gesamte Richtlinie kann hier abgerufen werden: http://eeas.europa.eu/policies/eu-cybersecurity/cybsec_directive_de.pdf, letzter Zugriff: 1. November 2014.

[38] Obwohl keine Parameter vorgegeben wurden, wer die jeweilige „NIS Behörde" in einem Mitgliedstaat stellen könnte, dient der bisherige Teilnehmerkreis der „European Forum of Member States" (EFMS) Policy-Gruppe der DG INFO als Anleitung. In Österreich nahmen überwiegend Vertreter vom BKA an diesen Sitzungen teil.

[39] Laut allgemeiner Meinung (auch von EU-Beamten) würde die 2012 vorgestellte „IKT Sicherheitsstrategie des Bundes" als „NIS-Strategie" gelten können.

beinhalten zum Teil auch die 24/7-Erreichbarkeit, das Vorhandensein von TEMPEST gesicherten Räumlichkeiten und Kommunikationsmitteln, sowie einen ausreichenden Notfallbetrieb. Das CERT muss auch die Möglichkeit haben, im eigenen Land über eine „angemessene Übersicht" der Aktivitäten zu verfügen, zentral auf Sicherheitsvorfälle zu reagieren, und im Mittelpunkt „kooperativer Aktivitäten" mit der Privatwirtschaft zu sein.

Allgemein kann gesagt werden, dass diese Maßnahmen – falls sie als solche bewilligt werden – für Staaten ohne die bestehenden Strukturen einen erheblichen Aufwand bedeuten werden. Andererseits verfügen die meisten EU-Staaten (schätzungsweise an die 3/4) schon über die bestehenden Strukturen, sodass die Mehrkosten tatsächlich nur bei wenigen Staaten, wie Österreich, anfallen würden. Obwohl allgemein erwartet wird, dass es z. B. mit Bezug auf den umstrittenen Begriff „Marktteilnehmer" noch vor der Verabschiedung zu Änderungen kommen kann, wird sich das Gros der Richtlinie (und vor allem die vorgesehenen Maßnahmen) im Wesentlichen nicht ändern. Die Richtlinie wird demnach wahrscheinlich im Frühjahr/Sommer 2015 in Kraft treten.

8.1.4   Vorschlag zu einem möglichen „Austrian Cyber Center"

Unter Berücksichtigung der in Kap. 2 durchgeführten Analyse sowie der in der BKA-Studie identifizierten Vergleichsländer, den allgemein-gültigen Aufgabenbereichen für CERTs und National Cybersecurity Centers, den möglichen Auswirkungen der NIS-Richtlinie, den österreichischen Gegebenheiten sowie den in der ÖSCS vorgeschlagenen Maßnahmen wird die folgende Struktur für die Lagebilderstellung vorgeschlagen (siehe Abb. 8.7). Diese orientiert sich hauptsächlich an den in der Schweiz sowie in Deutschland identifizierten Strukturen und wird im Rahmen der ENISA-Klassifikation als eine „Embedded/Campus"-ähnliche Organisation gesehen.

Vorweg muss festgehalten werden, dass hier vor allem die „Lagebilderstellung" im Vordergrund steht, also nicht dezidiert von einem „Nationalen Cyber-Sicherheits-Zentrum" spricht, sondern – wie in der ÖSCS festgehalten – von einer „Struktur zur Koordination auf der operativen Ebene". In der ÖSCS heißt es dazu:

> Aufbauend auf bestehende operative Strukturen sowie unter deren Einbindung wird eine Struktur zur Koordination auf der operativen Ebene geschaffen. In ihrem Rahmen soll insbesondere ein periodisches und anlassbezogenes Lagebild Cyber-Sicherheit erstellt und über zu treffende Maßnahmen auf der operativen Ebene beraten werden.[40]

Somit hat die hier vorgeschlagene Struktur vor allem die sogenannte „Lagebilderstellung" zum Fokus und beinhaltet nicht alle Aufgaben eines möglichen NCC. Ein „allgemeines" NCC, genannt „Austrian Cyber Center" (ACC), wird hier als übergeordnete Organisation gesehen, die tatsächlich aber auch andere, in diesem Abschnitt nicht inklu-

---

[40] „Österreichische Strategie für Cyber-Sicherheit" (2013), S. 10, http://www.bka.gv.at/site/7863/default.aspx, letzter Zugriff: 1. November 2014.

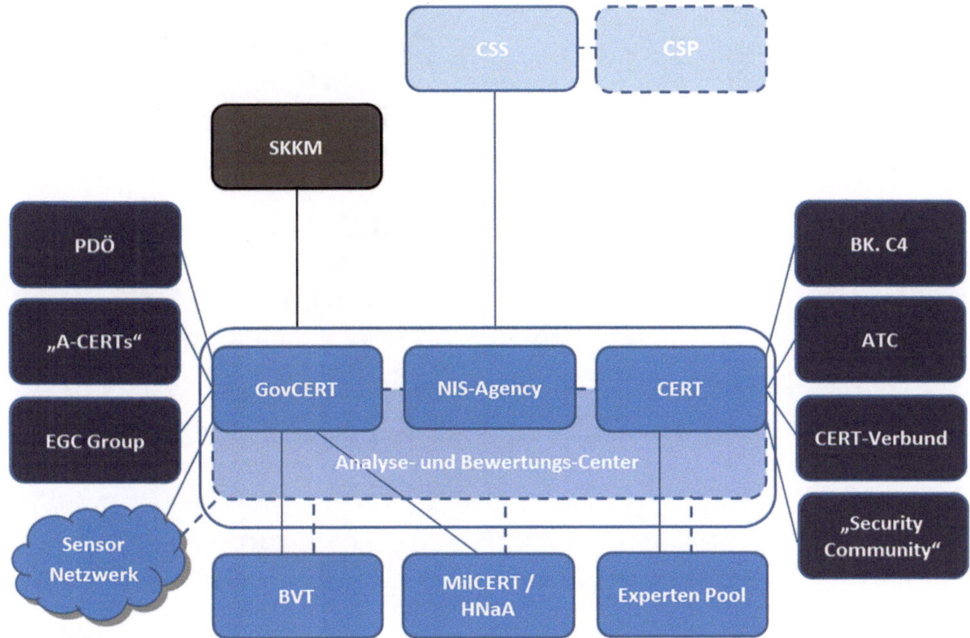

Abb. 8.7 Cyber-Lagezentrum als Teil eines Austrian Cyber-Centers

dierte Aufgaben und Institutionen beinhalten kann. Die wichtigsten (aber nicht einzigen) Organisationen eines „ACC" wären demnach das CERT, das GovCERT, die „National Security Authority" (NSA) oder „NIS Agency"[41] und das „Analyse- und Bewertungs-Center" (ABC).

Bei der vorgeschlagenen Struktur stehen vor allem der Informationsaustausch (Abb. 8.8) und die Ressourcenteilung im Mittelpunkt. Dabei wird berücksichtigt, dass für manchen Informationsaustausch die bestehende Informationssicherheitsverordnung (InfoSiV) gelten wird müssen, während anderer Informationsaustausch „informell" durch das sogenannte Traffic Light Protocol (TLP)[42] geregelt werden kann. Somit sind, generell gesehen,

---

[41] Alle EU-Mitgliedstaaten sind verpflichtet, eine designierte „National Security Authority" (NSA) zu führen, die vor allem für die gegenseitige Anerkennung und Akkreditierung von Informationssicherheitsmaßnahmen (z. B. Geheimschutzverordnungen) zuständig ist. In Österreich ist dafür das im BKA (Sektion I) angesiedelte Büro der Informationssicherheitskommission zuständig, die auch z. B. das „Informationssicherheitshandbuch des Bundes" herausgibt. Sie wird hier als Beispiel einer im EU-Sinne verstandenen „NIS-Behörde" gesehen, obwohl hier auch andere Möglichkeiten – wie z. B. die dem BMVIT zugeordnete Regulierungs-„Kommunikationsbehörde Austria" (Komm Austria) – gegeben sind.

[42] Das TLP ist ein in der internationalen CERT-Community weit verbreiteter, aber „informeller" Informationssicherheitsstandard, der z. B. bei der Zusammenarbeit mit der Privatwirtschaft in vielen Ländern zur Anwendung kommt. Die Stufen sind TLP-WHITE (öffentlich zugänglich), TLP-GREEN (darf innerhalb der Community weitergegeben werden), TLP-AMBER (darf nur or-

Abb. 8.8 Schematische Darstellung des Informationsaustausches

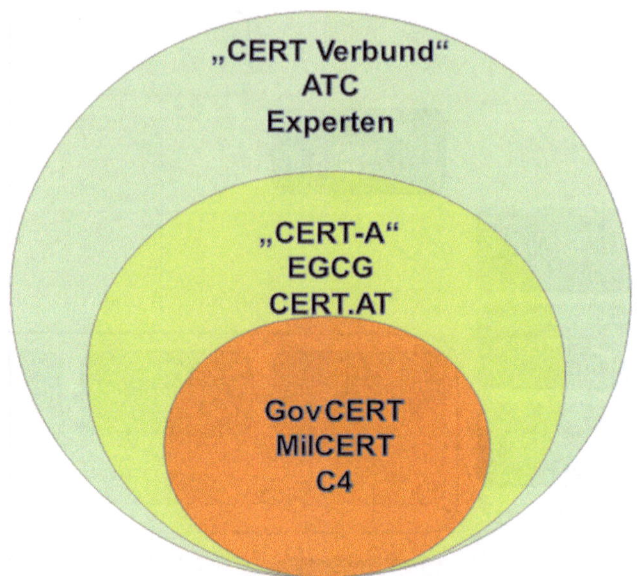

zwei unterschiedliche Möglichkeiten zum Informationsaustausch zu berücksichtigen, die aber auch durchaus Überlappungen aufweisen können.

Der „informelle" Informationsaustausch (auf Basis des TLP) wird von CERT.at koordiniert. Dafür arbeitet es mit dem Cyber Crime Competence Centre („BK C4"), den Austrian Trust Circles („ATC")[43], einem Gremium der wichtigsten privaten CERTs in Österreich („CERT Verbund")[44], sowie mit der international agierenden aber hauptsächlich auf Einzelpersonen bezogenen und inoffiziellen „Security Community" zusammen.

Der „formelle" Informationsaustauch (auf Basis der InfoSiV) wird vom GovCERT koordiniert. Dieses arbeitet mit den öffentlichen Stellen zusammen. Dies inkludiert die für das bundesweite „E-Government" zuständige Plattform Digitales Österreich (PDÖ), eine

---

ganisationsintern weitergegeben werden), und TLP-RED (darf niemandem weitergegeben werden, normalerweise äquivalent mit EU RESTREINT/EINGESCHRÄNKT).

[43] Die ATC werden von CERT.at geführt, sind bislang jedoch die einzigen in Österreich aufgestellten Wirtschaftssektor-spezifischen InfoX, die auch mit ausländischen SKI-Beispielen vergleichbar wären. Zurzeit sind sie eher „strategisch" ausgerichtet mit vierteljährlichen Treffen. Aber es besteht die Hoffnung, diese „operativ" und „taktisch" verwenden zu können, mit täglichem Austausch in einem gesicherten System.

[44] Auf dem deutschen Beispiel basierend wird vorgeschlagen, eine Kooperationsgruppe der wichtigsten „privaten" CERTs (unter anderem von der Finanzwirtschaft und Telekom) in eine Gruppe zusammenzuführen. Anders als die ATC würde sich diese Gruppe nicht nur über bestehende Gefahren austauschen, sondern auch technische Ressourcen „poolen", um Vorfälle zu untersuchen.

neue Gruppe der im öffentlichen Bereich operierenden CERTs („A-CERTS")[45], und die European Government CERT Group (EGCG).[46]

Wie weiter oben angesprochen gibt es hier wichtige Überlappungen zwischen diesen Gruppierungen (z. B. beim BMI). Es besteht jedoch eine wesentliche Trennung zwischen dem „informellen" Informationsaustauch und jenem der öffentlichen Hand.

Als zweiter wichtiger Aspekt gilt die Ressourcenteilung, die vor allem im Bereich „Entdeckung und Analyse" (sprich technische Auswertung von Angriffen und ihren Auswirkungen) wichtig ist. Dies wird vom Analyse- und Bewertungs-Center (ABC) gehandhabt. Da hier aber die Ressourcenaufforderungen relativ groß sind (in vergleichbaren Beispielen arbeiten 20–35 Personen) wird empfohlen, dass 2/3 bis 3/4 aller Ressourcen „virtuell" von den hier am besten ausgestatteten Ressorts (vor allem dem milCERT und dem BVT) zur Verfügung gestellt werden. Falls die notwendige Infrastruktur (vor allem eine gesicherte virtuelle Arbeitsumgebung) bereitgestellt wird – vielleicht auf Basis von ähnlichen heimischen Hochsicherheitsnetzwerken – könnten die meisten dieser Ressourcen auch an ihrem ursprünglichen Arbeitsplatz bleiben. Die übrigen 4–6 Personen, die dezidiert in einem ABC „Vorort" sein müssten, könnten (wenigsten zum Teil) auch aus Verbindungspersonen aus diesem Ressort gestellt werden – wie im Beispiel MELANIE ersichtlich. Das ABC soll nach Bedarf auch von dem in der ÖSCS angesprochenen „Experten Pool" unterstützt werden können. Die Einbindung wird durch das CERT.at ermöglicht.

Ein Grund, weshalb Personal auch Vorort im ABC notwendig ist, liegt im Betreiben des vorgeschlagenen „Sensornetzwerks". Wie aus den Länderbeispielen ersichtlich, ist ein Sensornetzwerk unerlässlich – außer, es werden auf der Telekom „Tier I" Backbone-Ebene direkt DPI-Aktivitäten gesetzt (was wegen datenschutzrechtlichen Überlegungen in Österreich jedoch weniger wahrscheinlich erscheint). Das Sensornetzwerk wäre zumindest auf Ebene der Bundesressorts (inklusive BRZ) anwendbar und würde in enger Abstimmung mit allen betroffenen Ressorts implementiert werden. Dabei wäre es wichtig zu betonen, dass die einzelnen Ressorts nicht „ihre Daten" an einer zentralen Stelle zwecks Analyse übermitteln, sondern dass dies dezentral, automatisiert und auf der Ebene der Ressorts selbst zu passieren hat. Wo denkbar soll zumindest eine zeitweise Packet-Capture-Anwendung ermöglicht werden, damit bei Bedarf die Malware auch selbst sichergestellt und analysiert werden kann.

Die Überprüfung der Informationssicherheitsmaßnahmen (z. B. Akkreditierung von Facility Security Clearances und Personal Security Clearances für das ACC, aber auch externer Partner und KIs) wird durch die „National Security Authority" (NSA) bzw. die entsprechende designierte NIS-Behörde bewerkstelligt. Diese Behörde wäre auch für die in

---

[45] Die „A-CERT"-Gruppe ist auf dem „CERT-Verbund" in Deutschland basierend, und würde alle im staatlichen Bereich agierenden CERTs umschließen. Dies inkludiert die Bundes-CERTs (z. B. vom BMI und BMLVS) aber auch auf Länder-Ebene (z. B. Wien) bzw. mit Bezug auf Organisationen von besonderem staatlichen Interesse (wie z. B. das Bundesrechenzentrum – BRZ).

[46] Die EGCG ist ein von den EU-Strukturen unabhängiger Zusammenschluss staatlicher CERTs in Europa, der nach übereinstimmender Meinung einen „sehr wichtigen" Beitrag zur nationalen Cyber-Sicherheit liefert.

der NIS-Richtlinie vorgesehene Informationspflicht für kritische Informationsinfrastrukturen (wörtlich: „Marktteilnehmer") verantwortlich und kann auch für die Erstellung von Risikomanagementrichtlinien für eben diese Infrastruktur verantwortlich sein (Stichwort: „Informationssicherheitshandbuch des Bundes").

Die Lagebilderstellung (sowohl die vorangegangenen „Alerts", „End of Shift Reports", „Advisories" und andere Lagebildprodukte) wird von GovCERT und ABC erstellt. Es wird empfohlen, dass es – ähnlich zu Deutschland – grundsätzlich öffentliche, nichtöffentliche (TLP), und vertrauliche (ab EINGESCHRÄNKT) Berichte geben soll, obwohl dies z. B. nicht im tagtäglichen Fall notwendig sein wird. Der finnische „Informationssicherheitsbericht", der jährlich erstellt wird und öffentlich sowie auf Stufe CONFIDENTIAL/VERTRAULICH (mit einzelnen Advisories auf GEHEIM oder darüber) verteilt wird, könnte hier eine gangbare Lösung darstellen.

Die Arbeit des ACC würde von der zurzeit als „Cyber Sicherheit Steuerungsgruppe" (CSS) konstituierte Organisation auf strategischer Ebene überwacht. Dazu kann diese Gruppe auch von der Cyber Security Platform (CSP) beraten werden.

Das „Krisenmanagement" sollte in Anlehnung an das deutsche Modell in mehreren Stufen erfolgen. Die erste Stufe („erhöhte Bereitschaft") wäre bei Entdeckung eines schwerwiegenden Angriffs auf ein Partnersystem aktiv. Hier könnte das ACC nur auf Einladung der betroffenen Organisation Hilfeleistungen anbieten. Bei der zweiten Stufe („Krisenfall") würde das ACC selbst aktiv werden und z. B. über Möglichkeiten verfügen, auf Bundesebene Notmaßnahmen (auch per Verordnung) zu erlassen. Auf der dritten Stufe („Katastrophenfall") würde das ACC als operativ unterstützender Teil des staatlichen Krisen- und Katastrophenschutzmanagements (SKKM) des BMI fungieren und würde z. B. auch etwaige „Cyber-Katastrophen" auf Landesebene direkt unterstützen können. Parallel zu diesen Vorkehrungen wäre es auch sinnvoll, die mögliche Handhabung im Kriegsfall mit dem BMLVS abzustimmen. Es wird empfohlen, dass in einer solchen Lage das ACC dem BMLVS Cyber Defence Lagezentrum unterstellt wird.

8.1.5 Entwicklung eines Anomaly Detection-gestützten Netzwerks

Wie oben angesprochen, wird unter europäischen CERTs bzw. NCCs zunehmend der Weg in Richtung eines „National Sensor Network" eingeschlagen, um eine gesamtstaatliche Bekämpfung von verschiedenen Cyber-Angriffen (aber hauptsächlich APTs) zu ermöglichen. Die „Kunden" dieser Netzwerke sind per Definition die KIs eines Landes.

Die genauen Details zum jeweiligen „Sensornetzwerk" sind unterschiedlich, dennoch haben sie eines gemein: die Sensoren befinden sich alle bei den teilnehmenden Unternehmen, die direkt damit mit dem jeweiligen NCC verbunden sind und teilweise sogar für diese Dienstleistung zahlen. Dabei wird, grob gesagt, auf zwei verschiedene Arten Sensornetzwerke betrieben. Manche Staaten betreiben ein „Central Sensor Network", bei dem die zentralen Sensoren neben „Netflow Analysis" auch die Möglichkeit zur „Full-Packet Capture" haben. Dies erlaubt eine zentrale Auswertung der Datenströme nach möglicher

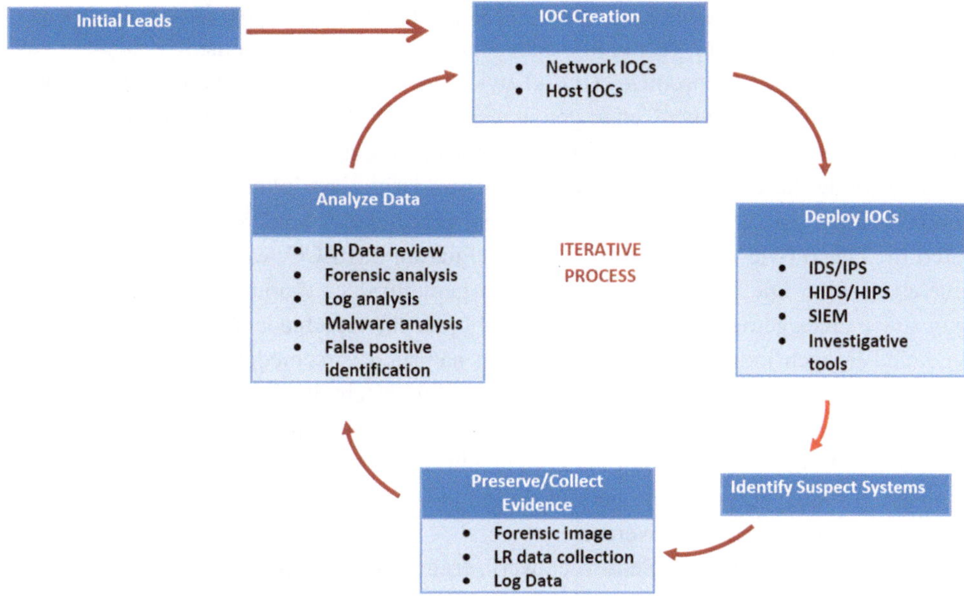

Abb. 8.9 Darstellung des IOC-Prozesses

neuer Malware. Die Daten (IOCs) können dann dem einzelnen Sicherheitssystem zur Verfügung gestellt werden (vgl. Abb. 8.9). Dieses Netzwerksystem grenzt an ein eigenes „Intrusion Prevention System" und wurde zum Teil schon vor Jahren in den USA (Stichwort EINSTEIN 2/3[47]) vorgestellt. Dieses System gilt als sehr invasiv, da die Daten der Sensorteilnehmer zentral gefiltert werden.

Ein andere Zugang ist das „Supported Sensor Network". Hier macht das NCC eine zentrale Netflow Analyse, kann aber nicht Full Packet Capture initiieren – obwohl die einzelnen Unternehmen, dies selbst auch auf Zuruf des NCC machen können. Aber auch hier müssen private Daten mit einer zentralen öffentlichen Stelle automatisch geteilt werden. Auch diese Variante wäre wahrscheinlich für österreichische Befindlichkeiten nicht zumutbar.

Die Alternative wäre demnach ein „Distributed Sensor Network", wo weder Netflow Analyse noch Full Packet Capture zentral durchgeführt werden. Stattdessen wird auf lokaler Ebene (d. h. bei den betreffenden Organisationen) die entsprechende Netflow Analyse gemacht und auch lokal ausgewertet. Um jedoch diese Netflow Analyse auch mit anderen Daten unterstützen zu können, ist ein gemeinsames (d. h. auf allen Plattformen ähnliches) Anomalieerkennungswerkzeug vonnöten.

---

[47] Einen Datenschutzbericht zu EINSTEIN 3 finden Sie hier: http://www.dhs.gov/xlibrary/assets/privacy/privacy_pia_nppd_initiative3.pdf, letzter Zugriff: 1. November 2014.

Dieses Anomalieerkennungswerkzeug (siehe Kap. 5) wertet keine Netzwerkverkehr-Logs aus, sondern alle zur Verfügung stehenden Logs, und erlaubt einem Analysten gewisse „Indicators of Compromise" (IOCs) zu identifizieren. Zum Teil können diese IOCs dann mit dem Austrian Cyber Center geteilt werden, und, durch zusätzliche Informationen ergänzt, wieder in dem Sensornetzwerk eingebracht werden.

Die Vorteile dieses Distributed Systems liegen darin, dass lokale Organisationen die Kontrolle über den Informationsfluss behalten. Der Sensor, der lokal gespeichert wird, liefert die Daten (wie z. B. „Angriff entdeckt") nur an das ACC, wenn es vom Betreiber zugelassen wird. Die Verwendung von einem gemeinsamen Anomalieerkennungswerkzeug sowie eines gemeinsamen Sensors erlaubt jedoch, verschiedene Systeme (alle Systeme sind je nach individueller Konfiguration natürlich verschieden) im Rahmen eines gemeinsamen Netzwerks zusammenzuschließen. Die Nachteile des Systems sind jedoch auch klar. So müssten die betreffenden Organisationen lokal die entsprechenden Analysen ausführen können, und somit auch vielleicht in zusätzliche Ressourcen (Analysten) investierten. Dafür könnte aber auch für das Unternehmen ein wahrscheinlich viel höheres Sicherheitsniveau erreicht werden.

Ein „verteiltes" Nationales Sensornetzwerk, ergänzt um ein Anomalieerkennungswerkzeug würde natürlich die Erstellung des Lagebildes auf nationaler Ebene maßgeblich unterstützen (vgl. Abb. 8.10). Das NCC würde – wie von der vorgeschlagenen NIS-Richtlinie auch ausdrücklich gefordert – wenigstens einen gewissen eingeschränkten Überblick über schadhafte Aktivitäten innerhalb österreichischer Netzwerke liefern können. Dies wäre nicht nur für den tatsächlichen Schutz österreichischer KIs wichtig, sondern für die Erfüllung der diesbezüglichen EU-Vorgaben im Allgemeinen. Grundsätzlich kann gesagt

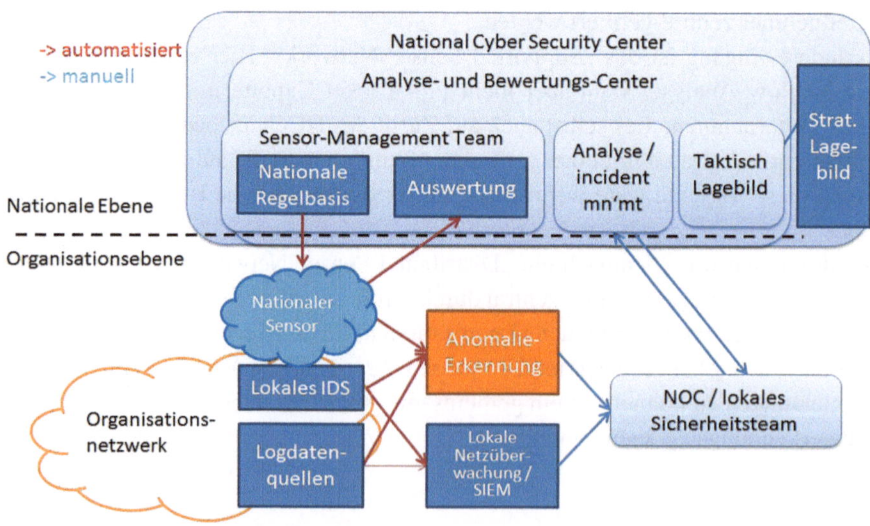

Abb. 8.10 Zusammenwirkung von Sensornetz, Anomalieerkennung und NCC

Tab. 8.2 Aufgabenverteilung

Feature	Betrieb	Parameter	Datenspeicherung	Auswertung
Loganalyse	Lokal		Lokales SIEM	Lokales SOC
IDS (snort-basiert)	Lokal	Lokal + Zentral	Lokales SIEM	Lokales SOC
Netflow Analysis	Lokal	–	Nfsen	Zentral
Full Packet Capture	Lokal	Lokal	Lokaler Ringpuffer	Gemeinsam
CAIS Anomalieerkennung	Lokal	Lokal	Lokal	Lokales SOC

werden, dass die Lagebilderstellung wenigstens zum Teil immer auf eigene technische Ressourcen (z. B. Honeypots, Sensors, etc.) gestützt werden muss, und sich nicht nur auf „Community Ressourcen" verlassen darf. Dies ist zum Teil deshalb der Fall, da es – als Teil einer „International Security Community" – unabdingbar ist, dass ein NCC auch in diese Community investieren muss – falls es in der Zukunft davon profitieren möchte (Tab. 8.2).

8.2 Datenschutzrechtliche Aspekte

8.2.1 Allgemeines

Sollte das Cyber-Lagezentrum im öffentlichen Bereich angesiedelt werden, so stellen sich einige interessante rechtliche Fragen vor allem im Bereich des Datenschutzes. Es muss vorweg gesagt werden, dass aus Sicht der Verwaltung einige zusätzliche Aspekte (wie z. B. die Amtshaftung) dazukommen, die hier aber nicht berücksichtigt werden. Es ist nicht einmal möglich, die gesamte datenschutzrechtliche Problematik abzudecken. So entstehen vor allem aus Sicht der Verwaltung interessante Fragestellungen, was die Abwägung von Datenschutzbelangen mit dem Schutz von Leib, Leben und Eigentum betrifft. Diese stellen insbesondere für die Verwaltung eine wichtige Frage dar, können hier aus Platzgründen jedoch nicht weiter berücksichtigt werden.

Eine wesentliche Herausforderung dürfte die Zusammenarbeit des Cyber-Lagezentrums mit der CAIS-Anomalieerkennung (Algorithmus + Sensoren) sein. Im CAIS-System, wobei sich die CAIS- Anomalieerkennung, welche die Log-Dateien verarbeitet, beim Internet Service Provider (ISP) bzw. Betreiber von Kommunikationsdienstleistungen befindet, macht es wahrscheinlich am meisten Sinn, die jeweilige teilnehmende Organisation als „Auftraggeber" und die geplante zentrale Meldestelle (Cyber-Lagezentrum) als „Dienstleister" für die teilnehmenden Organisationen zu betrachten. Eine Datenübermittlung vom Auftraggeber zum Dienstleister findet dann ausschließlich im Falle einer Anomaliemeldung (Störungsmeldung) statt, wobei nur diejenigen Daten (Ausschnitte aus Log-Dateien) übermittelt werden, die für eine Analyse und Nachverfolgung der vermeintlichen Störung oder Angriffe unbedingt notwendig sind. Der Unterschied zwischen

Auftraggeber und Dienstleister besteht hier vor allem in der Verantwortlichkeit. Der Auftraggeber trägt bei jeder seiner Datenanwendungen die Verantwortung für die Einhaltung der im DSG 2000 § 6 Abs. 1 genannten Grundsätze. Dies gilt auch dann, wenn er für die Datenanwendung Dienstleister heranzieht. Die datenschutzrechtlichen Verpflichtungen sind bei Auftraggeber und Dienstleister im Großen und Ganzen gleich.

Welche Daten im Einzelnen von der CAIS-Anomalieerkennung im Meldungsfall an das Cyber-Lagezentrum übermittelt werden, ist noch nicht festgelegt und wird auch im Rahmen dieses Forschungsprojekts nicht erfasst. Es kann allerdings davon ausgegangen werden, dass im Meldungsfall, die Daten, die an das Cyber-Lagezentrum übermittelt werden, so gestaltet sein müssen, dass der zugrundeliegende Vorfall (Incident) möglichst genau und umfassend beurteilt werden kann. Dabei muss angenommen werden, dass ein Personenbezug in den Daten enthalten sein kann. Gleichwohl anzunehmen ist, dass die meisten der übermittelten personenbezogenen Daten nur indirekt personenbezogene Daten für das Cyber-Lagezentrum sind. Trotzdem erscheint eine Unterscheidung und differenzierte Handhabung der Verwendung von personenbezogenen Daten und indirekt personenbezogenen Daten als nicht zweckmäßig, da nicht ausgeschlossen werden kann, dass direkt personenbezogene Daten enthalten sind.

Dabei sind zwischen Auftraggeber (Betreiber) und Dienstleister (Cyber-Lagezentrum) entsprechende vertragliche Vereinbarungen zu treffen, die die jeweiligen Pflichten definieren und die Art und Weise der Verwendung der Daten beim Dienstleister regeln. Die dafür verwendeten Vertragsvorlagen sollten vom Cyber-Lagezentrum zur Verfügung gestellt werden.

Als Dienstleister bestehen für das Cyber-Lagezentrum natürlich alle datenschutzrechtlichen Auflagen, wie sie im DSG 2000 § 11 als „Pflichten des Dienstleisters" normiert sind. Darüber hinaus sollten bei der Einrichtung des Cyber-Lagezentrums für die Gewährleistung und den Nachweis einer guten Verwaltungspraxis, sowie die Erstellung einer Datenverwendungsstrategie und regelmäßige Audits gesorgt sein.

Im Jahre 2014 haben sich einige grundlegende Änderungen im Datenschutzumfeld in Österreich ergeben. Einerseits ist die Umwandlung der österreichischen Datenschutzkommission in eine unabhängige Datenschutzbehörde erfolgt. und auf der anderen Seite wurde die Vorratsdatenspeicherung, die aus Datenschutzsicht weit überschießend war, durch den Verfassungsgerichtshof wieder aufgehoben.

Auf europäischer Ebene sind zwei Entwicklungen für den Datenschutz und die Cyber-Sicherheit in Österreich von Bedeutung. Auf der einen Seite besteht der Vorschlag für eine Verordnung des europäischen Parlaments zum Schutz natürlicher Personen bei der Verarbeitung personenbezogener Daten und zum freien Datenverkehr (Datenschutz-Grundverordnung), die eine umfassende Überarbeitung der Datenschutzrichtlinie von 1995 darstellt und als Verordnung bei ihrer Veröffentlichung unmittelbare Rechtswirksamkeit erlangen wird. Auf der anderen Seite gibt es auch den Vorschlag für eine Richtlinie des Europäischen Parlaments und des Rates über Maßnahmen zur Gewährleistung einer hohen gemeinsamen Netz- und Informationssicherheit in der Union, die vor allem im Cyber-Security Bereich wirksam werden wird.

Insbesondere für eine rechtliche Absicherung für Cyber-Lagezentren, CERTs oder CSIRTs wäre dann die Lage günstig, da im Zuge der Rechtsanpassungen an die europäischen Bestimmungen diese Themen gleich mitgeregelt werden könnten. Zu überlegen wäre somit eine gesamtheitliche rechtliche Grundlage für Cyber-Lagezentren, CERTs oder CSIRTs im öffentlichen und privaten Bereich, sowie mit Bezug auf datenschutzrechtliche Bestimmungen für deren Tätigkeiten – sei es durch eine Novellierung des DSG 2000 oder durch die Schaffung eines eigenen Materiengesetzes (z. B. NIS-Gesetz: Netzwerk und Informations-Sicherheitsgesetz, siehe unten), worin all diese Fragen klar und umfassend geregelt werden könnten.

Datenschutz wird in einer immer vernetzteren Informationsgesellschaft einen immer größeren Stellenwert einnehmen. Die öffentliche Aufmerksamkeit gegenüber Fragen und Problemen des Datenschutzes hat bereits in den letzten Jahren stark zugenommen. Dies wird sich weiter fortsetzen. Sowohl auf europäischer als auch auf nationaler Ebene sind bedeutende Änderungen der Datenschutzregelungen in Vorbereitung und zum Teil sogar schon eingeleitet.

8.2.2 Änderungen im österreichischen Datenschutzregime

Seit dem Jahr 2014 gibt es keine Datenschutzkommission mehr. Stattdessen wurde eine neue Datenschutzbehörde als Datenschutz-Kontrollstelle gesetzlich eingerichtet.

Art. 28 Abs. 1 der Datenschutz-Richtlinie[48] sieht die Verpflichtung der Mitgliedstaaten vor, dass eine oder mehrere öffentliche Stellen (Kontrollstellen) beauftragt werden, die Anwendung der von den Mitgliedstaaten zur Umsetzung dieser Richtlinie erlassenen einzelstaatlichen Vorschriften in ihrem Hoheitsgebiet zu überwachen. Diese Funktion als Kontrollstelle nahm auf nationaler Ebene die Datenschutzkommission wahr. Mit der Verwaltungsgerichtsbarkeits-Novelle 2012[49] wurde die Schaffung von Verwaltungsgerichten sowie die Auflösung von unabhängigen Verwaltungsbehörden (darunter auch die Datenschutzkommission) mit 1. Jänner 2014 vorgesehen.

Um den unionsrechtlichen Vorgaben zu entsprechen, musste daher auf nationaler Ebene mit 1. Jänner 2014 eine neue Kontrollstelle geschaffen werden. Die neue Kontrollstelle („Datenschutzbehörde") soll diesen Anforderungen des Art. 28 der Datenschutz-Richtlinie entsprechen und als monokratische Behörde eingerichtet sein. Ihr steht ein vom Bundespräsidenten auf Vorschlag der Bundesregierung bestellter „Leiter der Datenschutz-

---

[48] DAS EUROPÄISCHE PARLAMENT UND DER RAT DER EUROPÄISCHEN UNION. „RICHTLINIE 95/46/EG DES EUROPÄISCHEN PARLAMENTS UND DES RATES vom 24. Oktober 1995 zum Schutz natürlicher Personen bei der Verarbeitung personenbezogener Daten und zum freien Datenverkehr". Brüssel: 1995. http://eur-lex.europa.eu/LexUriServ/LexUriServ.do?uri=CELEX:31995L0046:de:html, letzter Zugriff: 1. November 2014.

[49] Bundeskanzleramt. „51. Bundesgesetz: Verwaltungsgerichtsbarkeits-Novelle 2012" – http://www.ris.bka.gv.at/Dokumente/BgblAuth/BGBLA_2012_I_51/BGBLA_2012_I_51.pdf, BGBl. I Nr. 51/2012, 2012, letzter Zugriff: 1. November 2014.

behörde" vor. Die Datenschutzbehörde ist eine eigene Dienstbehörde und Personalstelle. Die Bediensteten der Datenschutzbehörde unterstehen nur den Weisungen des Leiters der Datenschutzbehörde. Der Leiter der Datenschutzbehörde übt die Diensthoheit über die Bediensteten der Datenschutzbehörde aus. Der Bundeskanzler kann sich beim Leiter der Datenschutzbehörde über die Gegenstände der Geschäftsführung unterrichten. Dem ist vom Leiter der Datenschutzbehörde jedoch nur insoweit zu entsprechen, als dies nicht der völligen Unabhängigkeit der Kontrollstelle im Sinne von Art. 28 Abs. 1 der Datenschutzrichtlinie widerspricht.

Der Aufgabenbereich der neuen Datenschutzbehörde entspricht im Grunde dem der ehemaligen Datenschutzkommission und umfasst vor allem folgende Tätigkeiten:

- Genehmigung der Übermittlung von Daten ins Ausland nach § 13 DSG 2000,
- Führung des Registrierungsverfahrens nach §§ 16 ff DSG 2000,
- Ausübung der Kontrollbefugnisse als „Ombudsmann" nach § 30 DSG 2000,
- Führung des Beschwerdeverfahrens nach § 31 DSG 2000,
- Genehmigung der Verwendung von Daten für wissenschaftliche oder statistische Zwecke nach § 46 DSG 2000 sowie Genehmigung der Zurverfügungstellung von Adressdaten nach § 47 DSG 2000,
- Beantwortung telefonischer oder schriftlicher Anfragen von Bürgern zum Datenschutz und
- sonstige in den Materiengesetzen vorgesehene Aufgaben, die der Datenschutzbehörde zukommen.

Das aufgrund der Verwaltungsgerichtsbarkeits-Novelle 2012 neu geschaffene Bundesverwaltungsgericht soll im Bereich der Rechtsprechung Bescheide der neuen Datenschutzbehörde überprüfen können. Dies betrifft vor allem Bescheide über Beschwerden wegen Verletzung von Betroffenenrechten nach § 31 DSG 2000. Zu diesem Zweck ist ein Senat, bestehend aus einem Vorsitzenden und je einem fachkundigen Laienrichter, aus dem Kreis der Arbeitgeber und aus dem Kreis der Arbeitnehmer beim Bundesverwaltungsgericht eingerichtet worden. Die fachkundigen Laienrichter werden auf Vorschlag der Wirtschaftskammer Österreich und der Bundeskammer für Arbeiter und Angestellte bestellt.

8.2.3 Änderungen in der EU-Datenschutzgrundverordnung

Derzeit erlassen die 28 Mitgliedstaaten ihre eigenen Gesetze gemäß der Datenschutz-Richtlinie von 1995. Die dabei unterschiedliche Umsetzung führte zu einem ungleichen Datenschutzniveau und einem Flickenteppich an Datenschutzregeln in der EU. Ziel des Vorschlags für eine Datenschutzgrundverordnung sind demnach hohe und dem Internetzeitalter angemessene Datenschutzstandards, die einheitlich in der ganzen EU gelten sollen, da eine Verordnung unmittelbaren Gesetzes-Charakter hat und in allen EU Staaten gilt, ohne dass das nationale Recht angepasst werden muss.

Einige ausgewählte wichtige neue Punkte in dem Vorschlag für eine Datenschutzverordnung (wie am 23.10.2013 im Europäischen Parlament abgestimmt und angenommen)[50] gegenüber dem österreichischen Datenschutzrecht werden im Folgenden angeführt:

Die Datenschutzgrundverordnung schützt die Daten natürlicher Personen und erstreckt sich nicht auf juristische Personen, (wie das DSG 2000). Im Art. 1 des Vorschlags für eine Datenschutzgrundverordnung wird das klar festgeschrieben.

Hintergrundinformationen

1. This Regulation lays down rules relating to the protection of individuals with regard to the processing of personal data and rules relating to the free movement of personal data.

2. This Regulation protects the fundamental rights and freedoms of natural persons, and in particular their right to the protection of personal data.

3. The free movement of personal data within the Union shall neither be restricted nor prohibited for reasons connected with the protection of individuals with regard to the processing of personal data.

Die Verordnung gilt auch für Auftraggeber und Dienstleister in Drittstaaten, wenn sie Güter oder Services, unabhängig ob dafür bezahlt wird, für Nutzer und Nutzerinnen der EU anbieten (Art. 3 Abs. 2).

Erweiterung der Informationspflicht und der Rechte der Betroffenen. Nutzer und Nutzerinnen sollen unter anderem auch verständliche Auskunft darüber erhalten, wie ihre Daten verarbeitet werden oder ob der Anbieter Daten weitergegeben hat (Art. 10a).

Hintergrundinformationen

1. The basis of data protection is clear and unambiguous rights for the data subject which shall be respected by the data controller. The provisions of this Regulation aim to strengthen, clarify, guarantee and where appropriate, codify these rights.

2. Such rights include, inter alia, the provision of clear and easily understandable information regarding the processing of his or her personal data, the right of access, rectification and erasure of their data, the right to obtain data, the right to object to profiling, the right to lodge a complaint with the competent data protection authority and to bring legal proceedings as well as the right to compensation and damages resulting from an unlawful processing operation. Such rights shall in general be exercised free of charge. The data controller shall respond to requests from the data subject within a reasonable period of time.

---

[50] DAS EUROPÄISCHE PARLAMENT UND DER RAT DER EUROPÄISCHEN UNION. „General Data Protection Regulation – INOFFICIAL CONSOLIDATED VERSION AFTER LIBE COMMITTEE VOTE PROVIDED BY THE RAPPORTEUR."2013.

Privacy by Design/Privacy by Default. Unternehmen müssen ihre Angebote möglichst datensparsam konzipieren und mit den datenschutzfreundlichsten Voreinstellungen anbieten. Ein starkes Prinzip der Zweckbindung bedeutet, dass nur die Daten erhoben werden, die zur Erbringung des Dienstes benötigt werden (Art. 23).

Benachrichtigungspflichten des Auftraggebers und Dienstleisters bei Daten-Sicherheitsverletzungen gegenüber der Kontrollbehörde und den Betroffenen (Art. 31, 32).

Verpflichtung des Auftraggebers und Dienstleisters zu Riskmanagement, Data Protection Impact Assessment, Compliance Review und Prior Consultation (Art. 32a–34).

Einführung eines Datenschutzbeauftragten für öffentliche Auftraggeber und bei mehr als 5.000 Betroffenen (Art. 35–37).

Weiters enthält die Datenschutzgrundverordnung Bestimmungen über unabhängige Aufsichtsbehörden, die einzurichten sind und die Einhaltung der Verordnung zu überwachen haben. Dafür sollen ihnen auch ausreichende Mittel zur Verfügung stehen. Unter anderem mit Sanktionen wie Strafzahlungen bis zu EUR 100.000.000 oder bis 5 % des weltweiten jährlichen Gesamtumsatzes des Konzerns – je nachdem, welche davon größer ist.

Außerdem wird ein European Data Protection Board etabliert (Art. 64–72).

Vorabmeldepflichten, wie sie das DSG 2000 kennt, wären dann nicht mehr verpflichtend.

Der Zeitplan für die Verordnung ist nun wie folgt: Am 21. Oktober 2013 stimmte der Innenausschuss des Europäischen Parlaments mit überwältigender Mehrheit für das Verhandlungsmandat. Im Sommer 2014 bewegte sich der Rat auf eine gemeinsame Position zu, und wenn der Trilog[51] im Jahr 2015 erfolgreich abgeschlossen wird, könnte die neue Verordnung noch 2015 in Kraft treten.

8.2.4   Network and Information Security (NIS) Directive

Am 12. Februar 2013 hat die Europäische Kommission ihren Vorschlag für eine Richtlinie des Europäischen Parlaments und des Rates über Maßnahmen zur Gewährleistung einer hohen gemeinsamen Netz- und Informationssicherheit in der Union (NIS-Richtlinie)[52] übermittelt. Der Vorschlag ist Bestandteil der „Cybersicherheitsstrategie der Europäischen Union – ein offener, sicherer und geschützter Cyberraum".[53]

---

[51] Verhandlungen zwischen Europäischem Parlament, Rat der Europäischen Union (Ministerrat) und Europäischer Kommission.

[52] Europäische Kommission. „Vorschlag für eine Richtlinie des Europäischen Parlaments und des Rates über Maßnahmen zur Gewährleistung einer hohen gemeinsamen Netz und Informationssicherheit in der Union". 2013.http://www.parlament.gv.at/PAKT/EU/XXIV/EU/10/59/EU_105955/imfname_10392897.pdf, letzter Zugriff: 1. November 2014.

[53] Europäische Kommission. „Cybersicherheitsstrategie der Europäischen Union – ein offener, sicherer und geschützter Cyberraum". 2013. http://eeas.europa.eu/policies/eu-cyber-security/cybsec_comm_de.pdf, letzter Zugriff: 1. November 2014.

Ziel der vorgeschlagenen Richtlinie ist die Gewährleistung einer hohen gemeinsamen Netz- und Informationssicherheit (NIS). Hierbei geht es um die Erhöhung der Sicherheit des Internet und der privaten Netze und Informationssysteme, die für das Funktionieren unserer Gesellschaften und Volkswirtschaften unverzichtbar sind. Dies soll erreicht werden, indem die Mitgliedstaaten verpflichtet werden, ihre Abwehrbereitschaft zu erhöhen und ihre Zusammenarbeit untereinander zu verbessern, und indem die Betreiber kritischer Infrastrukturen wie Energieversorger, Verkehrsunternehmen und wichtige Anbieter von Diensten der Informationsgesellschaft (Plattformen für den elektronischen Geschäftsverkehr, soziale Netze usw.) und die öffentlichen Verwaltungen verpflichtet werden, geeignete Schritte zur Beherrschung von Sicherheitsrisiken zu unternehmen und den zuständigen nationalen Behörden gravierende Sicherheitsvorfälle zu melden.

Um dies zu erreichen werden in dem Vorschlag zur Richtlinie folgende drei Bereiche angesprochen:

Erstens sieht der Vorschlag für alle Mitgliedstaaten die Verpflichtung vor, ein Mindestniveau nationaler Kapazitäten zu schaffen, indem sie für die NIS zuständige Behörden einrichten, IT-Notfallteams (Computer Emergency Response Teams, CERTs) bilden und nationale NIS-Strategien und nationale NIS-Kooperationspläne aufstellen.

Zweitens sollten die zuständigen nationalen Behörden in einem Netz zusammenarbeiten, das eine sichere und wirksame Koordinierung ermöglicht, wozu auch ein koordinierter Informationsaustausch sowie eine Erkennungs- und Reaktionsfähigkeit auf EU-Ebene gehören. Über dieses Netz sollten die Mitgliedstaaten Informationen austauschen und zusammenarbeiten, um NIS-Bedrohungen und NIS-Vorfälle auf der Grundlage eines europäischen NIS-Kooperationsplans begegnen zu können.

Drittens soll der Vorschlag nach dem Muster der Rahmenrichtlinie für die elektronische Kommunikation dafür sorgen, dass sich eine Kultur des Risikomanagements entwickelt und dass ein Informationsaustausch zwischen privatem und öffentlichem Sektor stattfindet. Unternehmen in den oben erwähnten besonders betroffenen Sektoren und öffentliche Verwaltungen sollen verpflichtet werden, die Risiken, denen sie unterliegen, zu bewerten sowie geeignete und angemessene Maßnahmen zur Gewährleistung der NIS zu ergreifen. Sie werden verpflichtet sein, den zuständigen Behörden alle Sicherheitsvorfälle zu melden, welche ihre Netze und Informationssysteme wie auch die Kontinuität kritischer Dienste und die Lieferung von Waren ernsthaft beeinträchtigen.

Für den Datenschutz in Sicherheits- und Forschungsprojekten als auch für die Einrichtung von Cyber-Lagezentren und CERTs sind die Bestimmungen (wenn auch vage) über den Informationsaustausch von hohem Interesse. Dabei wird auch die notwendige Legalisierung der Verwendung von personenbezogenen Daten in diesen Sicherheitsstrukturen angesprochen.

Der Austausch von Informationen über das Kooperationsnetz nach Kapitel III und die Meldung von NIS-Vorfällen nach Artikel 14 können die Verarbeitung von personenbezogenen Daten erforderlich machen. Eine solche Verarbeitung personenbezogener Daten, die notwendig ist, um die mit dieser Richtlinie verfolgten Ziele des öffentlichen Interesses zu erreichen, wird von den Mitgliedstaaten nach Artikel 7 der Richtlinie 95/46/EG und der Richtlinie 2002/58/EG in ihrer in einzelstaatliches Recht umgesetzten Form genehmigt (NIS Art. 1 Abs. 6).

Sollte also die Richtlinie in dieser Form in Kraft treten, dann ist der österreichische Gesetzgeber gefordert, die Datenschutzbestimmungen betreffend Verwendung von personenbezogenen Daten für Zwecke der Cyber-Sicherheit und in CERTs oder Cyber-Lagezentren entsprechend anzupassen und sie, entweder mittels Novellierung des DSG 2000 oder in einem eigenen Materiengesetz (z. B. NIS-Gesetz: Netzwerk und Informations-Sicherheitsgesetz) klar und umfassend zu regeln.

Inwieweit und wann die NIS-Richtlinie in Kraft treten wird, kann heute noch nicht gesagt werden. Der Rat für „Verkehr, Telekommunikation und Energie" hat am 6. Juni 2013 die Fortschritte zur Kenntnis genommen, die bei der Prüfung des Vorschlags für eine NIS-Richtlinie erzielt worden sind. Der Europäische Wirtschafts- und Sozialausschuss sowie der Ausschuss der Regionen haben am 22. Mai bzw. 3./4. Juli zu dem Vorschlag Stellung genommen. Im Europäischen Parlament ist der Ausschuss für Binnenmarkt (IMCO) federführend, und die Ausschüsse für Industrie (ITRE) und bürgerliche Freiheiten (LIBE) fungieren als assoziierte Ausschüsse. Der Ausschuss für Industrie (ITRE) hat am 16.10.2013 seine „Draft Opinion" beschlossen und abgegeben, die im Großen und Ganzen mit dem Richtlinienvorschlag übereinstimmt und im einzelnen einige Änderungsvorschläge beinhaltet. Am 13. März 2014 hat das Europäische Parlament den Richtlinienvorschlag angenommen. Seit Oktober 2014 läuft der Trilog zwischen Parlament, Rat und Kommission. Ende 2015 könnte die neue Richtlinie in Kraft treten.